散装精粉矿海上运输的流态化机理

李晨　刘曙　周健　著

东华大学出版社
·上海·

内 容 简 介

精粉矿流态化机理的研究对精粉矿海运安全具有重要意义。本书借鉴岩土力学中的相关研究方法，利用模拟试验研究船载散装矿产品在波浪荷载作用下的动力学特征，建立能够模拟散装精粉矿的颗粒流本构模型及其参数，深入分析波浪荷载作用下船载散装矿产品发生流态化的宏细观机理，提出相应的流态化判别方法、检测方法，在此基础上建立船载散装矿产品流态化引起重大安全事故的风险评估体系和预警模式。

本书可供从事精粉矿流态化研究的科研人员使用，也可供海上矿产品运输相关专业的工程技术人员参考。

图书在版编目（CIP）数据

散装精粉矿海上运输的流态化机理 / 李晨，刘曙，周健著. —上海：东华大学出版社，2015.12
ISBN 978-7-5669-0935-0

Ⅰ. ①散…　Ⅱ. ①李…②刘…③周…　Ⅲ. ①散装货物运输－粉状货物运输－海上运输－流态化－研究　Ⅳ. ①U695.2

中国版本图书馆 CIP 数据核字（2015）第 249550 号

责任编辑：竺海娟
封面设计：魏依东

散装精粉矿海上运输的流态化机理
Sanzhuang Jingfenkuang Haishang Yunshu de Liutaihua Jili

李　晨　刘　曙　周　健　著

出　　　版：东华大学出版社（上海市延安西路 1882 号　邮政编码：200051）
本 社 网 址：http://www.dhupress.net
天猫旗舰店：http://dhdx.tmall.com
营 销 中 心：021-62193056　62373056　62379558
印　　　刷：常熟大宏印刷有限公司
开　　　本：787 mm×1092 mm　1/16
印　　　张：17
字　　　数：478 千字
版　　　次：2015 年 12 月第 1 版
印　　　次：2015 年 12 月第 1 次印刷
书　　　号：ISBN 978-7-5669-0935-0/U・002
定　　　价：75.00 元

前　言

作为国民经济的重要支柱，进出口矿产品直接关系到我国经济的健康、稳定与可持续性发展。我国是全球最大的铁矿石、煤炭进口国，也是世界上最大的氟石出口国。进出境矿产品在进出口贸易的同时，其运输安全越来越受到关注。

进出境矿产品主要的运输方式是散装海洋运输。散装矿产品在储存和运输过程中往往需要采用人为喷水的方式来控制它的中心层温度或者克服粉尘飞扬等问题。矿产品自身含水量加上人为喷水等因素往往导致其海运时发生流态化风险增高。散装矿产品（如煤炭、铁精粉、氟石等）在海洋运输过程中，曾发生过多起船只倾斜或沉没事故，造成人员伤亡和财产惨重损失。货轮倾覆虽是多种因素共同作用的结果，但含水率高的散装矿产品发生"流态化"是导致事故的主要因素之一。根据国际海事组织（IMO）海上安全委员会（MSC）制定的《固体散货安全操作规则》（简称《IMSBC Code》）定义，流态化是指颗粒状物质内饱含液体时，由于震动、撞击或船舶摇摆等外部因素的影响，丧失其内部抗剪强度而呈现出如同液体一样的状态。《IMSBC Code》中将易流态化货物归类为 A 类危险品，对于具有流态化风险的 A 类危险品，装船前货主必须向运输方提供货物相应的适运水分限量（Transportable Moisture Limited，简称 TML）检验证书，以上规则各缔约国从 2011 年 1 月 1 日起强制实施。为了保障进出境矿产品的正常贸易，保障水运船只的航运安全，保护人员的生命安全，开展散装精粉矿流态化机理研究具有重要意义。

本书借鉴岩土力学中的相关研究方法，利用模拟试验研究船载散装矿产品在波浪荷载作用下的动力学特征，建立能够模拟散装精粉矿的颗粒流本构模型及其参数，深入分析波浪荷载作用下船载散装矿产品发生流态化的宏细观机理，提出相应的流态化判别方法、检测方法，在此基础上建立船载散装矿产品流态化引起重大安全事故的风险评估体系和预警模式。具体内容为：

（1）通过动三轴和空心圆柱扭剪试验，讨论不同含水率、动应力下精粉矿单元体的动力特性，通过对动应变、动强度和孔隙水压力变化曲线进行分析，分析了各因素对精粉矿动力特性的影响，确定了影响精粉矿动力破坏的关键因素，为室内小型振动台模型试验、动力离心试验、数值模拟和精粉矿流态化判别提供了理论基础。

（2）通过室内振动台试验，考虑不同含水率、加速度、密实度、细粒含量等因素的影响，揭示散装精粉矿在缩尺条件下的流态化机理。

（3）通过离心机模型试验重现了实际重力场条件下铁精矿的真实动力响应，解决了小型振动台试验无法达到原型应力场的问题，通过和室内小型振动台的试验结果的对比，对精粉矿流态化机理有了更准确的认识，为建立流态化风险评估体系和预警模型提供理论基础。

（4）通过数值模拟方法与室内动三轴试验、室内小型振动台模型试验、离心机试验等结果的验证对比，得到散装矿产品在波浪荷载作用下的动力响应过程，研究散装矿产品颗粒在波浪荷载作用下流态化形成过程中的宏观响应和细观组构变化特征。

（5）采用流盘试验对散装矿产品的流动水分点进行测定，并对比流盘试验和室内模型试验，结合两试验方法的优点，分别对散装矿产品流态化形成的影响因素进行了研究分析。基于流盘试验和室内模型试验所得出的加速度、含水率和细粒含量对散装矿产品流态化影响的定性分析和定量数据，结合层次分析法建立了散装矿产品流态化风险预警模型，提出了船运散装矿产品流态化风险预警方法。

本书凝聚了作者在精粉矿流态化方面的最新研究成果，由李晨、刘曙、周健、简琦薇、白彪天、于仕才、杜强、谢鑫波进行研究并执笔完成。全书内容共分六章：第一章，绪论（李晨，刘曙）；第二章，散装精粉矿动力特性室内试验（李晨，周健，简琦薇）；第三章，散装精粉矿流态化室内模型试验（李晨，白彪天，周健）；第四章，散装精粉矿流态化离心机试验（周健，简琦薇，白彪天）；第五章，散装精粉矿流态化数值模拟（刘曙，于仕才，杜强）；第六章，海运安全风险预警模型及预防措施（刘曙，于仕才，谢鑫波）。全书由李晨、刘曙和周健统稿，白彪天负责整理并协助定稿。

本书在编写中引用了许多专家、学者在科研和实际工程中积累的大量资料和研究成果，由于篇幅有限，本书仅列出了主要参考文献，并按惯例将参考文献在文中一一对应列出，在此特向所有参考文献的作者表示衷心的感谢。

本书的研究成果得到了国家质检总局公益性行业科研专项（201310065）、国家质检总局科技项目（2010IK029、2015IK217）的资助，在此表示感谢！

散装精粉矿流态化机理的研究是一个涉及到安全、力学、信息学的综合性研究。随着人们对这类流态化危害关注程度的不断提高，会有更多的学者和技术人员投入到这方面的研究中。总的来说，关于精粉矿流态化工程力学方面的研究刚刚起步，对其研究还有许多工作需要展开，希望本书能起到抛砖引玉的作用，为更深入的进行精粉矿流态化机理的研究打下基础。由于作者水平有限，书中不足、欠妥之处在所难免，敬请读者批评指正。

目　　录

第1章 绪 论

1.1 引言

进入 21 世纪以来，我国采矿、冶金工业发展迅速，矿产品进出口大量增加。受各种因素的影响，我国精粉矿（本书中如无特殊说明，精粉矿均是铁精矿、氟石和镍矿三种矿粉的统称）的进口量仍处于逐年增长之中，目前依然是供应偏紧。随着海上运输精粉矿的迅猛发展，我国港口吞吐量已连续几年位居世界第一。据不完全统计，2010 年我国进口镍矿约 2800 万吨，2011 年进口 4800 多万吨红土镍矿，而铁矿石进口量已达 5 亿余吨，居世界第一[①]。

散装精粉矿的主要运输方式是散装海洋运输，其在储存和运输过程中往往需要采用人为喷水来控制中心层温度或者克服粉尘飞扬等问题。精粉矿散货自身含水量、露天存放时遭受雨淋及人为喷水等因素往往导致其海运时发生流态化风险增高。在运输过程中，由于波浪荷载及货船发动机的振动，精粉矿表面形成可移动的流态化物质，降低船体稳定性，导致船舶倾斜甚至翻沉。近年来，我国发生了多起载运精粉矿船舶沉船事故，造成船毁人亡的重大损失。

关于精粉矿流态化的研究，尽管已逐渐引起国内外注意，但还处于起步阶段。国内虽早在 1996 年已提出海上安全运输的问题，但主要集中在提醒船主在运输途中需要注意的问题，随后十几年关于矿粉的讨论也只是集中在节约宝贵资源上，对为什么会发生流态化的现象和矿粉发生失稳的问题没有提及。但是，随着人们对这类流态化危害关注程度的不断提高，会有更多学者和技术人员投入到这方面的研究中，以承担起相应的责任和义务，满足我国对外贸易和航运安全的要求。

本书通过室内单元体试验、室内小型振动台模型试验、动力离心模型试验和强度理论分析、数值模拟分析及建立风险评估模型等手段，详细分析了不同含水率、荷载频率、加速度、级配等因素对散装精粉矿动力特性的影响，研究了散装精粉矿在动力荷载下流态化形成的演化规律，建立了能够模拟矿产品流态化过程的颗粒流模型及其参数，深入分析了波浪荷载作用下船运散装矿产品发生流态化的宏细观机理。在综合分析现场数据、室内试验与数值模拟结果的基础上，确定了合理的矿产品流态化临界范围，提出了船运散精粉矿流态化判别标准、检测方法和流态化预防措施，建立了船运散矿流态化风险评估体系及预

---

①蔡观.世界散货海运纪实 [J] . 世界海运，1998，21（4）：32—32.

警模型。从而从源头上对流态化危害进行有效管控，具有重要的科学意义和实际应用价值。

1.2 流态化研究综述

1.2.1 精粉矿流态化概述

"流态化"一词最先使用于化工领域，指的是流体与固体之间的相互作用，使固体颗粒悬浮在流体中或随流体一起流动[1][2]。

铁精矿、氟石、镍矿均属于国际海事组织颁布的《国际海运固体散货规则》（《IMSBCCODE》）[3] 中规定的易流态化危险品。当货物发生流态化现象后（图1.1），其流动性和流速度加大，造成货物流向船舶一侧，船舶稳定性降低，导致船舶倾覆。

图1.1　舱内铁精矿散货发生流态化现象之前和之后

1.2.1.1 我国精粉矿散货进出口现状

矿产资源是人类社会得以发展的重要物质基础，自世界各国进入工业化发展阶段以来，矿产资源的消耗快速增长，然而全球矿产资源储量空间分布极不均匀，不同国家和地区拥有的矿产资源种类和数量差异十分明显。基于上述情况，近年来海上运输精粉矿发展迅速，我国采矿、冶金工业迅速发展，对外贸易量逐年增加，精粉矿货物的运输量越来越大，而其中绝大部分主要靠海上运输。

我国是世界上氟石资源最多的国家之一，氟石产量居世界第1位，约占世界总量的1/2，美国从1997年起对氟石采取了限制开采的政策，美国本土不再开采氟石，50万～70万吨的年消费量主要依靠进口和战略储备，其中63%从中国进口。20世纪90年代以来，我国一直是世界上最大的氟石出口国，主要出口日本、美国、荷兰、印度、意大利、韩国等。

镍矿是一种重要战略矿产资源，影响国民经济命脉。我国镍矿储量稀少，品位很低，而且矿区主要集中在山区，交通不便，使得国内镍矿生产、运输及冶炼成本很大，因此，我国镍矿原料主要从菲律宾和印尼等国家进口。据不完全统计，2010年我国进口镍矿约

①Oger G, Donng M, Alessandrini B, Ferrant P. Two—dimensional SPH simulations of wedge water entries [J]. Journal of Computational Physics, 2006, 213 (02)：803—822.

②Shen J. Nickel ore and its safe shipment [J]. Advanced Materials Research, 2011, 396—398：2183—2187.

③International Marine Organization. The code of safe practice for solid bulk cargoes (BC Code) [Z]. 2004.

2800 万吨，2011 年中国从印尼、菲律宾进口 4800 多万吨红土镍矿。①

铁矿粉，是由铁矿石（含有铁元素或铁化合物的矿石）经过选矿、破碎、分选、磨碎等加工处理而成的矿粉，常应用于冶金行业、建筑行业、造船业、机械行业、飞机制造等对钢材需求量大的行业。而铁精矿是指进口矿粉中的高品位矿石直接粉碎到一定细度的精选铁矿粉，是我国进出口的重要固体散货材料之一。作为全球最大铁矿石需求国，我国仅 2009 年进口铁矿石 6.28 亿吨，其中铁精矿占到二分之一②。

1.2.1.2 流态化引起的海运事故

如此大批的进口需求量，首要解决的是运输问题，精粉矿货物作为固体散装货物的一种，其主要运输方式是海洋运输。然而在精粉矿的运输过程中，经常为了控制中心层温度和粉土飞扬而实行人工喷水。精粉矿产品自身含水量、露天存放时遭受雨淋，以及人为喷水等因素，往往造成精粉矿货物具有较高的含水量。

在航运过程中，船舶遇到风浪产生摇摆和振动，精粉矿货物随船舶颠簸，其表面往往形成可移动的流态化物质，导致船舶倾斜（见图 1.2），对船舶安全构成严重威胁，极易发生重大海难事故。即使不是在恶劣的天气中航行，也存在货物流向或滑向一侧的危险性。如遭遇恶劣气象条件，则更加危险，船上人员往往来不及自救甚至求救，船舶已经沉没。

近年来随着航运业的飞速发展，高级船员的紧缺和提升节奏的加快，船员综合素质呈下降态势，船员包括船长缺乏足够的航海经验，以及人们对运输安全意识的淡化，沉船或重大海损事故时有发生。

图 1.2 载运精粉矿货轮的海运事故

2009 年 9 月 9 日，"黑玫瑰号"轻便型散货船，挂蒙古国旗，37657DWT，船舶体长 187.73 米，体宽 28.4 米，吃水 10.8 米，船员总共 27 名。该轮在印度帕拉迪布港满载印度出口到中国的 23847 吨铁矿砂，驶离帕拉迪布港防波堤仅 3 海里，船体严重倾斜，在当地时间下午 18 时翻沉于帕拉迪布港进出口航道上，船员大部分被印度帕拉迪布港的应急反应抢险队救起。事后查明是铁矿砂含水量超标，船舶振动摇晃使铁矿砂发生流态化，偏向于船体一侧所致。

2010 年 10 月 27 日，巴拿马籍杂货船"建富星"号货轮装载约 43000 吨镍矿，从印度尼西亚驶往我国山东途中，航行经过台湾屏东鹅銮鼻外海 86 海里处，由于船体严重倾斜，船长宣布弃船，并发出求救信号，不久在屏东鹅銮鼻外海遇难倾覆、沉没，整个沉船过程大约 10 分钟。

与精粉矿运载密切相关的船舶事故举不胜举，载运精粉矿的散货船面临的风险决不亚

①曹时军. 关于红土镍矿安全运输的几个问题 [J]. 航海技术, 2012, (06): 22-24.
②孝建伟. 精选矿粉安全装运研究 [D]. 大连: 大连海事大学, 2011.

于化学品船、危险品船、油轮和液化天然气船。因此，精粉矿临界含水量的把握，事关船舶财产和船员生命的安危，必须引起高度重视。

1.2.1.3 国内外对精粉矿运输的重视

近年来连续发生的因精粉矿流态化造成的海运事故引起了国际海运界的高度重视。IMO下属的海上安全委员会（MSC）制定的《固体散货安全操作规则》（简称"BC Code"）已经将铁精矿由原先的B类危险品（具有化学危害性的物品）上升为A＋B类危险品。建议包括铁精矿在内的四十多种易流态化A类危险货物在装运前发货人应提供实际水分含量和相应的适运水分限量（即TML）检验证书①。从2009年1月1日起，该规则自愿适用，但从2011年1月1日起，《IMSBC Code》将强制适用。我国是国际海事组织（IMO）A类理事国，政府负有全面履行规则的义务。如果船舶装运固体散货时违反BC Code并发生海事事故，可能会被认为有过错而承担相应的法律责任②。

我国早在1988年，交通部就颁发了为保证船舶运输精选矿粉及含水矿产品安全的《海运精选矿粉及含水矿产品安全管理暂行规定》③。为贯彻该规定，2006年12月，由国家技术监督局和交通部邀集部分口岸城市的产品质量监督检验所及航运、港埠企业在广州召开了《海运精选矿粉及含水矿产品安全检验方法》审定会，会上讨论并审定了《海运精选矿粉及含水矿产品安全检验规则》、《海运精选矿粉及含水矿产品分析试样的采取及制备方法》和《海运精选矿粉及含水矿产品平均含水率的测定方法》。《海运精选矿粉及含水矿产品安全管理暂行规定》第九条指出：凡使用一般货船装运水选精矿粉和被水浸湿过的矿产品，精选矿粉和矿产品的含水率不得超过适运含水率。

1.2.2 国内外流态化研究

目前，国内外相关研究大是集中在两个方面：一是对精粉矿货物的FMP（称为流动水分点，Flow Moisture Point）的测定；二是对精矿粉在运输中防止流态化的安全措施以及经验控制等的研究。而精粉矿流态化形成的机理研究尚属初步阶段。

1.2.2.1 适运水分限量研究

当前国际海事组织引入"FMP"（称为流动水分点，Flow Moisture Point）的90％来限定各类散装货物安全运输的适运水分限量（Transportable Moisture Limit，TML），即规定货物实际水分含量大于测得的TML值，将不允许运输。安全委员会（MSC）制定的《固体散货安全操作规则》中叙述了三种矿粉FMP的检测方法，分别为流盘试验法（Flow Table Test）、针入度试验法（Penetration Test）及卢梭饱和度试验法（Proctor/Fagerberg Test）④。

1. 流盘试验法

流盘试验法是由日本提出的利用流盘测定易流态化货物的流动水分点（见图1.3）。当流动状态发生时，取两个样品来决定FMP。一个样品的水分含量恰好稍大于FMP，另一个样

---

①IMSBC Code. International maritime solid bulk cargoes code [S]. International Maritime Organization，2009.

②傅延忠. 关于危险货物运输的法律问题 [J]. 世界海运，1997（3）：53—55.

③交通部. 海运精选矿粉及含水矿产品安全管理暂行规定 [Z]. 1988.

④Mediterranean Shipping Company S A. Code of Safe Practice for Soild Bulk Cargoes [S]. International Maritime Organization，2004，79/23/Add 4.

品的水分含量恰好稍低于 FMP。两个数据的差值不大于 0.5%。取两个数值的平均数作为 FMP。考虑安全系数，TML 被定义为 FMP 的 90%（或 85%，取决于货物的堆积密度）。

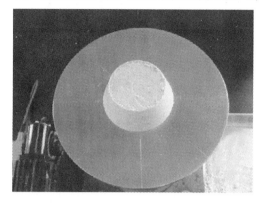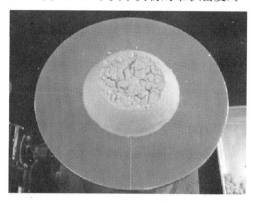

图 1.3　流动状态发生形变之前后样品状态的比较

流盘试验一般适用于最大粒度为 1 mm 的精矿或其他颗粒物质，而对于黏粒含量较高的物质，试验结果不理想，同时由于该方法中许多步骤都是通过手工完成的，所以得到的结果精度不高，尤其是捣实步骤。因为操作人员的不同直接影响实际捣实的效果，即使是同样的试样捣实中，流动水分点的差距也可能达到 1%，该方法产生误差的另一原因是流动水分点并不是通过定量方法得到的，而是目测得到的。

2. 针入度试验法

针入度试验法是利用渗透式或沉降式测量仪来测定易流态化货物的流动水分点，然后取其 90% 作为该货物的流动水分限量。针入度试验在振动时间，振动频率和探针渗入货样表面等方面都有明确的量化标准，不过，其捣实步骤同样是人工来完成的，所以误差也较大，同时，沉降试验所使用的设备也比较复杂。

针入度试验法一般适用于精矿及最大颗粒为 25 mm 的类似的物质。在日本普遍使用针入度法又叫渗透法，其判别标志是当振动 6 min 后，探针渗入固体货物表面超过 50 mm，则认为试样发生流态化。

3. 饱和度试验法

卢梭饱和度试验是丹麦提出的葡式/樊式测量仪来测定易流态化货物的饱和含水量，然后取其 70% 作为货物的适运水分限量。卢梭饱和度试验一般适用与细粒和粗粒精矿或最大颗粒为 5 mm 的类似物质的试验，但不适用与煤或其他多孔物质，卢梭饱和度试验法的捣实步骤则是通过导管下落的小锤来实现的，捣实压力恒定。这种方法可以直接求取适运水分限，而不是通过流动水分点换算得到，但是该方法需多次试验，计算，作图也比较繁琐。在目前国内外相关实验数据积累不多，缺乏其他实验室的流盘试验数据的情况下，常常采用饱和度法进行比对实验，以确保试验数据的合理和准确。

国内外目前对精粉矿流态化的试验研究也大都基于以上三种试验方法，讨论散装矿产品适运水分限量 TML 的检测方法、试验仪器或者判别标准，而对于影响流态化的内外因素以及各因素的敏感程度尚未涉及。

1.2.2.2 安全运输及预防措施

另一方面，对防止精粉矿在运输过程中流态化发生的研究，主要集中在安全监督管理、防止危害发生的经验管理及安全措施等方面，这些举措主要包括：保证船舶适货及适航；合理堆载、严格把关；审查堆场环境；认真计算船舶稳定；埋桶积水；开航前及航行中安检；应急演练。

然而，这些措施都是依靠一些经验实施的，缺少明确的数字化预警和急救系统，这主要因为缺少对精粉矿海运过程中流态化现象的工程力学特性研究，对流态化现象产生机理缺乏合理认识。

1.2.2.3 流态化的其他分析

近年来国内外学者也开始探索一些新的研究方法，从不同方面来对精粉矿流态化的机理进行揭示，这主要包括：在已有试验基础上，利用数据挖掘技术进行建模分析，应用统计方法确定最佳的 TML 预测方法；利用各种试验研究方法，讨论含水率、渗透性、压实度、保水性、级配等各种因素对精粉矿流态化规律的影响；利用一些较新的试验和理论手段，尝试从细观或微观上揭示精粉矿流态化的机理。

这些研究都对精粉矿流态化规律做了一定程度的揭示，但是关于精粉矿发生流态化的机理仍然不明确，国内外仍然没有形成统一的共识。总的来说，关于精粉矿流态化机理的研究尚处在探索研究阶段，仍需要进行深入的基础性研究。

1.3 与精粉矿安全运输相关的法规文件

载运精粉矿等易流态化货物连续发生重大的海损事故，引起了国际船级社协会（International Association of Classification Societies，IACS）、国际海事组（IMO）以及国际国内各有关部门的高度重视，促使各有关部门先后修订或者制定了一系列相关法律法规和指导意见①②③④⑤。

1.3.1 国际海事组织（IMO）

（1）1997 年 IMO 第 20 届大会上，在 SOLAS 公约中新增了第十二章："散装货船的附加安全措施"，并于 1999 年 7 月正式生效。公约新增条目中明确了关注船体结构、分舱稳性、货舱检查、装载仪配备和货物密度申报等方面的要求。

（2）IMO A862（20）号决议《散装货物船舶安全操作规则》（BLU Code）和 MSC238（82）号修正案针对散货装卸作业的管理做了详尽的描述。B1U Code 主要根据码头和船舶的适用性、到港之前船舶和码头的工作程序、货物装卸前船舶和码头之间的工作程序、货物装载和压载的处理以及货物卸船和压载处理几方面向船东、船员、托运人、租船人和码头工作

---

①Claes Lsacson. Indonesia and the Philippines — Safe Carriage of Nickel Ore Cargoes International Group Member No. 23/2010.

②Dr Martin Jonas，Brookes Bell. Liquefaction of unprocessed mineral ores—Iron ore ines and nickel ore . Liverpool.

③Ken Grant of Minton. Treharne & Davies Nicholas Crouch Martin Jonas. Carriage of nickel ore North of England P&I Association.

④Chris Spencer& David Tikley. BULK CARGO LIQUEFACTION（IRON ORE FINES AND NICKEL ORE）STANDARD CARGO.

⑤Australian transport safety bureau. MARINE SAFETY INVESTIGATION REPORT 148 ，2000.

人员针对安全搬运、固体散装货物的装卸提供理论指导，并且明确了各方面人员的责任。

（3）IMOA. 866（20）号决议《船员和码头人员对散装货船的检查指南》（the Guidance to Ships′ Crews and Terminal Personnel for Bulk Carrier Inspections ）主要提供了对散装货船的甲板、货舱等的船体结构，包括裂纹、腐蚀、变形以及其他船舶损坏进行指导和检查。

（4）IMO 所列的 BC 规则——《固体散装货物安全操作规则》于 1965 年出版，并经 1985 年、1994 年、2008 年和 2010 年 4 次修改，最新规则更名为 IMSBC 规则（《国际海运固体散装货物规则》），并于 2011 年 1 月 1 日执行。IMSBC 规则目前已成为国际海上散装镍矿粉安全装运的最新国际法律法规的依据和生产实践的指导性文件。

（5）2012 年 03 月，法国向 IMO 提出了一份研究报告，提出将镍矿（Nickel Ore）列入 IMSBC 规则 A 组货物，但不能利用现有的流动水分点测量仪测定其流动水分点，法国在研制了一种专用于测量镍矿流动水分点的新式测量仪。

1.3.2 国际船级社协会 （IACS）

（1）国际船级社协会于 1992 年制定了新的统一要求（Unified Requirement，URs）。

（2）针对散装货物船舶事故较多的现状，IACS 从 1993 年 7 月 1 日起在 IACS 内部全部启动实行加强检验计划 ESP（Enhanced Survey Program）。因为检验范围的扩大，有效地减缓了船舶结构腐蚀的速度，有助于及时发现裂纹和局部失效等缺陷，使船员能够提前做好预防的措施。该计划在 IMO 被采纳为 A744（18）号决议，作为新的检验新规定纳入到 SOLAS 公约第 XI 章中予以强制执行。

（3）IACS 出版《避免船体结构过应力的散货装载和卸载操作指导性文件》（Guidance and Information on bulk Cargo Loading and Discharging to Reduce the Likely hood of Over Stressing the Hull Structure ）。

（4）IACS 出版《散装货船船体结构检验、评估和维修指南》（《Buik Carrier－Guidelines for Surveys，Assessment and Repair of hall Structure》），为散货船的船体结构检验、评估和维修提供指导。

1.3.3 中国船级社 （CCS）

中国船级社全面实行 IMO 和 IACS 对于散货船安全的有关要求。

1.3.4 中华人民共和国国交通运输部

我国交通部海事局下发一系列文件规范海水矿石、矿粉的安全运输，主要包括：

（1）《海运精矿粉及海水矿产品安全管理暂行规定》（交海字【1988】275 号）

（2）《关于海运生铁、金属块锭、盘元、煤炭、散盐、矿石、矿砂、矿粉等散货装舱标准和船舶、港口责任划分的规定》（交海字【1987】261 号）

（3）《关于执行〈国际海运固体散装货物规则〉有关事项的通知》（海船舶【2010】662 号）

（4）《海运精选矿粉及含水矿产品安全检验方法》（交运字【1989】198 号）

（5）《关于加强装运陶土船舶安全监管的通知》（交通运输部广州海事局）

（6）《船舶载运散装液体物质分类评估管理方法》（海船舶【2007】239 号）

（7）《水路运输易流态化固体散装货物安全管理规定》（交水发【2011】638 号）需要指出的是，《水路运输易流态化固体散装货物安全管理规定》共 28 条，自 2011 年 11 月 9 日起施行。于此同时，上面提到的（1）《海运精矿粉及海水矿产品安全管理暂行规定》

（交海字【1988】275 号）和（4）《海运精选矿粉及含水矿产品安全检验方法》（交运字【1989】198 号）予以废止。

作为 IMO 规范和公约的缔约国，我国在全面贯彻并认真履行上述法规的同时，还要在执行过程中不断完善，切实解决我国散货运输的实际问题。

第2章 散装精粉矿动力特性室内单元试验

2.1 引言

土在动荷载作用下产生的变形往往由弹性变形和塑性变形两部分组成，当动力荷载较小时主要表现为弹性变形，当动力荷载增大，塑性变形逐渐发展。不同应变幅值下土的应力—应变关系特征明显不同。因此动荷载按振动产生的动应变幅大小，分为小应变幅和大应变幅两种情况。小应变幅主要是研究土的动弹模量和阻尼，以及弹性波的传播规律；而大应变幅主要研究土的动强度和动变形等问题。目前仍主要通过试验的方法来直接研究土的动强度和动变形问题，探讨其发展变化的规律。

鉴于目前对精粉矿单元体基本性质的研究比较匮乏，因此借鉴对土体性质的研究方法，来研究精粉矿的单元体动力性质。考虑到室内动三轴试验是研究单元体动力性质最基本的试验方法，并且在动三轴试验过程中，对单元体施加竖向正弦荷载可以较好模拟精粉矿在船运过程中受到波浪荷载产生的竖向震荡作用，本章从动三轴试验入手，分别讨论了在竖向循环荷载作用下，铁精矿、氟石和镍矿的单元体动力力学性质。在此基础上，考虑到精粉矿在船运过程中不仅受到波浪产生的竖向震荡作用，还受到由船体水平横摇产生的剪切力作用[①]，因此在动三轴试验研究的基础上，通过空心圆柱扭剪仪施加圆形耦合循环荷载，揭示了复杂应力路径下铁精矿的动力特性。

本章主要讨论精粉矿单元体在动力荷载作用下的物理力学性质，利用动三轴仪和空心圆柱扭剪仪，讨论不同含水率、动应力下精粉矿单元体的动力特性，通过对动应变、动强度和孔隙水压力变化曲线进行分析，分析了各因素对精粉矿动力特性的影响，确定了影响精粉矿动力破坏的关键因素，为室内小型振动台模型试验、动力离心试验、数值模拟和精粉矿流态化判别提供了理论基础。

2.2 试验设备

2.2.1 GDS 动三轴仪

本试验所用动三轴仪是同济大学教育部重点实验室进口的 GDS 动三轴仪（5 Hz/10 kN），它可以实时监控整个试验过程，高速采集并储存数据，具有精度高、操作简易、结果可靠等优点，是一套数字化试验设备。该套系统吸取了当今先进的机械制造工艺和自动

---

① 陈本良，孙炜，黄正详. 精选铁矿粉的载运和航行［J］. 中国水运，2011，（1）：50—51.

控制技术，量测、控制精度高且实现了数字化操作，根据需要，既可手动操作，也可直接由计算机通过专用 GDSLAB 软件控制试验进行并自动记录数据。它由加压系统、量测系统和控制系统三部分组成。加压系统分别由三个泵体（反压泵、围压泵和轴压泵）来实现，反压泵（Back Pressure Controller）用来控制试样中的孔隙水和气体，并提供反压饱和时的反压力（Back Pressure）；围压泵（Cell Pressure Controller）为压力仓提供围压；而轴压泵用来提供轴力并控制轴向变形

图 2.1　动三轴仪

（应变控制式和应力控制式试验均通过该泵来实现），从而在试样中可以产生偏应力，压力的量测控制精度为 1 kPa，体积的量测控制精度为 1 mm³。变形、压力等数据通过传感器传至计算机处理控制系统，具体试验设备如图 2.1 所示。

该动三轴仪主要具有以下功能：

（1）通过霍尔效应传感器实时读取并存储径向和轴向应变；

（2）实时读取和存储孔隙水压力，且具有速度快、精度高等特点；

（3）可在 0～11 kN 范围内进行轴向循环加载（应力控制式）；

（4）可在 0～5 Hz 范围内对试样施加循环的轴向变形（应变控制式）；

（5）可进行常规动三轴试验；

（6）可模拟复杂的静、动应力路径；

（7）整个试验过程中数据实时存储、绘制，并自带数据处理功能。

在进行动三轴试验时，动荷载设置的基本要素有：振幅、频率、持续时间和波型，反映到仪器指标参数上即为传感器量程、动荷作用频率范围、振动荷载作用次数和动荷载波型种类。至于动荷载形式，有脉冲式的不规则波型，也有规则波形，如三角波、正弦波。相对来说，正弦波荷载试验的结果偏于保守，从方便和实用角度来看，正弦波形在目前的土动力学研究中占主导地位。

2.2.2　GDS 空心圆柱扭剪仪

本试验所用空心圆柱扭剪仪是同济大学岩土及地下工程教育部重点试验室的 GDS 空心圆柱多功能剪切仪（Hollow Cylinder Apparatus，简称 HCA），如图 2.2、图 2.3 所示。柳艳华[①]、姚兆明[②]等已对该设备进行了详细描述，在此仅简要介绍。

该空心圆柱多功能剪切仪主要由压力室及伺服主机控制系统、水压伺服控制系统、数字信号控制及转换系统、计算机控制系统四部分组成。加载类型由内外室围压（包括反压）、轴向力、扭矩四部分组成。内外室围压（包括反压）是由内压、外压及反压控制器通过水压提供的压力伺服控制。轴向力的加载类型有荷载、应力和应变三种控制参数，其中荷载控制参数为轴向力（kN），应变控制参数（mm）由试样轴向位移的变化量确定。

①柳艳华. 天然软黏土屈服特性及主应力轴旋转效应研究［D］［博士论文］. 上海：同济大学，2010.

②姚兆明. 饱和软粘土循环累积变形与交通荷载引起的长期沉降［D］［博士论文］. 上海：同济大学，2010.

扭矩有荷载和应变两种控制参数，其中荷载控制参数为扭矩（N·m），应变控制参数为试样承台的旋转角度（°）。荷载施加模块由高级加载、应力路径及动态加载模块组成，可通过一种或几种加载模块的组合实现不同试验类型的加载。数字伺服直接控制轴向荷载、扭矩、围压、内压和反压，可实现相对意义上的"真三轴"试验。

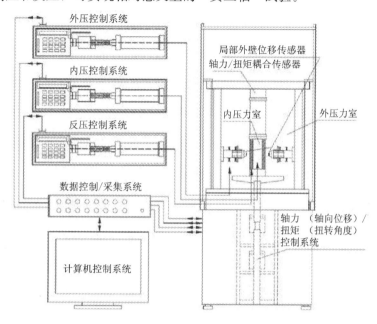

图 2.2　空心圆柱系统构成示意图

该系统能模拟现场大多数应力/应变路径测试（静态或动态），包括平面应变、直接剪切、小的剪切应变、动态剪切强度和变形、液化势、剪切模量和阻尼比。该套系统量测、控制精度高，且实现了数字化操作，用户可以自定义操作过程，可实时监控整个试验过程，高速采集并存储数据，具有精度高、操作简易、结果可靠等优点，是一套先进的数字化试验设备。仪器主要性能包括：可同时独立施加、改变和控制空心圆柱试样的轴向、扭转、反压荷载及其加荷速率和组合方式。

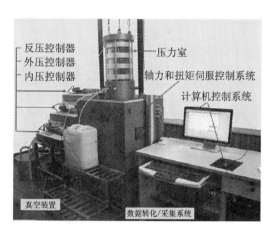

图 2.3　空心圆柱多功能剪切仪

主要技术参数如下：

（1）有实际效果的轴向和扭转荷载最高耦合振动频率 5 Hz；

（2）空心试样尺寸：D100×d60×H200 mm；

（3）最大竖向荷载：±10 kN（拉/压）；最大位移不小于±25 mm；

（4）最大扭距：±200N·m；最大转角不小于±45°；

（5）最大内、外室围压，反压和孔压：不小于 1000 kPa

HCA 工作的基本原理是通过在压力室内安设空心圆柱试样，对其施加轴力 W、扭矩 M_T、内围压 P_i 及外围压 P_o。

空心圆柱试样受力状态如图 2.4（a）所示，图 2.4（b）为竖向与环向 $z-\theta$ 平面的应力状态，图 2.4（c）为空心圆柱试样上任一点的应力状态。试样内任一点共有 4 个动应力分量作用，即由轴向力 W 产生的轴向应力 σ_z，由扭矩 M_T 产生的剪应力 $\tau_{z\theta}$，以及由内侧压力 P_i 和外侧压力 P_o 引起的径向力 σ_r 和环向力 σ_θ。公式推导详见文献[①]，在此仅列出加载参数与应力参数之间的定量关系。

$$\sigma_z = \frac{W}{\pi(r_o^2 - r_i^2)} + \frac{(P_o r_o^2 - p_i r_i^2)}{(r_o^2 - r_i^2)} \tag{2.1}$$

$$\sigma_r = \frac{(P_o r_o - p_i r_i^2)}{(r_o + r_i)} \tag{2.2}$$

$$\sigma_\theta = \frac{(P_o r_o + p_i r_i)}{(r_o + r_i)} \tag{2.3}$$

$$\tau_{z\theta} = \frac{3M_T}{2\pi(r_o^3 - r_i^3)} \tag{2.4}$$

$$\sigma_1 = \frac{\sigma_z + \sigma_\theta}{2} + \sqrt{\frac{(\sigma_z - \sigma_\theta)^2}{4} + (\tau_{z\theta})^2} \tag{2.5}$$

$$\sigma_2 = \sigma_r \tag{2.6}$$

$$\sigma_3 = \frac{\sigma_z + \sigma_\theta}{2} + \sqrt{\frac{(\sigma_z - \sigma_\theta)^2}{4} + (\tau_{z\theta})^2} \tag{2.7}$$

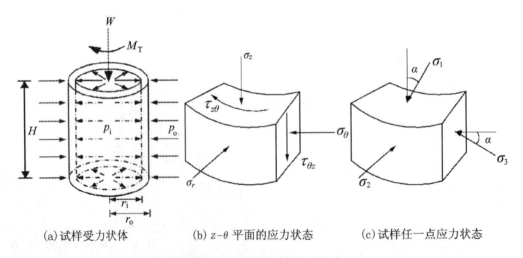

(a)试样受力状体　　　　(b) $z-\theta$ 平面的应力状态　　　　(c)试样任一点应力状态

图 2.4　空心圆柱试样应力状态

根据上海船舶运输科学研究所提供的资料显示，船运散装精粉矿货物在海运过程中，不仅会受到海浪的作用而上下颠簸，还要受到由于船舶左右震荡而产生水平剪切力的作用。

---

①HIGHT D W, GENS A, SYMES M J P R. The development of new hollow cylinder apparatus for investigating the effects of principal stress rotation in soils [J]. Geotechnique, 1983, 33（4）: 355—383.

试验中利用空心圆柱仪，按正弦波形式，同时施加动载轴力和扭矩，分别提供轴向应力和剪应力，控制循环扭矩 M_T 比循环轴力 W 的相位滞后 90°，试验过程中保持扭剪应力 $\tau_{z\theta}$ 与 $(\sigma_z - \sigma_\theta)/2$ 相等。试验均采用空心圆柱试样，保持内围压 P_i、外围压 P_o 不变且相等。

由公式（2.1）和公式（2.2）可得：内、外围压相等时，$\sigma_r = \sigma_\theta$，此时，将公式（2.3）和公式（2.4）化简，可得：

$$\sigma_z = \sigma_r = \frac{W}{\pi(r_o^2 - r_i^2)} + P \tag{2.8}$$

$$\sigma_\theta = P \tag{2.9}$$

$$\tau_{z\theta} = \frac{3M_T}{2\pi(r_o^3 - r_i^3)} \tag{2.10}$$

$$\tau_f = \sqrt{\frac{(\sigma_z - \sigma_\theta)^2}{4} + (\tau_{z\theta})^2} \tag{2.11}$$

$$W = 2\pi\tau_f(r_o^2 - r_i^2) \times \cos\omega t \tag{2.12}$$

$$M_T = \frac{3}{2}\pi\tau_f(r_o^3 - r_i^3) \times \sin\omega t \tag{2.13}$$

式中：P 为内外围压；t 为循环加载的时间；τ_f 为动应力值。

依据公式（2.11）所确定的动应力幅值在几何上相当于加载应力路径所对应的圆的半径[①]。

图 2.5 所示为动应力值为 30 kPa 时在圆形耦合循环荷载下的应力路径。试验过程中，控制幅值大小不变，实现圆形耦合荷载下的应力路径。

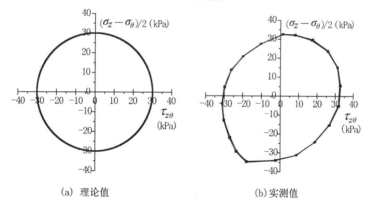

(a) 理论值　　　　　　　　　　　(b)实测值

图 2.5　铁精矿在循环荷载下的应力路径

2.3　铁精矿动三轴试验研究

2.3.1　试验设计

2.3.1.1　试验方法

试验用的铁精矿取自上海出入境罗泾码头堆场，铁精矿的颗粒级配曲线如图 2.6 所

①栾茂田，聂影，杨庆，齐剑峰，邵琪．不同应力路径下饱和黏土耦合循环剪切特性［J］．岩土力学，2009，30（7）：1927－1932.

示。试验中采用重塑样，在110℃的烘箱里烘置一天，待充分烘干配置成不同含水率后，进行击实制样。

取现场堆载5米深处的铁精矿试样进行干密度测试试验，测得铁精矿的最大干密度 d_{max} 和最小干密度 d_{min} 分别为 3.12 g/cm^3 和 2.56 g/cm^3，平均天然干密度 ρ_d 为 2.455 g/cm^3，铁精矿的密实度状态为中密状态。

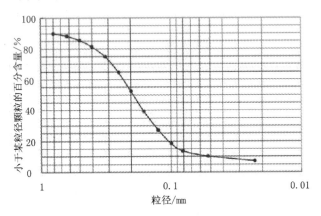

图 2.6 铁精矿颗粒级配曲线

以测得的干密度作为试验中铁精矿制样的干密度，试样直径为 39.1 mm，高为 80 mm。本次试验根据《土工试验规程》用击实法配制，共分 5 层击实，根据测得的干密度及设计的含水率确定每层土样的重量，每层击实至要求高度后，将表面刨毛，然后再加第二层的试样，如此进行直至击至最后一层。试验完成后取出部分试样复测其含水率，测定的含水率与要求的含水率的差值需小于 ±1%，否则需调整含水率至符合要求为止。

2.3.1.2 试验方案

土的动力特性试验需考虑多个影响因素，包括动循环周次、应力幅值、围压、振动频率、孔隙比、饱和度等。另外，不同的土类、超固结比、颗粒粒径大小与级配、土的结构、温度等因素也有一定程度的影响。鉴于对精粉矿单元试验研究资料的匮乏，本试验作为初步的探索性试验，因此将含水率和动应力作为两个主要的控制指标。

上海出入境检验检疫局机构测得的铁精矿的 FMP 大约为 8.5%，因此为了研究不同含水率下铁精矿的单元体性质，铁精矿的含水率配样为 6%、8%、10%、12%（本书中含水量如无特殊说明，均指的是矿中水的质量与总矿质量的比值，与土力学中的概念不同）。考虑到波浪荷载的频率，试验中施加频率为 1 Hz 的正弦波来模拟海上波浪荷载的效应，按等幅正弦波形式施加。一般来说，试验中所定围压的最大值应大于土体实际承受的最大有效应力，最小围压应不小于土样上部覆盖层的压力，因此试验中围压取 100 kPa，固结比均为 K_c 均为 1.5。

结合上述参数取值标准及试验方法，氟石的动三轴试验方案见表 2.1。

表 2.1 铁精矿动三轴试验方案

铁精矿	固结阶段		干密度		振动阶段
	σ_3	σ_1	ρ_d	f	σ_d
6%	100	150	2.455	1	90 75 67.5 60
8%	100	150	2.455	1	75 60 50 45
10%	100	150	2.455	1	65 60 50 45
12%	100	150	2.455	1	60 50 40 35

2.3.1.3 破坏标准

动强度与破坏标准的选择密切相关，因为动强度通常定义为一定振次 N 下，使土体达到某一破坏准则所需要的动应力幅值。因此，合理选择破坏标准是研究动强度问题的基础。不同破坏准则会有不同的界限变形和界限孔压，从而决定了动变形、动孔压的研究。对于动荷载作用下试样的破坏标准，目前大致有以下几种[1][2]：

（1）初始液化标准：以土体在试验中首次出现初始液化（首次出现 $u=\sigma_{30}$ 或 $\Delta u=\sigma'_{30}$）作为试样破坏的标准；

（2）极限平衡标准：用土体的极限平衡条件作为破坏标准；

（3）极限应变标准：对于不出现液化的土，一般规定一个界限应变作为破坏标准。具体来讲，对于普通的动三轴试验，这类标准一般用土样试件的轴向变形情况来作为试样破坏的标准，如双幅应变为 2%、5%（等压固结情况），残余应变为 5%、10%（偏压固结情况）。

本次试验参考中华人民共和国水利部发布的《土工试验规程》（SL237—1999），破坏标准采用双幅应变幅值为 5%。试验中，双幅应变幅值达到 5%，即认为试样发生破坏，可停止振动。

2.3.1.4 试验过程

（1）试样安装

试样放进压力室之前，将所有通水管道内的空气排出，使其全部充满无气水。压力室底座上依次放上透水板、湿滤纸、试样、湿滤纸、透水板。将橡皮膜用承膜筒套在试样外，并用橡皮圈将橡皮膜两端与底座及试样帽分别扎紧。然后盖上三轴压力室外罩，向压力室内注水。

（2）施加围压

给试样同时施加围压 σ_3 和轴压 σ_1，围压和轴压的施加的速率 1 kPa/min，若试样排水

---

① 汪闻韶. 土的动力强度和液化特性 [M]. 北京：中国电力出版社，1996.
② 陈仲颐，周景星，王洪谨. 土力学 [M]. 北京：清华大学出版社，1994.

固结，则打开下部开关，待孔压消散 10% 时，关闭下部开关。

（3）施加动荷载

利用 GDSLAB 软件对试样施的正弦循环荷载，加载方式为应力控制式，并适时记录孔压、应变、动荷载等数据及相应的图形。在动力试验的过程中，始终要保持排水阀为关闭状态，待到土样的双幅应变达到 5% 后停止试验。

（4）卸样

试验结束，将压力卸除，打开排水孔，排除压力室内的水，拆卸压力室罩，拆除试样，描述试样破坏形状，称试样质量，并测定含水量。

2.3.2 铁精矿动力特性分析

2.3.2.1 动变形特性

本小节主要通过铁精矿的动应变时程曲线来分析含水率和动应力对铁精矿试样在振动过程中的破坏变形的影响，既而探究氟石粉会发生强度破坏失稳现象的临界动应力和临界含水率的范围，为实际海运中的矿粉提供安全的的含水率限值范围。

试验中针对含水率为 6%、8%、10%、12% 的铁精矿试样做了一系列的试验。每一含水率分别用四组试验来研究不同动应力下铁精矿试样破坏的情况。试验中当轴向应变达到 5% 时，认为试样发生破坏，即可停止振动。图 2.7~图 2.10 为不同含水率下铁精矿的动应变随振次的关系曲线。曲线中 η 为动应力比，定义为：

$$\eta = \frac{\sigma_d}{2\sigma_3} \tag{2.14}$$

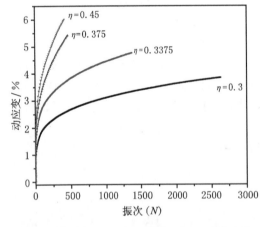

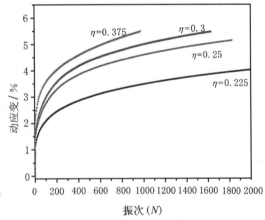

图 2.7 含水率 $\omega=6\%$ 不同动应力 $\varepsilon_d \sim N$ 曲线图　　**图 2.8 含水率 $\omega=8\%$ 不同动应力 $\varepsilon_d \sim N$ 曲线图**

分析（图 2.7）：含水率为 6%，动应力为 60 kPa（$\eta=0.3$）时，始终达不到累积应变 5%；而动应力为 67.5 kPa（$\eta=0.3375$）时，振次约 1350 次时，可达到 5% 的累积应变，故临界动应力的大小在 60~67.5 kPa 范围。

分析（图 2.8）：含水率为 8%，动应力为 45 kPa（$\eta=0.225$）时，始终达不到累积应变 5%；而动应力为 50 kPa（$\eta=0.25$）时，振次约为 1000 次时，可达到 5%，故临界动应力的大小在 45~50 kPa 范围。

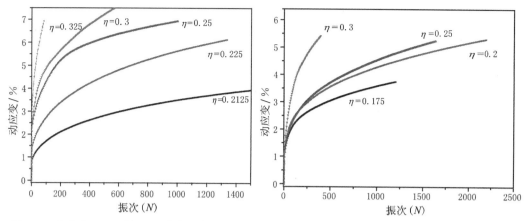

图 2.9　含水率 $\omega=10\%$ 不同动应力曲线图　　图 2.10　含水率 $\omega=12\%$ 不同动应力 $\varepsilon_d \sim N$ 曲线图

分析（图 2.9）：含水率为 10%，动应力为 42.5 kPa（$\eta=0.2125$）时，始终达不到累积应变 5%；而动应力为 45 kPa（$\eta=0.225$）时，振次约 700 次时，便可达到 5%，故临界动应力的大小在 42.5～45 kPa 范围。

分析（图 2.10）：含水率为 12%，动应力为 35 kPa（$\eta=0.175$）时，始终达不到累积应变 5%；而动应力为 40 kPa（$\eta=0.2$）时，振次约 1800 次时，即可达到 5%，故临界的动应力大小在 35～40 kPa 范围。

含水率对铁精矿的变形特征有重要影响。在振动频率和围压相同的情况下，对于同一剪应力下，含水率越高，铁精矿的残余应变越大，即产生的轴向变形越大。

从图 2.11 可知：在同一振动频率和围压下，含水率为 6% 和 8% 时的两条动应变曲线较为靠拢，含水率为 10% 和 12% 时的两条动应变曲线也较为靠拢。而含水率在 8%～10% 之间的应变曲线显得较为松弛。说明了当含水率在 8%～10% 之间时，动应变的响应更为剧烈，即随着含水率在 8%～10% 变化时，变形对动剪应力的反应

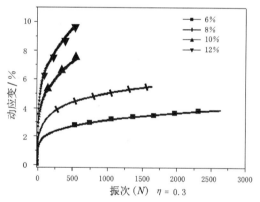

图 2.11　同一应力比下不同含水率的动应变振次曲线

存在一个突变值，当低于这个突变值时，铁精矿的动变形随着动剪应力变化产生明显变化，但高于这个突变值时，变形随动剪应力变化则显得不明显。

从以上曲线中可以得出：铁精矿的动应变随振动次数的增长而累积增长，不论动应力的大小，试样的动应变主要发生在初始振动阶段，且随着振动次数的增加，变形速率逐渐减缓，应变曲线斜率变小。另外，不同动应力下试样达到轴向应变 5% 时所需的振次亦不同，随着动应力的增加，试样破坏所需的振动次数变小，说明试样在动应力大时较易破坏，动应力小时不易破坏。

表 2.2 给出了不同含水率下铁精矿的临界动应力范围值。由表可知：低含水率试样破坏所需的临界动应力较之高含水率大。当含水率为 6% 时，试样破坏的临界动应力范围

为 60～67.5 kPa；含水率为 8％时，试样破坏的临界动应力范围为 45～50 kPa；含水率为 10％时，试样破坏的临界动应力范围为 42.5～45 kPa；含水率为 12％时，试样破坏的临界动应力范围为 35～40 kPa。

表 2.2　不同含水率下铁精矿的临界动应力范围值

含水率	6％	8％	10％	12％
临界动应力（kPa）	约 60～67.5	约 45～50	约 42.5～45	约 35～40

从表中可看出：含水率为 8％、10％和 12％的铁精矿的临界动应力相差较小，而含水率为 6％时，其破坏的临界动应力较之 8％明显增大，说明了含水率在 6％～8％之间时，铁精矿对含水率的灵敏性很大。当动应力在 40～45 kPa，含水率在 6％～8％渐变时，铁精矿的强度发生显著改变。由此可知，铁精矿需严格控制含水率的限载。

2.3.2.2　动孔隙压力特性

采用动孔隙压力来反映振动中铁精矿孔压的响应情况，采集不同含水率下动孔压—振次曲线如图 2.12～图 2.15 所示。

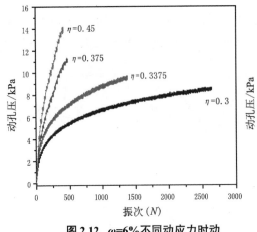

图 2.12　ω=6％不同动应力时动
孔压–振次曲线图

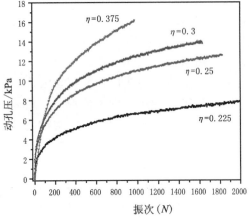

图 2.13　ω=8％不同动应力时动
孔压–振次曲线图

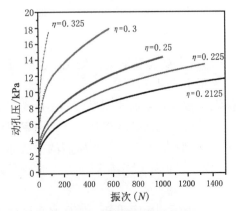

图 2.14　ω=10％不同动应力时动
孔压–振次曲线图

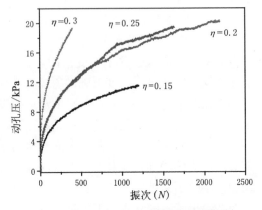

图 2.15　ω=12％不同动应力时动
孔压–振次曲线图

从曲线上可以看出：在同一含水率，不同动应力下的铁精矿试样的动孔压随振动次数的增加而增加，且振动前期孔压增长较快，后期增长缓慢。可以理解为：振动前期，颗粒骨架疏松，易于滑动，孔压较易升高，振动后期颗粒重组，铁精矿趋于更稳定状态，周期荷载作用不会使大主应力反向，变形速率和幅度都有所减小，孔压上升减慢。另外，动孔压的发展速率也是随着动应力比的增大而提高的，施加的动荷载越大，孔压响应越剧烈。

图 2.16 是动应力比 $\eta=0.3$ 时不同含水率下孔压随振次的变化曲线。在同一应力比的条件下，铁精矿试样在循环振动中动孔压随着含水率的增加而增加，反映了含水率对孔压响应的影响，当饱和度高时，其动孔压上升的速率快，幅值较大，孔压响应剧烈；而饱和度低时，动孔压上升的速率相对较小，幅值也较小。

从图中可以看出：施加的动应力为 60 kPa 时，$\omega=6\%$ 和 $\omega=8\%$ 孔压曲线较为靠拢，而 $\omega=10\%$ 和 $\omega=12\%$ 孔压曲线靠的很近。说明此时存在一个临界值，低于此临界值时，动孔压响应较为一般，呈一般的增长趋势；而高于此临界值时，孔压的响应剧烈，幅值会瞬间增大。这与动应变曲线的规律也是一致的。

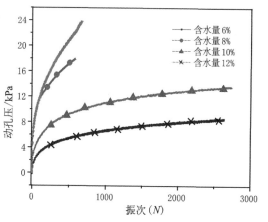

图 2.16　$\eta=0.3$ 不同含水率下动孔压与振次的关系曲线

2.3.2.3　动强度特性

动强度一般是指在某种静应力状态下，周期荷载使试样在一定的振次下达到某种特定的破坏标准时所需的周期剪应力。对于普通循环扭剪试验，土的动强度可以用循环扭矩所产生的动剪应力幅值与达到某种破坏标准时对应的振次之间的关系表示，而对于常规的动三轴试验，土的动强度则用轴向循环荷载所产生的轴向动应力幅值之半与达到某种破坏标准时对应的振次（N_f）之间的关系表示，即动剪应力：$\tau_d=1/2\sigma_d$，式中的 σ_d 轴向应变达到 5% 时对应的轴向动应力值。

图 2.17 为不同含水率下铁精矿试样的动强度曲线。可以看出，在非等压固结条件下铁精矿试样的动强度与含水率的变化也有着非常密切的联系。含水率的改变同样会使得应力条件相同的铁精矿试样表现出不同的承受动荷载的能力。

在同频率、同固结比条件下，铁精矿的动强度特性规律如下：在同一频率的波浪荷载作用下，在同一时间内，含水率高的试样会在较小的动应力作用下发生强度的破坏；且在同一动应力下，含水率高的试样会在短时间内发生破坏。从图 2.17 曲线看出，当动应力在 20～30 kPa 时：含水率为 6%，曲线随着振次的增加越来越平缓，轴向应变始终达不到 5% 的破坏应变，此时试样会越振越密实；而含水率为 8%、10% 和 12% 时，三者的动强度曲线靠的较近，且含水率为 12% 时的试样随着振次的增加，铁矿样会在短时间内迅速达到破坏应变 5%，试验后观察试样的轴向变形较大，同时在试样的顶层表面析出一层水膜；当含水率在 10% 时，振次约至 4000 次左右时，便会逐渐接近破坏的可能。

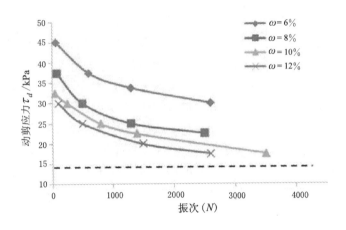

图 2.17　不同含水率下铁精矿 $\tau_d \sim N$ 曲线

2.3.3　铁精矿动三轴试验小结

本节通过室内动三轴试验，研究了非饱和铁精矿试样的动力特性。根据试验结果分析及结合船运过程中的实际情况，探讨了含水率和动应力对铁精矿动力特性的重要影响，提出了较为合理的含水率限值，并为后续研究提供了可靠性基础。试验中得出的结论如下：

（1）从 $\varepsilon_d \sim N$ 曲线中得出，非饱和铁精矿试样的轴向应变的发展是非线性的，开始增加较快，随后增加的速率逐渐变缓。不同动应力下，试样达到累积应变 5％时所需的振次不同，动应力越大，试样破坏所需的振动次数越小，即试样在动应力大时越易破坏；动应力越小时越不易破坏。

（2）含水率和动应力对非饱和铁精矿的变形特性有着明显的影响。在同一含水率，不同动应力下的氟石试样的动孔压随振动次数的增加而增加，且振动前期的动孔压的增长较快，后期则增长缓慢。而在同一应力比的条件下，铁精矿试样在循环振动中动孔压随着含水率的增加而增加，含水率越高时，动孔压上升的速率越快，幅值也越大，孔压响应也就越厉害。另外动孔压的发展速率也是随着动应力比的增大而提高的，施加的动荷载越大，孔压响应越厉害。

（3）当动应力在 $40 \sim 45$ kPa 范围上下浮动，含水率在 6％～8％渐变时，铁精矿的动应变和孔隙水压力发生显著改变，说明铁精矿动力性质具有含水率敏感性，含水率细小的改变会引起铁精矿强度的显著改变。

2.4　氟石动三轴试验研究

2.4.1　试验设计

2.4.1.1　试验方法

试验用的氟石取自上海出入境罗泾码头堆场，氟石的颗粒级配曲线如图 2.18 所示。试验中采用重塑样，在 110℃ 的烘箱里烘置一天，待充分烘干配置成不同含水率后，进行击实制样。

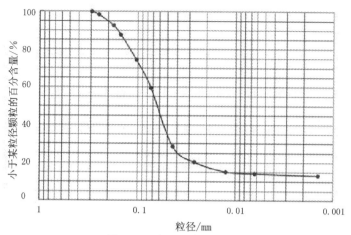

图 2.18　氟石颗粒级配曲线

取现场堆载 5m 深处的氟石试样进行干密度测试试验，得出氟石的最大干密度 d_{max} 和最小干密度 d_{min} 分别为 2.18 g/cm³ 和 1.58 g/cm³，天然孔隙比为 0.774，环刀试验测得天然干密度 $\rho_d = 1.77$ g/cm³。相对密度 D_r 为 0.389，其密实度状态处于稍微密实。

以测得的干密度作为试验中氟石制样的干密度，试样直径为 39.1 mm，高为 80 mm，如图 2.19 所示。本次试验根据《土工试验规程》用击实法配制，共分 5 层击实，根据测得的干密度及设计的含水率确定每层土样的重量，每层击实至要求高度后，将表面刨毛，然后再加第二层的试样，如此进行直至击至最后一层。试验完成后取

图 2.19　制样后的氟石粉
（试样直径 39.1 mm，高为 80 mm）

出部分试样复测其含水率，测定的含水率与要求的含水率的差值小于 ±1%，否则需调整含水率至符合要求为止。

2.4.1.2　试验方案

氟石动三轴试验同铁精矿类似，都将含水率和动应力作为两个主要的试验控制指标。

上海出入境检验检疫局机构测得的氟石 FMP 范围为 9%～10%，因此为了研究不同含水率下氟石的单元体性质，氟石粉的含水率配样为 6%、8%、10%、12%、14%。考虑到波浪荷载的频率，试验中施加频率为 1HZ 的正弦波来模拟海上波浪荷载的效应，按等幅正弦波形式施加。一般来说，试验中所定围压的最大值应大于土体实际承受的最大有效应力，最小围压应不小于土样上部覆盖层的压力，因此试验中围压取 100 kPa，固结比 K_c 均为 1.5。

结合上述参数取值标准及试验方法，氟石的动三轴试验方案见表 2.3。

表 2.3　氟石粉动三轴试验方案

氟石粉含水率	固结阶段		干密度	振动阶段	
	σ_3	σ_1	ρ_d	f	σ_d
6%	100	150	1.77	1	90 75 60 50 45
8%	100	150	1.77	1	75 60 55 50 45
10%	100	150	1.77	1	65 60 55 45 40
12%	100	150	1.77	1	60 50 40 36 30
14%	100	150	1.77	1	45 42.5 37.5 35 30

2.4.1.3　破坏标准

氟石动三轴试验的破坏标准与前述铁精矿动三轴试验的破坏标准一致，均认为双幅应变幅值达到 5%，试样破坏，可停止振动（详见 2.3.1.3 破坏标准）

2.4.1.4　试验过程

同铁精矿（详见 2.3.1.4 试验过程）

2.4.2　氟石动力特性分析

2.4.2.1　动变形特性

本小节主要通过氟石粉的动应变时程曲线来分析含水率和动应力对氟石粉试样在振动过程中的破坏变形的影响，既而探究氟石粉发生强度破坏失稳现象的临界动应力和临界含水率范围，为实际海运中氟石提供安全的的含水率限值。

试验中针对不同含水率（6%、8%、10%、12%、14%）的氟石试样进行一系列试验。每一含水率分别用五组不同动应力的试验，当施加动荷载后轴向累积应变达到 5% 时，便认为试样发生了破坏，即可停止振动。

不同含水率下，试样在不同动应力作用下，应变随着振动次数的变化曲线如图 2.20～图 2.24 所示。

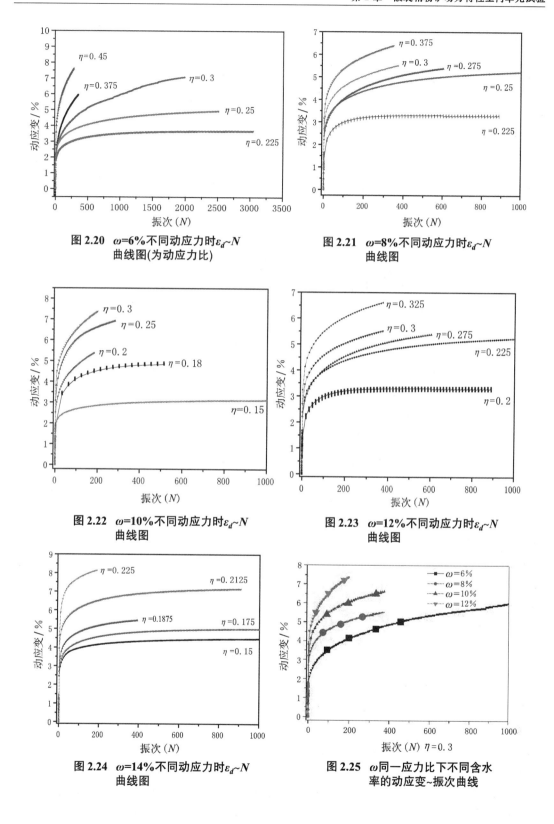

图 2.20　ω=6%不同动应力时ε_d~N
曲线图(为动力比)

图 2.21　ω=8%不同动应力时ε_d~N
曲线图

图 2.22　ω=10%不同动应力时ε_d~N
曲线图

图 2.23　ω=12%不同动应力时ε_d~N
曲线图

图 2.24　ω=14%不同动应力时ε_d~N
曲线图

图 2.25　ω同一应力比下不同含水
率的动应变~振次曲线

分析（图 2.20）：含水率为 6%，当动应力为 45 kPa（$\eta=0.225$）时，始终达不到累积应变 5%；而动应力为 50 kPa（$\eta=0.25$）时，振次约为 3000 多次时，可达到 5%，因而临界动应力的大小应该在 45～50 kPa 范围。

分析（图 2.21）：含水率为 8%，当动应力为 45 kPa（$\eta=0.225$）时，始终达不到累积应变 5%；而动应力为 50 kPa（$\eta=0.25$）时，振次约为 1400 次时，达到 5%，因而临界动应力的大小应在 45～50 kPa 范围。

分析（图 2.22）：含水率为 10%，当动应力为 40 kPa（$\eta=0.2$）时，始终达不到累积应变 5%；而动应力为 45 kPa（$\eta=0.225$）时，振次约为 765 次时，可达到 5%，因而含水率的临界的动应力的大小应在 40～45 kPa 范围。

分析（图 2.23）：含水率为 12%，当施加的动应力为 30 kPa（$\eta=0.15$）时，始终达不到累积应变 5%；而动应力为 36 kPa（$\eta=0.18$）时，振次为 2500 多次时，可达到 5%，因而含水率的临界的动应力的大小应在 30～36 kPa 范围。

分析（图 2.24）：含水率为 14%，当动应力为 30 kPa（$\eta=0.15$）时，始终达不到累积应变 5%；而动应力为 35 kPa（$\eta=0.175$）时，振次为 1100 多次时，可达到 5%，因而含水率的临界的动应力的大小应在 30～35 kPa 范围。

图 2.20～图 2.26 给出了不同含水率的应变振次曲线，可以得出以下结论：

（1）非饱和氟石试样的轴向应变的发展是非线性的，开始增加较快，随后增加的速率逐渐变缓，经分析：在振动剪切刚开始时，土体中孔压较大，在动荷载作用下试样孔隙中空气容易被压缩，同一动剪应力下，可以发生较大的动剪应变；而随着振动剪切的发展，土颗粒被挤密，土体中孔隙变小且不易被压缩，试样颗粒不易被振密，虽然动剪应力是缓慢增大的，但土体的变形却逐渐变小。

（2）在相同动应力下，含水率对非饱和氟石粉的变形曲线有着显著的影响。具体表现为：在振动频率和围压相同的情况下，对于同一剪应力下，含水率越高，其残余应变越大，即产生的轴向变形越大，说明了含水率对非饱和氟石粉的变形特性有着明显的影响。这主要是由于氟石粉主要由颗粒和架空的孔隙结构组成，颗粒本身很难产生变形，所以非饱和氟石粉的轴向变形主要是试样内孔隙结构变化引起的。在动荷载作用下，架空的孔隙结构在动剪应力作用下产生破坏，由于固结压力的作用，试样将变得致密，孔隙率变小，体积缩小，从而产生残余应变。当含水率较高时，会使颗粒之间的胶结作用和摩擦强度降低，从而在相同动剪应力作用下，使氟石粉内部的孔隙结构破坏更为严重，孔隙率变的更小，体积缩小更快，从而产生更大的残余变形。

（3）在同一振动频率和围压下，将 $\omega=6\%$、$\omega=8\%$ 两条动应变曲线与 $\omega=8\%$、$\omega=10\%$ 两条动应变曲线做对比可以发现，$\omega=8\%$ 和 $\omega=10\%$ 两条振陷曲线较前者更为靠拢。说明随着含水率的增加，变形对动剪应力的反应越来越不明显。这是因为含水率增大到一定程度后，土颗粒之间的胶结作用已经被基本破坏，摩擦强度也降到最低水平，受到同样的动剪切力时，不会产生更为严重的内部孔隙破坏，从而孔隙率变化不大，体积缩小也不明显，残余变形也相对变化不大。

图 2.21 为氟石粉在含水率 8%，不同动应力时动应变 ε_d 随着振动次数 N 的变化曲线。从曲线中可以看出，不同动应力下，试样达到累积应变 5% 时所需的振次是不同的。随着动应力的增加，试样破坏所需的振动次数则越小，即试样在动应力大时愈易破坏；动应力

愈小时愈不易破坏。表 2.4 给出了不同含水率下安全的动应力范围值，可以看出：船舶内氟石试样在海运中，当波浪荷载低于表中不同含水率对应下的动应力值时，船舶内的矿粉是安全的，不会发生较大形变破坏和失稳。

表 2.4　不同含水率下安全的动应力范围值

含水率	6%	8%	10%	12%	14%
临界动应力（kPa）	约 45～50	约 45～50	约 40～45	约 30～36	约 30～35

通过试验结果还可知：低含水率的氟石试样破坏所需要的临界动应力较之高含水率的大。当含水率为 6% 和 8% 时，试样破坏的临界动应力范围为 45～50 kPa；而含水率为 12% 和 14% 的临界动应力为 30～35 kPa，故氟石试样含水率在 8% 渐增至 12% 时，破坏所需的临界应力范围变化明显，说明含水率为 8%～12% 时，氟石试样的振动响应突出。

2.4.2.2　动孔隙压力特性

由于在实际海运中氟石粉是不排水的过程，因而在动三轴试验过程中排水阀门紧闭，此时非饱和氟石试样的动孔隙压力包括孔隙气压力 μ_a、孔隙水压力 μ_w 以及由它们两者之差表示的基质吸力（$\mu_a - \mu_w$）。试样固结完成后，孔隙气压力 $\mu_a = 0$，孔隙水压力保持一定的负值，施加动荷载后，试样开始发生轴向变形，试样体积缩小，内部空气被压缩，孔隙气压力逐渐上升。在整个振动过程中，孔隙水压力和孔隙气压力均略有上升。图 2.26～图 2.30 为不同含水率下孔压～振次曲线。

从曲线可知，不同含水率下的非饱和试样其孔隙压力上升值远远小于围压 100 kPa。这是因为当氟石试样饱和度较低时，试样内孔隙大多数被气体所填充，振前固结围压由土骨架承担，在振动过程中，粒间产生剪切滑动，应力传递到可压缩的气体中，孔隙气压力上升，而孔隙水压力基本为零，在随后的振动继续作用时，气体和水达到平衡，上升的孔压逐渐稳定趋于平缓，因而孔隙压力的幅值较少。

由于试验中量测得的孔隙压力是孔隙流体（水和气泡）平衡以后的压力，因此，颗粒骨架回弹时孔隙中空气体积变化到与回弹体变平衡，此时孔压不会等于围压，因而也说明了不能用孔压等于围压作为液化的判别标准。试验中通过试样的轴向累积应变达到 5%，

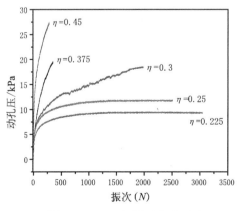

图 2.26　$\omega=6\%$ 不同动应力时动孔压~振次曲线图

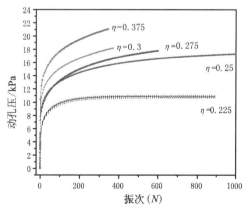

图 2.27　$\omega=8\%$ 不同动应力时动孔压~振次曲线图

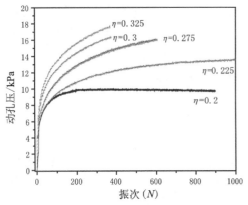

图 2.28　$\omega=10\%$不同动应力时动
孔压~振次曲线图

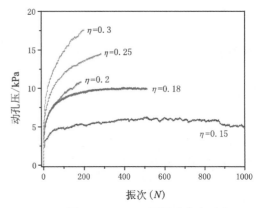

图 2.29　$\omega=12\%$不同动应力时动
孔压~振次曲线图

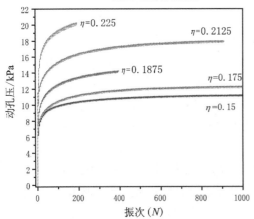

图 2.30　$\omega=14\%$不同动应力时动
孔压~振次曲线图

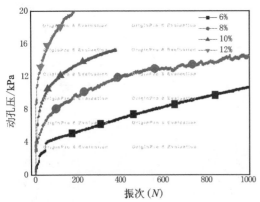

图 2.31　$\eta=0.3$不同含水率下动孔压与
振次的关系曲线

认定试样已经发生破坏，以应变控制标准作为判别失稳的标准。当氟石试样轴向累积应变始终达不到5%时，随着循环荷载的振动，氟石样只会越来越密实，不会发生破坏，而一旦累积应变达到5%时，则氟石粉已经破坏，此时氟石粉失去抗剪强度，会引起失稳，含水率较高时则会形成流态化行为。

从曲线上还可以看出：在同一含水率不同动应力下，氟石试样的孔隙压力随振动次数的增加而增加，且振动前期的动孔压的增长较快，后期增长缓慢。这与动应变随振次的变化规律是相似的，可以理解为振动前期，颗粒骨架易于滑动，孔压较易升高，振动后期颗粒骨架变形趋于稳定状态，周期荷载作用不会使大主应力反向，变形速率和幅度都有所减小，孔压上升减慢。另外动应力对动孔压的发展也有影响，施加的动荷载越大，孔压响应越剧烈。

图 2.31 是动应力比 $\eta=0.3$ 不同含水率情况下的孔压随振次变化曲线，反映了饱和度对孔压响应的影响。在同一应力比时，氟石试样动孔压随着饱和度的增加而增加，当饱和度高时，其动孔压上升的速率快，幅值也较大，孔压响应剧烈；而饱和度低时，动孔压上升的速率相对较小，幅值较小。饱和度高时，气泡多数处于孤立封闭状态，而饱和度较低时，气泡则处于不同程度的连通状态。所以当饱和度较低时，孔压上升时首先传递给孔隙中的气泡，从而减缓孔压的升高，试样不易液化，提高了其液化强度。

2.4.2.3　动强度特性

图 2.32 为不同含水率下氟石试样的动强
度曲线。从图中可以看出，氟石试样的动强
度与含水率有着非常密切的关系。含水率的
改变会使得应力条件相同的氟石试样表现出
不同的承受动荷载的能力。在同一频率和固结条
件下，试验得出的动强度规律如下：在同一频
率的荷载作用下，在同一时间内，含水率高的
试样会在较小的动应力作用下发生强度的破坏；

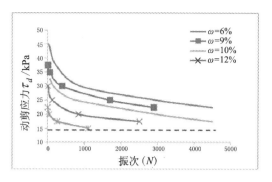

图 2.32　不同含水率下氟石粉
$\tau_d \sim N$ 曲线

且在同一动应力下，含水率高的试样会在短时
间内发生破坏。当动应力设在 $20 \sim 30$ kPa 时：含水率为 $6\% \sim 8\%$ 的试样，随着振次增加，
轴向应变始终达不到 5% 的轴向应变，此时氟石试样很难达到强度破坏，越振越密实，孔压
也越来越大，但始终远小于围压；当含水率为 $12\% \sim 14\%$ 时，随着振次增加，试样会在较短
时间内达到轴向应变 5% 破坏的状态，试验后通过观察氟石样表面析出一层水膜，且孔压上
升的幅值也较大；当含水率在 10% 左右，只要历时持久，试样也会有逐渐接近破坏的可能。
因此从实际海运严格控制含水率出发，氟石粉的含水率应远远控制在 10% 以下，此时当波浪
荷载在 $20 \sim 30$ kPa 的动应力范围内时，氟石粉是偏于安全的，至于含水率严格限值，需根据
实际的海上运输情况和经验确定较为合理的安全系数。

2.4.3　氟石动三轴试验小结

本节通过室内动三轴试验，研究了非饱和氟石试样的动力特性。根据试验结果分析及
结合船运过程中的实际情况，探讨了含水率和动应力对氟石粉动力特性的重要影响，提出
了较为合理的含水率限值，并为后续研究提供了可靠性基础。试验中得出的结论如下：

（1）从 $\varepsilon_d \sim N$ 曲线中得出，非饱和氟石试样的轴向应变的发展是非线性的，开始增
加较快，随后增加的速率逐渐变缓。不同动应力下，试样达到累积应变 5% 时所需的振次
不同，动应力越大，试样破坏所需的振动次数越小，即试样在动应力大时越易破坏；动应
力越小时越不易破坏。

（2）含水率和动应力对非饱和氟石粉的变形特性有着明显的影响。在同一含水率，不
同动应力下的氟石试样的动孔压随振动次数的增加而增加，且振动前期的动孔压的增长较
快，后期则增长缓慢。而在同一应力比的条件下，氟石试样在循环振动中动孔压随着含水
率的增加而增加，含水率越高，动孔压上升的速率越快，幅值也越大，孔压响应也就越剧
烈。另外动孔压的发展速率也是随着动应力比的增大而提高的，施加的动荷载越大，孔压
响应越剧烈。

（3）从 $\tau_d \sim N$ 动强度曲线得出：氟石试样在动应力 $20 \sim 30$ kPa 的作用下，不同含水
率下试样的响应是不同的，含水率为 $12\% \sim 14\%$，在短时间内达到 5% 的破坏应变，而在
$6\% \sim 8\%$ 时，则不会；当含水率为 10% 时，只要历时持久，约至 5000 次左右时，也会发
生破坏。故当荷载在 $20 \sim 30$ kPa 的范围内时，氟石粉的含水率应远远控制在 10% 以下，
具体的含水率限值需根据实际情况来确定。

2.5 镍矿动三轴试验研究

2.5.1 试验设计

2.5.1.1 试验方法

试验所使用的红土镍矿由上海船舶运输科学研究所提供，镍矿的物理性质指标见表2.5。

表2.5 镍矿基本物理性质指标

塑限 W_P/%	液限 W_L/%	塑性指数 I_p	重度（kN·m^{-3}）	干重度（kN·m^{-3}）	土粒比重
45.01	60.02	15.01	16.0	13.2	2.75

注：塑限、液限为土力学概念，为土的基本物理性质。

试验中采用重塑样，标准试样直径为39.1 mm，高为80 mm。根据《土工试验规程》，在制备试样前，将镍矿碾碎后过2 mm筛，过筛后镍矿的颗粒级配曲线见图2.33。制样时，先用110℃的烘箱将镍矿完全烘干，后配置成不同含水量的土样。制样时将土样分5层捣实，通过控制试样的干密度确定每层土样的重量，击实到相应高度，各层接触面刮毛，以保证上下层接触良好。制好的试样见图2.34所示。用游标卡尺分别量取试样上、中、下的直径为 D_1、D_2、D_3 及高度 H，求其平均值为试样的直径 $D_0 = (D_1 + 2D_2 + D_3)/4$。试样间干密度的允许差值为 0.03 g/cm^3，从余土中取代表性试样测定含水量。将制好的试样用保鲜膜包裹放在密闭养护缸内以备试验。

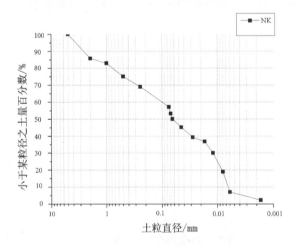

图2.33 试验用镍矿的颗粒级配曲线

图2.34 制备好的试样

2.5.1.2 试验方案

在前述铁精矿和氟石试验研究的基础上，为了能更好的研究精粉矿货物在波浪荷载作用下单元体的性质，因此对镍矿动三轴试验的相关参数进行了更加细化的设计，具体如下：

动应力幅值：当采用应力控制式加载方式时，动应力大小不应超过竖向压力，否则振动过程中试样帽会与土样发生脱离，不允许出现这种情况。同时，考虑到波浪荷载的低应力幅值、长期循环作用的特点，在进行循环荷载下动力特性研究时，动应力幅值与围压的比值应设置得较小为宜。

围压：一般来说，试验中所定围压的最大值应大于土体实际承受的最大有效应力，最小围压应不小于土样上部覆盖层的压力。本试验为了研究不同深度处，镍矿动力特性是否相同，并考虑到低围压时试验误差过大的现实，选取的围压为 50、100、150 kPa 三种。

振动频率：为研究振动频率对镍矿动力特性的影响，本次试验采取的频率有 0.2 Hz 和 1 Hz 两种。

若要较准确地反映土体在交通循环荷载长期作用下表现出来的变形性状，必须尽可能正确地模拟现场的实际条件，主要包括土性条件、初始受力条件、实际振动荷载的模拟及排水条件等。由于设备限制，在试验时，采用等幅循环应力加载方式，研究最大振次为 4000 次时镍矿的动应变特性及其孔压的发展规律。施加动荷载时，保持排水阀门关闭。

镍矿装船后可能很快起航，此时镍矿处于不固结状态，也可能过一段时间后起航，这段时间镍矿会发生部分固结。因此，为兼顾这两种情况，本文先对含水量为 26％、28％、30％的不固结试样进行研究，然后研究含水量 30％的试样进行部分固结后动力特性发生改变情况，试验中控制固结度为 10％。本文中含水量采用海洋运输中的概念，指的是矿中水的质量与总矿质量的比值，与土力学中的概念不同，塑限对应的含水量为：31.03％，液限对应的含水量为：37.5％。

试验方案见表 2.6 所示。试验方案中考虑了含水量、固结情况、动应力、振动频率、围压等因素对镍矿动力特性的影响。由于试验设备的原因，最大振动次数取 4000 次。

表 2.6　镍矿动三轴试验方案

试验序号	含水率	试样是否固结	围压 (kPa)	频率 1 Hz	动应力 (kPa)	最大振次	是否破坏	破坏振次	最大双幅应变
1	26％	否	100	1	20	4000	否		0.32％
2	26％	否	100	1	40	4000	否		3.95％
3	28％	否	100	1	15	4000	否		0.60％
4	28％	否	100	1	25	4000	否		0.94％
5	28％	否	100	1	30	4000	否		4.27％
6	28％	否	100	1	35	500	是	55	9.02％
7	30％	否	100	1	20	300	是	1	7.55％
8	30％	否	100	1	8	4000	否		1.98％
9	30％	否	100	1	10	4000	否		2.32％
10	30％	否	100	1	11	4000	否		3.72％
11	30％	是	100	1	20	4000	否		2.48％
12	30％	是	100	1	25	4000	否		3.66％
13	30％	是	100	1	30	4000	否		4.89％
14	30％	是	100	1	35	337	是	19	7.04％

（续表）

试验序号	含水率	试样是否固结	围压(kPa)	频率1 Hz	动应力(kPa)	最大振次	是否破坏	破坏振次	最大双幅应变
15	30%	是	50	1	14	4000	否		2.08%
16	30%	是	50	1	18	500	是	15	6.16%
17	30%	是	150	1	30	4000	否		1.81%
18	30%	是	150	1	35	4000	否		4.10
19	30%	是	150	1	40	1160	是	37	9.05%
20	30%	是	100	0.2	20	4000	否		3.96%
21	30%	是	100	0.2	25	500	是	100	8.41%

2.5.1.3　破坏标准

镍矿动三轴试验的破坏标准与前述氟石动三轴试验的破坏标准一致，均认为双幅应变幅值达到5%，试样破坏，可停止振动（详见2.4.1.3破坏标准）。

2.5.1.4　试验过程

同铁精矿，详见2.3.1.4试验过程。

2.5.1.5　试验基本参量

动三轴试验过程中，试验曲线随循环周次的增大而发生变化。这是由于土是由颗粒体黏聚而成的散体材料，内部有许多孔隙和微裂缝，随着动荷载循环周次的增加，微裂缝可能会不断地扩展，土体结构出现破坏，使得土的强度和刚度等力学性能下降，尤其是在动应力幅值较大的时候，这种循环周次效应会更加明显。因此，循环周次是动三轴试验中非常重要的一个影响因素。在研究镍矿的动力特性在循环荷载作用下土的动力特性时，必须得考虑循环周次的影响。由于镍矿在运输过程中，所受的波浪荷载为长期荷载，因此，试验侧重研究最大振次为4000次时镍矿的动应变特性及其孔压的发展规律。

图2.35是试验13#时的曲线，是典型的动三轴试验曲线，用来探讨循环周次对土动力特性的影响，包含动应力、应变与孔压与随着循环周次变化的三类关系曲线。

图2.35中，由于本试验为在等压条件下进行试验，循环加载时，累积塑性应变为零，也就是平均应变为零；$\varepsilon_{N,\max}$与$\varepsilon_{N,\min}$分别为第N次振动循环过程中最大应变和最小应变，$\varepsilon_{N,d}$为可恢复的动弹性应变幅值，其大小为：$\varepsilon_{N,d}=\varepsilon_{N,\max}$；$2\varepsilon_{N,d}$称为双幅应变。$u_{N,\max}$与$u_{N,\min}$分别为第$N$循环振动过程中最大孔压和最小孔压；$u_{N,p}$为第$N$次循环周次时的累积孔压，其大小为：$u_{N,p}=(u_{N,\max}+u_{N,\min})/2$；$u_{N,d}$为可恢复的动孔压，$2u_{N,\max}$为双幅孔压。通过图2.5（a）可以看出，动应力不随振次发生变化，这是由于采用应力控制式加载方式。加载初期，轴向应变和动孔压波动幅度较小，并随着振次逐步增长，同时累积孔压也逐渐增大，在一定振次后，轴向应变和动孔压波动幅值趋于稳定。

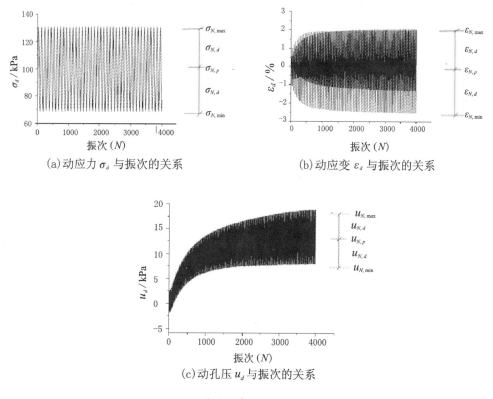

(a)动应力 σ_d 与振次的关系

(b)动应变 ε_d 与振次的关系

(c)动孔压 u_d 与振次的关系

图 2.35 试验 13$^\#$ 的动三轴试验曲线

2.5.2 变形特征分析

2.5.2.1 含水量对镍矿动应变特性的影响

图 2.36 为含水量不同的试样在围压 100 kPa、频率 1 Hz 时在不同的动应力下，其双幅应变幅值随着振动次数 N 的变化曲线。从图 2.36 中可以看出，动应力、含水量及固结度均对镍矿动应变特性有影响：含水量为 26%、28%时，当动应力在 20 kPa 作用下，双幅应变较小，并在某一振次后趋于稳定，只有在较高的动应力下，试样才发生破坏；含水量 30%不固结试样，即使在 11 kPa 的动应力作用下，就会产生很大的双幅应变；相比不固结试样，固结度 10%的试样发生破坏应变需要的动应力明显增大。

图 2.37 是动应力为 20 kPa 时，不同含水量、不同固结度下镍矿的双幅应变幅值随振次的变化曲线。根据图 2.36 和图 2.37 可以得知，当含水量不大于 28%时，在动应力小于 30 kPa 时，镍矿双幅应变随振次变化曲线发展规律相似，试样难以破坏，只有在更大的动应力下才可能发生破坏；而当含水量为 30%时，不固结试样的强度迅速下降，在较低动应力下就发生很大应变，最终可能发生破坏。由此可以看出，含水量对镍矿动应变特性的影响至关重要，且含水量 28%和 30%间存在含水量的临界值，超过该临界值，镍矿的动应变特性发生不利突变。这是因为随着含水量的增大，在干密度不变条件下，水占孔隙体积的比率增大，对镍矿颗粒的润滑作用加强，引起镍矿粘聚力降低，造成强度下降，当含水量超过某临界值时，土的强度迅速降低，导致土在较小的动应力下发生很大的变形。

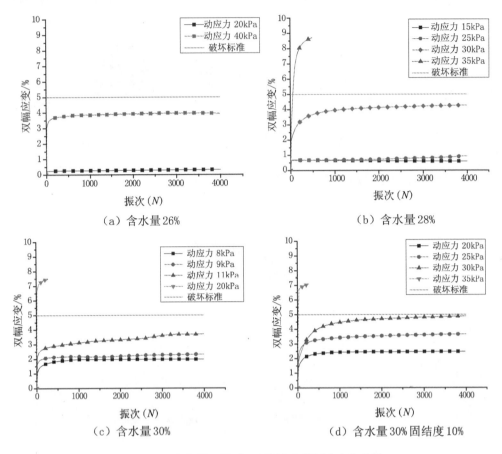

图 2.36　含水量不同时，双幅应变随振次变化曲线

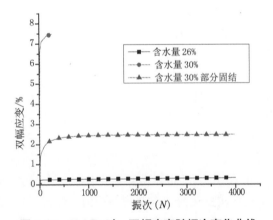

图 2.37　20 kPa 时，双幅应变随振次变化曲线

2.5.2.2　动应力对镍矿动应变特性的影响

　　船运镍矿在运输过程中，波浪荷载的大小具有一定的随机性，因此研究不同动应力幅值对土动力特性的影响显得尤为迫切和重要，许多土动力学研究中也基本会考虑动应力幅值这个影响因素。

从图 2.36 可以观察出，当含水量一定时，在不同动应力幅值下，双幅应变随着动应力幅值的增加，应变量逐渐增加，并且应变的发展速率也逐渐加快。

图 2.38 是镍矿含水量 28%时，不同动应力下，双幅应变随振动周次变化的时程曲线，以此为例，将动应力幅值对镍矿动应变特性的影响展开定性分析。

从图 2.38 中可以看出：

当动应力幅值较小时，如 15 kPa 或 25 kPa 时，随着循环周次的增加，双幅应变在振动开始时，双幅应变略有增长，但在 200 次后趋于稳定，双幅应变时程曲线发展规律相似，只是双幅应变幅值略有不同，处于稳定状态；

当动应力幅值增加到一定程度后，如动应力在 30 kPa 时，在振动初期，双幅应变随着循环周次的增加而逐渐增大，但增加的速率逐渐变小，当振动到一定次数后，基本呈现稳定状态。

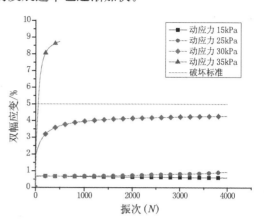

图 2.38　含水量 28%时，双幅应变随振动周次的时程曲线

当动应力幅值与围压的比值较大时，如动应力为 35 kPa 时，从施加动应力开始，双幅应变就随着循环周次的增加而迅速增加，随后增长速率有所减弱，但最终试样会在有限的循环周次后达到破坏状态。

根据图 2.36（b）试验曲线随循环周次的变化可知，累积塑性应变为零，而最大应变的曲线形态跟双幅应变相似。

由此可以看出，动变形的发展规律受动应力幅值的影响非常大。根据图 2.38 的曲线发展形态，并结合众多学者的研究成果，可将动变形的发展形态分为以下三种典型情况：

（1）当动应力幅值较小时，试样的变形曲线为稳定型曲线。双幅应变发展特点是：在整个振动过程中，试样产生的应变均较小。刚开始振动时，试样的变形有所增加，随着循环周次的增加，应变增长速率逐渐衰减，试样同时被逐渐压密，当加载到一定循环周次后，可认为试样已趋于应变稳定状态。对于此种情况，可称为"稳定型"。

（2）当动应力幅值较大时，试样的变形曲线为破坏型曲线，各种应变发展特点是：从振动一开始，应变就随着循环周次的增加而迅速增加。在一定的振动次数后，直至试样最后发生破坏。对于此种情况，可称为"破坏型"。

（3）当动应力幅值处于前两种情况的临界区域时。双幅应变发展特点是：应变随着循环周次的增加发展较快，试样的变形曲线介于前两种情况之间，称为临界型曲线，此种情况可称为"临界型"。

2.5.2.3　固结度对镍矿动应变特性的影响

图 2.39 是在试验初始含水量同为 30%、振动频率 1 Hz、围压 100 kPa，但固结度不同时，双幅应变随振次的变化曲线。从图中可以看出，固结度 10%的试样与不固结试样相比，固结度 10%试样需要在更大的动应力下才会发生较大的变形：含水量 30%、固结度

10%的试样，在20 kPa作用下，1000次后双幅应变趋于稳定；不固结试样在20 kPa作用下第一次振动时就发生破坏，而固结度10%的试样在35 kPa作用下第19次振动时发生破坏。与不固结试样相比，部分固结试样的强度得到了极大地提高。

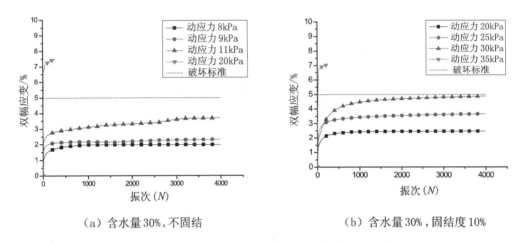

（a）含水量30%，不固结　　　　　　（b）含水量30%，固结度10%

图2.39　固结度不同时，双幅应变随振次变化曲线

2.5.2.4　固结围压对镍矿动应变特性的影响

在船舱中，不同深度处镍矿的围压会沿深度发生变化，因此考虑固结围压对镍矿动力特性的影响就显得非常重要。图2.40为镍矿在固结度为10%，最大循环周次相同，围压不同时，双幅应变随振动周次的时程曲线。从图2.40中可以看出，在某一循环周次时，随着固结围压的增加，镍矿需要更大的动应力才会发生破坏，但是固结围压对镍矿变形特性的影响并不是简单的线性变化。围压50 kPa时，动应力临界值在14～18 kPa范围内；围压100 kPa时，动应力临界值在30～35 kPa；围压150 kPa时，动应力临界值在35～40 kPa。因此，在围压50 kPa到100 kPa区域内，围压对镍矿变形特性的影响近似线性变化，而围压在100 kPa到150 kPa区域内，动应力临界值随围压非线性的增长。由此可见，在考虑固结围压对动变形特性的影响时，不能将围压的影响考虑成简单的线性化。

2.5.2.5　频率对镍矿动应变特性的影响

图2.41反映了在镍矿含水量为30%、固结度为10%时，动荷载的振动频率对镍矿的应变发展曲线的影响。从图中可得出，频率对镍矿动应变特性具有较大的影响，随着动荷载频率的增大，双幅应变变小。当动应力为20 kPa时，频率1 Hz和0.2 Hz的双幅应变发展规律基本相似，只是0.2 Hz的双幅应变值较大；当动应力为25 kPa时，双幅应变发展规律具有明显地不同，0.2 Hz的试样在某一振次后发生破坏，而1 Hz的试样在某一振次后双幅应变趋于稳定。

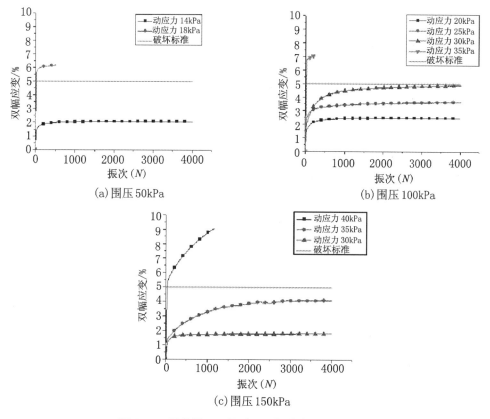

图 2.40 固结围压不同时, 双幅应变随振次变化曲线

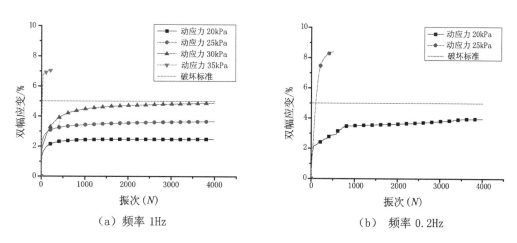

图 2.41 频率不同时, 双幅应变随振次变化曲线

2.5.3 孔压变化规律

本试验中试样虽未完全饱和，但由于含水量很高，故仪器采集到的孔压，基本可以反映试样孔隙水压力的变化规律。

下面将分别讨论含水量、动应力、固结度、围压以及频率对镍矿孔压发展规律的影响。

2.5.3.1 含水量对孔压的影响

图 2.42 和图 2.43 为含水量不同的试样在围压 100 kPa、不同的动应力下，其累积孔压、动孔压随着振动次数（N）的变化曲线，孔压发展规律与双幅应变的发展规律很相似。从图 2.42 和图 2.43 中可以看出，含水量、动应力均对镍矿的孔压特性有影响。

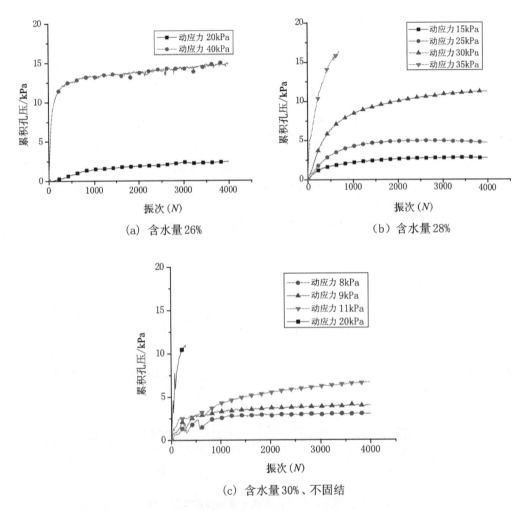

图 2.42　累积孔压随振次变化曲线

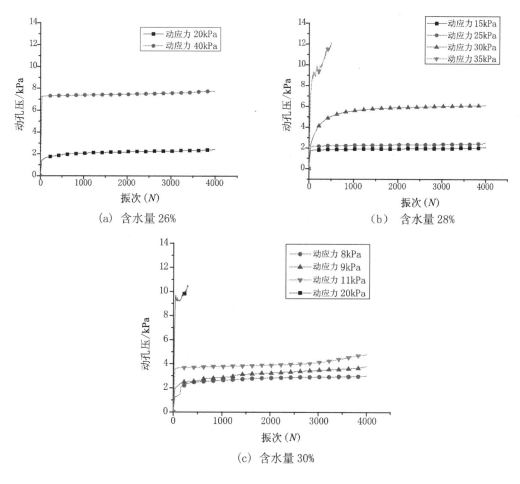

（a）含水量 26%　　　　　　　　　（b）含水量 28%

（c）含水量 30%

图 2.43　动孔压随振次变化曲线

图 2.44 和图 2.45 是动应力 20 kPa 时，不同试样的孔压随振次的变化曲线。

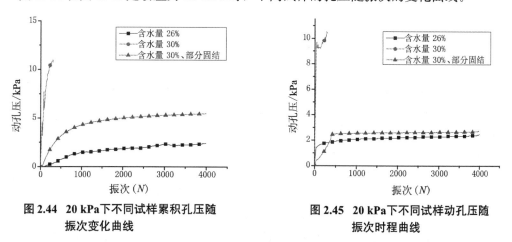

图 2.44　20 kPa 下不同试样累积孔压随　　　　图 2.45　20 kPa 下不同试样动孔压随
**　　　　　振次变化曲线　　　　　　　　　　　　　　振次时程曲线**

从图 2.44 和图 2.45 中可以看出，动应力 20 kPa 时，含水量 28％的累积孔压曲线与 26％的相似，累积孔压和动孔压都较小，并在某一振次后趋于稳定，只有在更大的动应力下，试样才有较大的累积孔压和动孔压；而含水量30％的与其有明显差别。因此，含水量在28％到30％间存在一个临界值，当含水量高于此临界值时，累积孔压、动孔压发展规律明显改变，累积孔压、动孔压响应剧烈，会瞬间达到很大的值，引起试样强度的降低，造成试样破坏，进一步说明含水量对镍矿动力特性影响较大。

因此，含水量对镍矿动力特性影响一方面是由于含水量升高，基质吸力减弱引起强度降低，另一方面是由于高含水量试样产生较高的累积孔隙水压力，削弱了镍矿的强度值。

2.5.3.2　动应力对孔压的影响

从图2.42和图2.43可以观察出，当含水量一定时，在不同动应力幅值下，孔压与循环周次之间的变化情况：动应力幅值越大，孔压幅值增大速率也越快，在相同的循环周次下，随着动应力幅值的增加，孔压也随之增加。但需要指出的是，当动应力幅值较大时，由于试样会在较小的循环周次内达到破坏，实际试样内部的孔压会很快发展。然而由于孔压传感器是安装在试样的外部，内部孔压在有限的循环周次内无法及时传递到试样外部，因此所测得的孔压值较真实值有一定的滞后。

图2.46是镍矿含水量28％试样，在围压100 kPa，频率1 Hz时，不同动应力下，累积孔压和动孔压随振动周次变化的时程曲线，以此为例，将动应力幅值对镍矿孔压的影响展开定性分析。

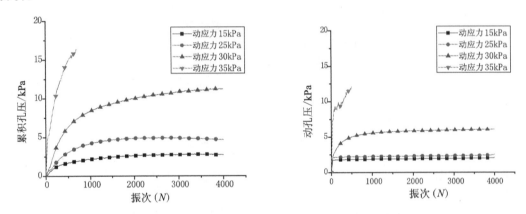

图2.46　含水量28％试样，孔压随振次时程曲线

从图2.46可以看出，动应力幅值不同时，孔压发展模式也有明显不同，也可分为稳定型、临界型和破坏型等三种类型。因此，根据孔压发展形态，也存在着循环动应力临界值，动应力幅值的大小将决定着孔压的发展模式。与应变发展规律类似，当动应力幅值小于循环动应力临界值时，如在动应力15 kPa或25 kPa作用下，随着循环周次的增加，累积孔压和动孔压均发展缓慢，孔压在一定振次后趋于稳定；而当动应力幅值大于临界动应力时，如动应力为35 kPa时，随着循环周次的增加，孔压快速增长，试样会在有限的循环周次内达到破坏。需要说明的是，通过应变和孔压增长曲线类型所确定的动应力临界幅值应该会有些不同，这差异主要来自两方面的原因：一是试验误差导致；二是孔压传感器测量时有一定的时间滞后。但通过对本次试验资料整理发现，这种差异并不是很大。

通过图2.46和图2.38的对比，可看出应变和孔压与循环周次的变化规律大致相同。

这一方面可充分说明孔压的产生原因是由于应变的发生而导致；另一方面也直接证明了本试验的孔压传感器是比较精确可靠的。

2.5.3.3　固结度对孔压特性的影响

在相同动应力作用下，不固结试样与固结度 10% 试样的孔压发展规律相差较大。图 2.47 和图 2.48 中是镍矿含水量 30% 试样，在围压 100 kPa，频率 1 Hz 时，固结度不同的条件下，孔压随振动周次变化的时程曲线。从图中可以看出，在 20 kPa 作用下，含水量 30%、固结度 10% 的试样，在 1000 振次后累积孔压和动孔压趋于稳定；而不固结试样，其累积孔压和动孔压随振次迅速增大。因此，固结度对镍矿动力特性的影响，一方面是由于排水固结使含水量降低，另一方面是由于累积孔压和动孔压较小，这都有利于强度和刚度的提高。

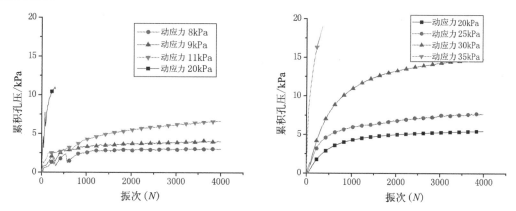

图 2.47　含水量 30%、固结度不同的试样累积孔压随振次的时程曲线

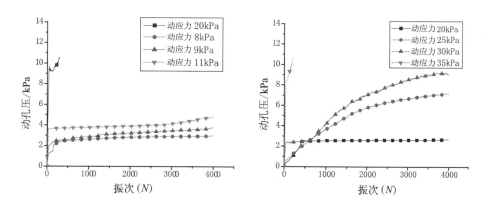

图 2.48　含水量 30%、固结度不同的试样动孔压随振次的时程曲线

2.5.3.4　固结围压对孔压特性的影响

图 2.49 和图 2.50 为镍矿在固结度为 10%、最大循环周次相同、固结围压不同时，累积孔压、动孔压随振动周次的时程曲线。从图中可以看出，在固结围压一定时，随着动应力的增加，累积孔压和动孔压发展规律与双幅应变发展规律相似，但是在动孔压趋于稳定后，累积孔压还有缓慢增长，说明测得的累积孔压有一定的滞后性。

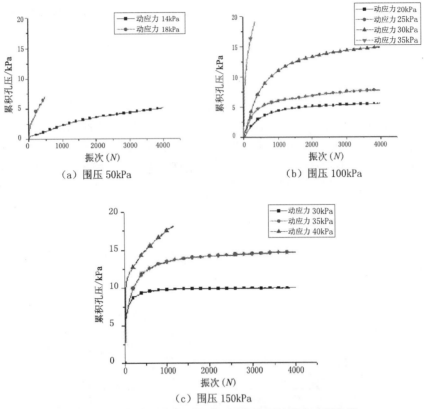

图 2.49　固结、围压不同时，累积孔压随振次时程曲线

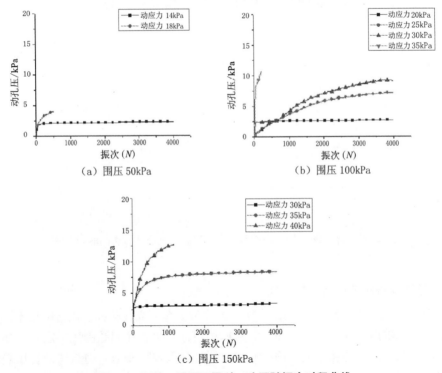

图 2.50　固结、围压不同时，孔压随振次时程曲线

2.5.3.5　频率对孔压特性的影响

图 2.51 和图 2.52 反映了在镍矿含水量为 30%，固结度为 10% 时，动荷载的振动频率对镍矿的孔压发展曲线的影响。从图中可得出，频率对孔压的发展规律有一定的影响，当动应力相同时，振动频率越低，镍矿累积孔压和动孔压越大。当动应力为 20 kPa 时，在 3000 振次后，频率 1 Hz 的累积孔压和动孔压较 0.2 Hz 的小。由于 0.2 Hz 时产生较大的孔压，这降低了镍矿的强度，因此较小的动应力作用下就会产生较大的变形。

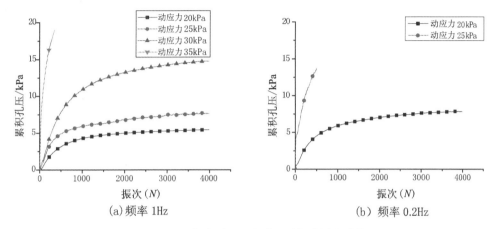

图 2.51　不同频率时，累积孔压随振次时程曲线

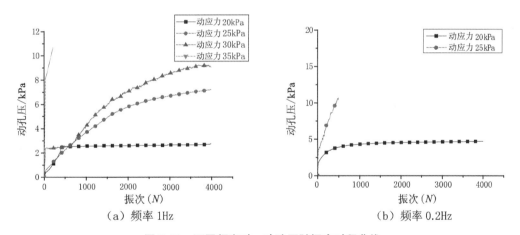

图 2.52　不同频率时，动孔压随振次时程曲线

2.5.4　镍矿动三轴试验小结

本节在铁精矿和氟石室内动三轴试验研究的基础上，研究了镍矿单元体在循环荷载作用下的动力特性，细致的探讨了含水量、动应力、固结度、围压以及振动频率等因素对镍矿动力特性的影响，为进一步研究镍矿的流态化破坏机理提供了研究基础。本节研究主要得到以下结论：

（1）含水量是影响镍矿动力特性的关键因素。含水量在 28% 到 30% 之间存在一个临界值，当含水量高于此临界值时，镍矿的动应变特性和孔压变化规律发生明显改变。

（2）在其他条件不变时，镍矿在不同动应力作用下具有不同的动力特性，并且当动应力小于某一临界值时，动应力对镍矿动力特性影响有限。在 $20 \sim 30$ kPa 动应力作用下，含水量 26％、28％，含水量 30％固结度 10％试样发生破坏概率较低。

（3）固结度是影响镍矿动力特性的重要因素。固结度 10％试样相对于不固结试样在强度方面有较大提高。

（4）固结围压对动变形的影响并不是简单的线性变化。在围压 50 kPa 到 100 kPa 区域内，围压对镍矿变形特性的影响近似线性变化，而围压在 100 kPa 到 150 kPa 区域内，动应力临界值随围压非线性的增长。

（5）频率对镍矿动力特性具有较大的影响，随着动荷载频率地增大，双幅应变变小，累积孔压和动孔压也减小。

2.6 铁精矿空心圆柱扭剪试验研究

2.6.1 试验设计

2.6.1.1 试验方法

本次试验所用铁精矿为一种产地为加拿大的铁精矿，由上海出入境检验检疫局提供，取自上海罗泾码头自由堆场。

铁精矿颗粒级配曲线见图 2.53 所示。试样颗粒大小属于细砂范畴。颗粒级配为颗粒直径大于 0.5 mm 的占 7.2％，0.25 ～0.5 mm 的占 32.6％，0.1 ～0.25 mm 的占 48.4％，0.075 ～0.25 mm 的占 7.0％，小于 0.075 mm 的占 4.8％；粒径组成特性参数为：$d_{50}=$ 0.22 mm，$C_u=2.77$，$C_C=1.14$。

物理力学性质指标如下：颗粒比重为 $d_s=4.95$ g/cm³，铁精矿的最大干密度 $\rho_{dmax}=$ 3.12 g/cm³ 和最小干密度 $\rho_{dmin}=2.56$ g/cm³，最大孔隙比为 $e_{max}=0.93$ 与最小孔隙比为 $e_{max}=0.59$；铁精矿的设计干密度为 2.72 g/cm³，相对密实度 $D_r=0.33$，密实度状态为松散状态。渗透系数 $K=5.03\times10^{-3}$ cm/s，天然休止角为 34.5°。为了研究含水率的变化对铁精矿动力特性的影响，试验中铁精矿的设计含水率分别取 8％、9％、10％、11％、12％，物理特性指标见表 2.7 所示。

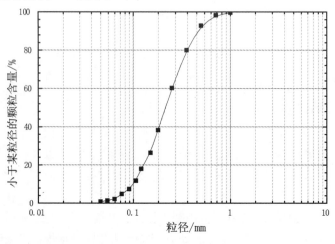

图 2.53　铁精矿级配曲线

表 2.7　铁精矿的基本物理力学特性

粒径/mm						颗粒比重 g/cm³	最大干密度 g/cm³	最小干密度 g/cm³	渗透系数 cm/s
>1.0	1.0~0.5	0.5~0.25	0.25~0.1	0.1~0.075	<0.075				
0.4%	6.8%	32.6%	48.4%	7.0%	4.8%	4.95	3.12	2.56	5.03×10^{-3}

制备铁精矿空心圆柱试样的两个基本要求是：控制相对密实度和保证试样含水率的均匀性。为了达到既定的要求和模拟实际船载散装铁精矿自然重力沉积的堆载特性，本次试验采用重塑样，试样的制备可按照《土工试验方法标准》GB/50123－1999 的有关规定进行①。

试验前，将铁精矿在 110℃的烘箱里烘置 24 h，待充分烘干后，根据预先设计的含水率，将一定质量的水和干矿充分搅拌均匀后，配置成不同含水率的铁精矿，分别放入有标号的密封塑料袋中，静置 24 h，再测定袋内润湿铁精矿不同位置处的含水率，不应少于两点，含水率与要求的含水率之差不得大于±0.2%。

制样时，采用分层湿捣法配置，根据既定的干密度及设计的含水率确定每层铁精矿的重量，分 10 层装入空心圆柱试样模具中。根据每次称取的相同质量铁精矿和相同装样高度，控制每层试样的相对密度基本保持在同一水平，各层接触面将表面刮毛以保证上下接触良好。通过多次试验测试，保持铁精矿试样相对密实度在 0.33 左右。试验完成后取出部分试样反

图 2.54　铁精矿的空心圆柱试样

复测其含水率，测定的含水率与要求的含水率的差值小于±0.2%，否则需调整含水率至符合要求为止。制备完成的铁精矿空心圆柱试样见图 2.54 所示。

2.6.1.2　试验方案

本节在动三轴试验研究的基础上，通过空心圆柱扭剪仪来研究铁精矿的单元体性质，本空心圆柱试验主要从含水率和动应力两个因素对铁精矿的动力性质进行研究，为后续研究提供理论基础。各参数的详细设计如下：

含水率：本章 2.3 铁精矿动三轴试验研究探讨了含水率分别为 6%、8%、10%时铁精矿在循环荷载下动力响应特征，通过试验得出了不同含水率试样的临界动应力范围，见表 2.8 所示；并指出当含水率在 8%到 10%之间变化时，动应变和孔隙水压力均发生突变。上海出入境检验检疫局利用流盘试验法测得该铁精矿的水分流动点约为 9.02%左右，故在空心圆柱试验中，铁精矿的设计含水率分别取 8%、9%、10%、11%、12%。

①中华人民共和国水利部.GBT50123－1999 土工试验方法标准 [S]．北京：中国计划出版社．

表 2.8　动三轴试验中不同含水率下铁精矿的临界动剪应力值

含水率	6%	8%	10%	12%
临界动剪应力/kPa	30	22.5	20	17.5

注：动三轴试验中铁精矿试样的动剪应力等于动轴应力的一半，动剪应力：$\tau_d = 1/2\sigma_d$，式中 σ_d 为施加的动轴应力。

动应力：根据动三轴试验结果，含水率分别为 6%、8%、10%、12% 时的铁精矿试样发生破坏的临界动剪应力值分别为 30 kPa、22.5 kPa、20 kPa、17.5 kPa。而本试验中不仅施加了竖向循环荷载，还同时施加了扭向循环荷载提供剪切力，故在试验设计中考虑动应力值分别取 15 kPa、20 kPa、25 kPa、30 kPa。

频率：Peacock W H[1] 针对砂土进行的研究指出，若振动频率控制在 0.17～4.0 Hz 范围内，振动频率对单剪试验中砂土液化强度的影响规律性不强。根据上海船舶运输研究所提供的资料显示，常见的波浪谱频率取值范围一般为 0.1～1 Hz，且该频率范围内频率对散装铁精矿流态化形成的影响不大。上海出入境检验检疫局利用流盘试验法测精粉矿的适运水分限量 TML 时，流盘振动台的振动频率为 50 次/分钟。本试验按最不利情况考虑，设计试验振动频率为 1 Hz。

密实度：对于实际海运中的船载铁精矿散货，一般通过抓斗机从驳船中装载至矿砂船，铁精矿在重力作用下在船舱内自然堆积。为了符合实际船载铁精矿散货自然重力沉积的堆载特性，本次试验采用重塑样，取相对密实度为 0.33。

利用空心圆柱扭剪仪，施加竖向一扭向圆形耦合循环荷载，对散装铁精矿单元体进行了动力特性试验研究。试验模拟堆载深度为 4m 的铁精矿散货，围压为 100 kPa，相对密实度为 0.33，频率为 1 Hz，含水率分别为 8%、9%、10%、11%、12%，动应力分别为 15 kPa、20 kPa、25 kPa、30 kPa，试验条件为不排水不固结，试验最大振动次数为 6000 次。主要内容如下：

（1）通过对不同含水率时铁精矿试样的动应变曲线、孔隙水压力曲线和动强度曲线进行分析，探讨含水率对铁精矿动力特性的影响。

（2）通过对不同动应力时铁精矿试样的动应变曲线、孔隙水压力曲线和动强度曲线进行分析，探讨动应力对铁精矿动力特性的影响。

（3）确定影响铁精矿动力特性的关键因素，提出影响铁精矿动力特性的临界范围的建议值。

本空心圆柱扭剪试验共进行 20 组，试验方案如表 2.9 所示。

表 2.9　铁精矿空心圆柱试验方案

含水率	8%	9%	10%	11%	12%
τ_f	15 kPa	15 kPa	15 kPa	15 kPa	15 kPa
	20 kPa	20 kPa	20 kPa	20 kPa	20 kPa
	25 kPa	25 kPa	25 kPa	25 kPa	25 kPa
	30 kPa	30 kPa	30 kPa	30 kPa	30 kPa

---

[1] Peacock W H, Seed H B. Sand liquefaction under cyclic loading simple shear conditions [J]. Journal of the Soil Mechanics and Foundations Division, ASCE, 1968, 94 (SM3)：689－708.

2.6.1.3　破坏标准

试验中，由于铁精矿试样未完全饱和，特别是在含水率较低时，利用空心圆柱仪的常规孔压测量系统得出的孔压值并不能完全体现铁精矿的孔隙水压力，只能反映出大致的孔隙水压力上升规律，因此用孔隙水压力上升到某一特定值作为铁精矿试样的破坏标准并不合适。

此外，铁精矿试样同时受到循环轴力和循环扭矩的作用，试验过程中试样会同时产生轴向应变 ε_z，剪切应变 $\gamma_{z\theta}$，环向应变 ε_θ 及径向应变 ε_r，而不同的动应变的发展模式不尽相同，因此，单一地采用某一应变作为破坏标准，不能反映各种动应变的综合影响。为了综合反映各个应变分量的发展效应，本文参考相关研究成果[1][2][3]，以广义剪应变 γ_g 达到某一界限值作为破坏标准。

目前，国内外虽然尚未有涉及铁精矿的变形破坏标准，但铁精矿作为一种特殊材料，其粒径大小属细砂范畴，故可采用广义剪应变 γ_g 作为判别铁精矿变形破坏的判断标准，广义剪应变达到 5% 时，试样发生破坏。广义剪应变定义如下：

$$\gamma_g = \frac{\sqrt{2}}{3}\sqrt{(\varepsilon_1 - \varepsilon_2)^2 + (\varepsilon_2 - \varepsilon_3)^2 + (\varepsilon_3 - \varepsilon_1)^2} \tag{2.15}$$

式中：ε_1、ε_2、ε_3 分别为大主应变、中主应变、小主应变。

2.6.1.4　试验过程

试验过程大致可分为设计含水率的铁精矿制备、试验前准备、装样、加载及数据采集等步骤。

1. 试验前准备

试验前的准备工作主要是检查仪器和设备。检查空心圆柱试样模具中内外乳胶膜是否漏水；检查液压伺服控制加载系统的液压源是否充足、控制阀是否灵敏；检查各线路、管道是否连接正确；在设备启动前连接和调试好各采集仪，将应变式传感器通电预热。

2. 装样

（1）首先将仪器配套的圆形钢板套入内膜固定在基座上，用长杆将内膜竖起；外层乳胶膜一端套在基座上，并用橡皮环固定住防止漏水，另一端套在外成膜圆形钢板上，保持外层乳胶膜稍微宽松，使得试样在抛洒、插捣过程中自然贴紧外成模圆筒，并可防止最后一层试样装载完毕后，外层乳胶膜翻起时收缩挤压试样顶部。（2）装样过程中，将空心圆柱试样的总质量分 10 等份称取，每层装入后，用端部光滑的细铁丝垂直地缓慢插捣，使其达到指定高度。捣样时要非常小心，避免将乳胶膜刺破。每层试样装载完毕后，将外层乳胶膜从成膜圆筒上翻起，使乳胶膜对试样的应力作用释放后重新套在成膜圆筒上。（3）最后一层试样装载完毕后，将内层乳胶膜用橡皮环绑扎在顶盖上，需保持顶盖水平。将真空泵连接到基座、顶盖的气压阀上，开动真空泵，将试样内部的负压增加至 2 kPa，需注意防止水分被抽出。将外层乳胶膜套在顶盖上，用橡皮环绑扎固定，注意防止漏水。小心拆除内外成模圆筒，观测试样是否保持形状站立，防止坍塌。试样装载完毕后，向内

①郭莹. 复杂应力条件下饱和松砂的不排水动力特性试验研究 [D]. 大连：大连理工大学，2003.

②郭莹，栾茂田，许成顺，何杨. 主应力方向变化对松砂不排水动强度特性的影响 [J]. 岩土工程学报，2003，25（6）：666−670.

③李万明，周景星. 初始主应力偏转角对粉土动力特性的影响 [C]. 第四届全国土动力学叙述会议论文集. 杭州：浙江大学出版社，1994：47−50.

膜注水，观测是否在制样过程中刺破内膜造成局部漏水。（4）将装好的试样移至空心圆柱仪上，用螺丝将试样基座与仪器固定。打开 GDSLAB 操作系统，将位移、角度、力清零后，通过角度控制试样基座与空心圆柱仪上加压盖的螺丝孔对齐；通过位移控制试样上侧与上加压盖接近；通过力控制试样上侧与上加压盖顶紧；用螺丝将试样顶盖和上加压盖拧紧。（5）放下外套筒，对拧 8 个螺丝固定。打开电泵，通过上加压孔向压力室注满水，最后用橡胶吸管排气；通过观测试样外乳胶膜，确保没有在制样过程中刺破外膜造成局部漏水；通过内压排气，将内腔内水充满，确保内腔不漏水漏气。（6）确保无误后，向空心圆柱试样的内外压力室施加 5 kPa 的压力，撤去试样内部的负压，关闭排气孔，即可进行加载试验。

3. 加载

（1）调用 GDSLAB 操作系统的高级加载模块（Advanced Loading），在不排水条件下缓缓同时施加内外侧压力，达到预定压力后，保持内外测压力为 100 kPa，并保持恒定 30 min，观测轴向变形、径向变形和体变量均不能超过 0.2%。（2）调用 GDSLAB 操作系统的动力加载模式（Dynamic Cyclic），选择应力控制方式，按设计动应力值输入动载循环轴力和循环扭矩幅值，分别调用归一化的正弦波和余弦波荷载曲线。试验过程中保持内外压为 100 kPa 不变。（3）经过多次试验调试，铁精矿的动载循环轴力和循环扭矩的刚度估计值分别约为 1.3 kN/mm、1.0 kPa/mm。

4. 数据采集

（1）设置循环加载次数为 6000 次，单位循环周数内采集数据点 100 个；若空心圆柱试样变形过大，远远超过破坏标准，及时停止加载。

（2）试验结束后，按试验编号及时保存数据，洗干净试样基座透水石，以便下一次试验。

2.6.2 铁精矿动力特性分析

2.6.2.1 试样破坏形态

铁精矿试样在试验过程中，同时受循环轴力、循环扭矩的作用，基本上呈鼓胀破坏或剪切破坏，并均出现一定的径向变形。

试验结束后，当铁精矿试样剪切破坏时，试样尚且能够直立，试样上呈现出剪切带，见图 2.55（a）所示；当铁精矿试样鼓胀破坏时，试样完全瘫软，强度完全丧失，由于铁精矿颗粒比重较大，铁精矿颗粒在重力作用下全部堆积在轴向底座上，如图 2.55（b）所示。

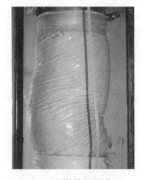 

（a）试样剪切破坏　　　　　　　　　（b）试样鼓胀破坏

图 2.55　铁精矿试样破坏形态

2.6.2.2　动应变时程曲线

本文采用广义剪应变 γ_g（下文简称广义剪应变为动应变）作为判别铁精矿动力特性的破坏标准，试验认为铁精矿广义剪应变达到 5% 时，试样发生破坏。不同含水率和不同动应力时，铁精矿试样的动应变曲线见图 2.56 和图 2.57 所示。

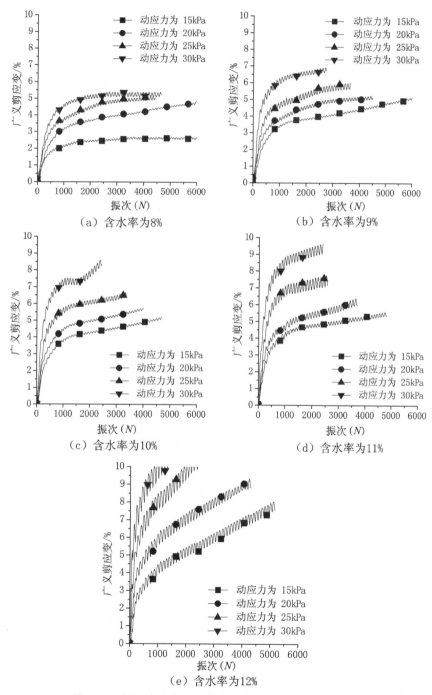

（a）含水率为8%　　（b）含水率为9%

（c）含水率为10%　　（d）含水率为11%

（e）含水率为12%

图 2.56　同一含水率不同动应力铁精矿试样 $\gamma_g \sim N$ 曲线

图 2.56 说明：铁精矿动应变随振动次数的增长而累积增长；试样动应变的累积主要发生在振动初始阶段，且随着动应力的增加，试样破坏所需的振动次数减少；相同含水率试样在不同动应力下的动应变曲线拐点大致出现在 1000 振次以内，含水率低的试样（含水率8%）的动应变曲线出现拐点后基本不再增长。

图 2.57 为同一动应力下不同含水率时铁精矿试样的动应变曲线。振动初始阶段，相同应力条件下，动应变曲线发展迅速，且含水率越高，动应变增长速率越快；约至 1000 振次时，动应变曲线均出现拐点。

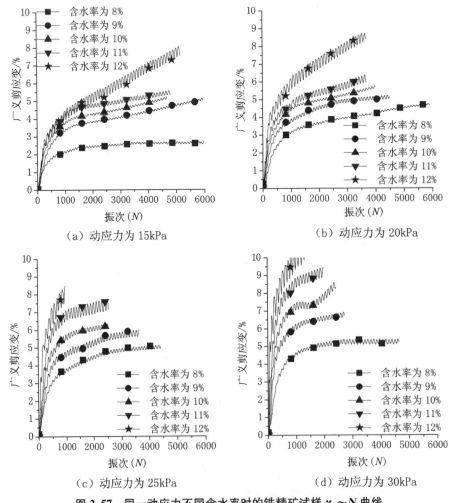

图 2.57　同一动应力不同含水率时的铁精矿试样 $\gamma_g \sim N$ 曲线

含水率为 8% 的铁精矿在动应力为 15 kPa 时，动应变曲线增长速率趋于平缓，不会达到破坏状态，动应力为 20 kPa、25 kPa、30 kPa 时，试样的破坏振次分别约为 7000 次、3000 次、1500 次；而含水率为 9%、10%、11%、12% 的铁精矿，即使在动应力为 15 kPa，振动次数足够长的情况下，依然会达到破坏状态。另外，在低含水率、低动应力的情况下（含水率为 9%、动应力为 15 kPa），动应变发展相对缓慢，振次约为 6000 次时，试样的动应变达到 5%，认为试样发生破坏；在高含水率、高动应力的情况下（含水率为 12%、动应力为 30 kPa），铁精矿动应变在初始振动阶段急剧发展，振次约至 70 次时，试样即发生破坏。

含水率、动应力和振动次数对铁精矿的动变形特性均有影响，其中含水率是关键影响因素。含水率临界值为 8%，超过该临界值，铁精矿即使在较小动应力、振动次数足够长的情况下动应变也会缓慢发展达到破坏状态。建议实际航运中，考虑气象等不可测因素，可控制铁精矿的含水率在 8% 以下。

当含水率一定时，铁精矿发生动力破坏的最小动应力为临界动应力；当动应力一定时，铁精矿不发生动力破坏的最大含水率为临界含水率。

表 2.10 所示为不同动应力下铁精矿发生破坏的临界含水率值。表 2.11 所示为不同含水率下铁精矿发生破坏的临界动应力值。

表 2.10　空心圆柱试验中不同动应力下铁精矿的临界含水率值

动应力	15 kPa	20 kPa	25 kPa	30 kPa
临界含水率	8%	<8%	<8%	<8%

表 2.11　空心圆柱试验中不同含水率下铁精矿的临界动应力值

含水率	8%	9%	10%	11%	12%
临界动应力	20 kPa	15 kPa	15 kPa	15 kPa	15 kPa

2.6.2.3　孔隙水压力规律

图 2.58 和图 2.59 反映了循环加载中铁精矿孔隙水压力的基本响应情况。从图 2.58 可看出：铁精矿试样的孔压曲线与动应变曲线规律类似，孔压随振动次数的增加而增加，且振动前期孔压增长较快。图 2.59 是在同一动应力幅值、不同含水率下铁精矿孔压随振次的变化曲线，同一动应力时，铁精矿试样在循环振动中孔压峰值随着含水率的增加而增加。

在振动初始阶段，铁精矿颗粒间孔隙体积迅速压缩，试样内的孔隙水压力急剧升高。然而，因为铁精矿级配好、不均匀系数大及少量细小颗粒的存在，限制了孔隙水压力的增长，致使达到一定振次后孔压增长较缓慢，直至趋于稳定，铁精矿的孔隙水压力曲线基本规律与一般无黏性砂土孔压发展规律大致相同。

此外，动孔压的发展速率也是随着动应力的增大而提高的。在含水率较低时（含水率为 8%、9%），铁精矿的孔隙水压力发展缓慢，且稳定后尚不能完全达到围压值；当含水率较高（10%、11%、12%），孔压响应剧烈，幅值也较大，且随着动应力的增加，孔压达到围压的临界振次缩短，这同时也说明了铁精矿动力特性受含水率影响较大。

值得注意的是：由于铁精矿试样未完全饱和，文中所述的"孔压"并不能完全体现真实的铁精矿孔隙水压力，尤其是在含水率较低时。但从试验结果可看出，孔压的发展规律虽存在一定的滞后性，仍与动应变曲线规律较为一致。

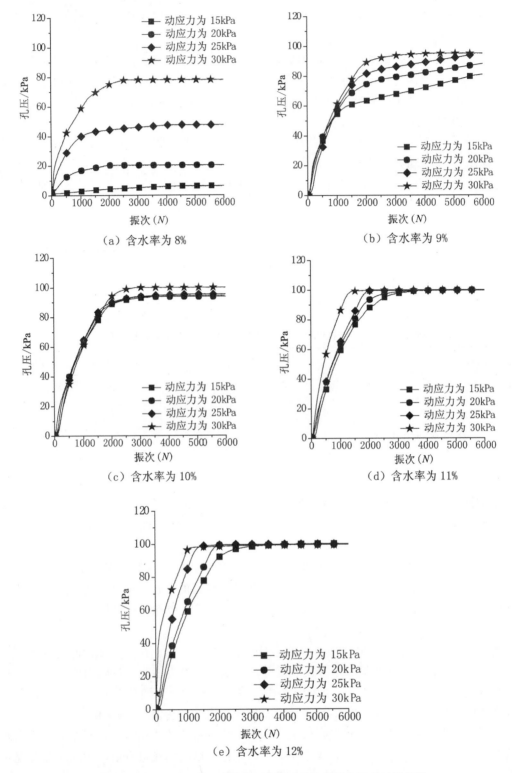

图 2.58　同一含水率不同动应力时铁精矿的孔隙水压力时程曲线

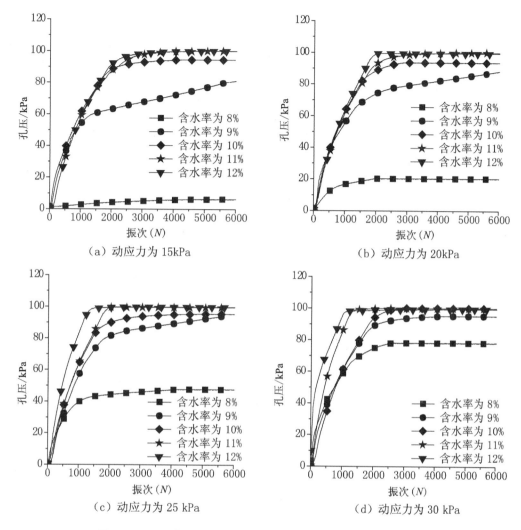

图 2.59　同一动应力不同含水率时的铁精矿孔隙水压力时程曲线

2.6.2.4　动强度特性

　　动强度一般是指在某种应力状态下，周期荷载使试样在一定的振次下达到某种特定的破坏标准时所需的周期剪应力。对于循环扭剪试验，土的动强度可以用循环扭矩所产生的动剪应力幅值与达到某种破坏标准时对应的振次之间的关系表示。对于动三轴试验，土的动强度则用轴向循环荷载所产生的轴向动应力幅值之半与达到某种破坏标准时对应的振次之间的关系表示。

　　对于竖向—扭转循环耦合试验，应同时考虑偏差正应力与剪应力的共同作用，因此采用公式（2.16）所给出的最大剪应力幅值作为一般条件下的动强度：

$$\tau_d = \sqrt{\left(\frac{\sigma_d}{2}\right)^2 + (\tau_d)^2} = \sqrt{\left(\frac{\sigma_d - \sigma_\theta}{4}\right)^2 + (\tau_{z\theta})^2} \tag{2.16}$$

　　这种定义符合动三轴试验与循环扭剪试验中关于动强度的定义，对于竖向—扭转圆形耦合循环试验，依据上式所确定的最大剪应力幅值在几何上恰好相当于加载应力路径对应的圆的半径①。

图 2.60 所示为圆形耦合循环荷载下铁精矿的动强度曲线。从图中可以看出，相同振次条件下的铁精矿单元体动强度随水率的递增而减小。高含水率的试样即使在较小的动应力作用下也会迅速发生破坏。

当铁精矿含水率为 8% 时，动强度曲线趋势平缓，在较大动应力情况下，当振动次数足够长时才会达到破坏状态；当铁精矿含水率为 9% 时，虽然随着动应力的增加，破坏振次递减缓慢，曲线较为平缓，但动强度相比于含水率为 8% 时明显折减；而铁精矿为含水率为 10%、11% 和 12% 时，三者的动强度曲线规律相似，试样破坏迅速。当铁精矿含水率达到 12%，动应力为 30 kPa 时，铁精矿试样在约至 70 振次时便发生了破坏。

图 2.61 为相同密实度、含水率时铁精矿在不同加载条件下的动强度曲线。从图中可以看出，相比于动三轴试验的铁精矿动强度曲线，圆形耦合循环剪切试验得出的铁精矿动强度随含水率的增加而折减更加迅速。

当铁精矿含水率为 8% 时，由空心圆柱试验得出的铁精矿的动强度明显高于动三轴试验；当铁精矿含水率 10% 时，由空心圆柱试验得出的铁精矿动强度略小于动三轴试验；当铁精矿含水率为 12% 时，相同振次条件下空心试样达到破坏时所需的动应力值明显低于动三轴试验。

然而，在实际海运中，考虑到不可测的气象等诸多不确定因素的影响，建议铁精矿含水率限值控制在 8% 范围以内。

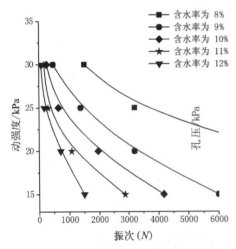

图 2.60 不同含水率下铁精矿动强度曲线

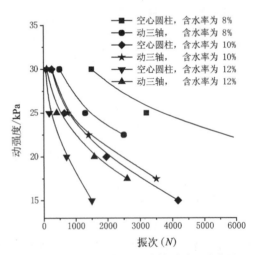

图 2.61 不同加载条件下铁精矿动强度曲线

2.6.3 铁精矿空心圆柱扭剪试验小结

本节利用空心圆柱扭剪仪，研究了圆形耦合循环荷载下铁精矿单元体动力特性，主要分析了含水率、动应力和振动次数对铁精矿动力特性的影响，探讨了影响铁精矿动力特性的关键因素，为铁精矿的安全含水率范围和后续模型试验研究提供了一定依据，得出的结论如下：

①栾茂田，聂影，杨庆，齐剑峰，邵琪. 不同应力路径下饱和黏土耦合循环剪切特性 [J]. 岩土力学，2009，30（7）：1927－1932.

（1）含水率是影响铁精矿动力特性的关键因素，铁精矿动力破坏存在临界含水率。圆形耦合循环荷载作用下，铁精矿单元体动力破坏的临界含水率为 8%。如果含水率超过该临界值时，铁精矿试样即使在较小的动应力作用下，只要振动次数足够大，也会缓慢发展达到破坏状态。

（2）铁精矿动强度与含水率有关。相同振次时铁精矿的动强度随含水率的递增而减小。高含水率的试样即使在较小的动应力作用下也会迅速发生破坏。

（3）相对于动三轴试验的铁精矿动强度，由竖向—扭向循环耦合剪切试验得出的铁精矿动强度随含水率的增加而迅速折减。

（4）铁精矿孔隙水压力上升规律也受铁精矿临界含水率影响。当铁精矿含水率超过临界值，振动孔隙水压力会发生突变。

2.7　本章小结

本章通过动三轴和空心圆柱扭剪试验，分别讨论了铁精矿、氟石和镍矿的单元体性质，主要分析了含水率、动应力、围压、振动次数等因素对精粉矿动力特性的影响。由于三种矿粉在颗粒级配等方面存在明显的差异，导致三种矿粉对各影响因素的响应存在较大的差异，但就总体而言，含水率仍然是影响三种矿粉单元体动力性质的关键因素。三种矿粉都存在明显的含水率临界值，当含水率在临界值左右变化时，精粉矿单元体性质会发生突变，因此，研究含水率对精粉矿流态化过程的影响机理，是认识精粉矿流态化的关键。同时，也要注意到不同矿粉的差异性，对其流态化规律需要区别对待。总的来说，本章细致的探讨了铁精矿、氟石和镍矿的单元体性质，对精粉矿的动力性质有了初步的认识。

第3章 散装精粉矿流态化室内模型试验

3.1 引言

本书第二章讨论了精粉矿单元体的动力性质，本章将在此基础上，讨论在缩尺条件下散装精粉矿货物流态化形成的宏细观机理。通过室内振动台试验，考虑不同含水率、加速度、密实度、细粒含量等因素的影响，揭示铁精矿、氟石、镍矿在缩尺条件下的流态化机理。

在室内小型振动台试验中，将铁精矿作为主要研究对象，共进行了 27 组试验，详细分析了各因素对其流态化过程的影响，从宏细观两反面揭示了散装铁精矿流态化演化规律，在此基础上，进行了 17 组氟石和镍矿的小型振动台试验，探讨了其流态化机理。在试验中，利用高清数码观测设备，观测精粉矿流态化形成的演化历程，研究其流态化演化过程中的水分迁移规律，分析水液面上升规律、孔隙水压力规律和试验后分层含水率变化，比较不同细粒含量条件下精粉矿流态化过程的差异，探讨各因素对精粉矿流态化形成的影响，确定影响精粉矿流态化形成的关键因素及临界范围；利用高速细观摄像机，分析铁精矿流态化演化过程中水分迁移和颗粒运动细观规律，利用细观图像信息处理技术分析颗粒定向长轴、接触法向、接触数等铁精矿细观组构。

3.2 试验设备

3.2.1 室内小型振动台

海浪运动通常是随机的，因此船舶在海浪作用下的运动具有随机性。若假定海浪是规则和稳定的，那么船舶在海浪作用下的运动可认为由简谐运动组成，这将给分析计算带来方便，计算结果同样具有参考价值[1]。

试验利用室内小型振动台，施加水平往复简谐荷载，来模拟船舶在航运过程中受到波浪作用的水平横摇[2]。水平单向振动台采用曲柄滑块机构提供振动相应的速度和加速度，曲柄滑块机构如图 3.1 所示，曲柄（R）与连杆（L）相连，曲柄做圆周运动时带动连杆运动，从而对滑块施加一个作用力，使滑块在水平方向上来回振动。

图 3.1 中：R 为曲柄长度；L 为连杆长度；X 为曲柄轴中心到滑动轴中心的距离；α

---

[1]丁振东. 大型浮吊海浪作用下结构静动态性能研究［D］［硕士论文］. 上海：上海交通大学，2010.
[2]陈小亮. 地下结构物周围砂土层液化宏细观机理研究［D］［博士论文］. 上海：同济大学，2010.

为与 R 水平方向的逆时针夹角；β 为与 L 水平方向的逆时针夹角；ω 为转动的角速度；由几何关系可得到滑块端的速度与加速度表达式为[1]：

$$v = \frac{R\omega}{\cos\beta\,(\beta-\alpha)} \tag{3.1}$$

$$\alpha = -R\omega^2\left[\frac{\cos(\alpha-\beta)}{\cos\beta} + \frac{R\cos^2\alpha}{L\cos^3\beta}\right] \tag{3.2}$$

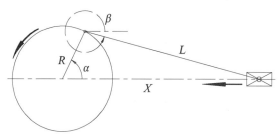

图 3.1　曲柄滑块机构示意图

水平振动台采用曲柄滑块装置实现振动台模型箱的水平往复振动，通过改变曲柄半径大小，变换振动台的振幅，调节模型箱基底振动加速度，模型箱基底输入理论加速度振型曲线如图 3.2 所示。模型箱实物图如图 3.3 所示。由于试验中基底加速度值与振动频率、模型箱基底振幅相关。当设计频率为 1 Hz 时，基底加速度与模型箱基底振幅的对应关系见表 3.1。

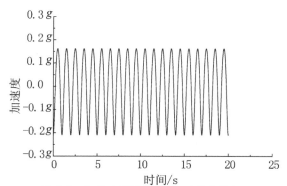

图 3.2　加速度幅值为 0.2g 时基底输入
理论加速度振型曲线

图 3.3　振动台模型箱实物图

表 3.1　模型试验振幅与加速度对应表（频率为 1 Hz 时）

振幅/mm	24mm	44mm	63mm	82mm	99mm
加速度	0.1g	0.2g	0.3g	0.4g	0.5g

3.2.2　数据量测与采集装置

3.2.2.1　图像数据采集

模型箱两侧均为透明有机玻璃，可架设数码摄录设备。一侧可通过高清数码相机实时

①李光辉. 砂土流态化试验研究 [D]. 上海，同济大学硕士学位论文，2010.

记录铁精矿流态化宏观演化过程，观测流态化发生发展全过程中的矿体变形及水液面上升情况，见图 3.4 和图 3.5 所示；另一侧可通过高速细观摄像机实时动态记录铁精矿颗粒运动细观图片，直观地观察铁精矿流态化过程中颗粒与水分的运动特征和相互作用规律，见图 3.6 所示。

高清数码相机和高速细观摄像机均是通过角钢焊接的支架和铝板固定在模型箱上，并在突出的角钢上焊接钢筋斜撑加强，以确保振动过程中相机与模型箱保持相对静止，保证试验过程拍摄的铁精矿的运动是相对于模型箱的。

宏观数字图像采集利用 Canon NEX－5，有效像素为 1420 万，视频拍摄为 1080i，支持实时自动对焦，试验中通过红外遥控器控制快门。由于拍摄的过程中相机位置和光线的变化都会影响到数字图像分析的结果，因此务必确保相机镜头表面与玻璃侧壁表面平行，使采集对象的影像能垂直投影到相机的感光器上，从而减少图形畸变，同时采用两个镁光灯对称布置照明，保证拍摄环境有稳定的光场，防止图片间出现较大的色差，引起分析错误。

高速细观摄像机是由日本 JAI 公司生产的型号为 CM-030GE-RA，见图 3.7 所示。尺寸为 44 mm×29 mm×75 mm，感光元件为 CCD，有效像素为 640×480，满像素最高拍摄频率为 90 帧/秒，电子快门为 1/90～1/10000 秒，利用网线传输数据，输入电压为直流12 V。镜头采用日本 Computar 公司生产的变倍镜头 MLM3X-MP。此镜头最大放大率为：0.3X-1X，镜头直径与焦距之比为 1∶4.5，焦距为 90 mm，光圈范围：F4.5-F22C。相机架设位置为距离模型箱底部 30 cm、短边侧壁 33 cm 处，拍摄范围为 6 mm×8 mm。

LED 光源选用的是上海万千科技公司的 VR90－W 环形 LED 光源，见图 3.7 所示。光源为白色，外径 91 mm，内径 44 mm，厚 21 mm，功率 4.5 W，使用 24 V 直流供电。这是由于高速细观摄像机需要足够亮度进行拍摄，需要提供高亮度、高频率和发热小的光源，所以选择具有工作电压低、发光效率高、光色纯、结构牢固、性能稳定可靠等一系列特性的 LED 光源。

图 3.4　宏观相机的固定支架

图 3.5　宏观相机的安装

图 3.6　细观相机的安装

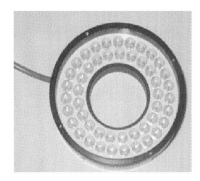

图 3.7　细观摄像机及环形 LED 光源

3.2.2.2　传感器的选择

室内小型振动台模型试验中，采用的传感器包括加速度传感器，孔隙水压力传感器。考虑到室内模型试验的缩尺效应，模型箱内所用传感器应该满足精度高、灵敏度高、体积小、质量轻、防水性能好的要求。

孔隙水压力传感器是英国德鲁克（Druck）公司生产的 PDCR81 孔隙水压力传感器，输入电压为 5 V，测量精度为 ±0.1%，用来精确测量铁精矿内部孔隙水压力的变化，见图 3.8（a）所示。孔隙水压力计在矿体内的布置见图 3.9。P1 测点表示距离铁精矿顶部表面 10 cm 位置处，埋深为 10 cm；P2 测点表示距离铁精矿底部 10 cm 位置处，埋深为 30 cm。

加速度传感器是美国 PCB 公司生产的压电陶瓷微型感应耦合等离子体加速度传感器。所使用的传感器类型为 M352C65，见图 3.8（b）。

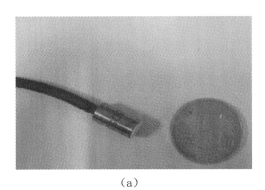

（a）　　　　　　　　　　　　　　　　　　（b）

图 3.8　孔压传感器和加速度传感器

3.2.2.3　动态应变采集仪

试验利用江苏联能电子技术有限公司生产的 YE6230T01 高速动态数据采集仪和 YEC-DASP 数据采集与分析系统进行数据采集和分析，见图 3.10。

将应变传感器通过导线与 YE6230T01 高速动态数据采集仪相连，通过数字转换由计算机自行采集传感器数据，然后根据事先标定好的传感器曲线换算成所需要得到的试验数据，测试数据的可靠性和稳定性较好。采样方式和采样频率等都通过计算机进行控制，采样频率设定为 200 Hz。

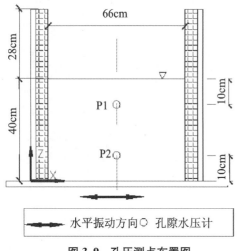

水平振动方向 ○ 孔隙水压计

图 3.9　孔压测点布置图

图 3.10　动态数据采集仪

3.3　铁精矿模型试验

3.3.1　试验设计

对于铁精矿流态化机理的研究主要分为两部分，第一部分是通过室内模型试验研究特定级配的铁精矿的流态化过程，比较不同含水率、加速度、密实度条件下其流态化过程的差异；第二部分是在此研究的基础上，对不同细粒含量的铁精矿进行模型试验，研究细粒含量对铁精矿流态化过程的影响。

3.3.1.1　模型相似比

在室内小型振动台模型试验中，使模型的设计参数和原型参数完全满足相似关系通常是十分困难的，故常需根据动力问题的特点确定模型对原型的相似程度[1][2]。无论哪种模型，都难以同时满足所有的外力作用均相似，一般只能根据不同的试验目的和要求，选择对研究对象起主要作用的外力，使其满足相似条件，而忽略其他次要作用的相似条件。

本试验的主要目的在于研究散装铁精矿流态化演化过程以及宏细观参量的变化，模型相似设计的基本原则如下：

（1）试验模拟散货船舱内铁精矿发生流态化的情况，因此，模型试验设计时，不考虑刚性船舱壁本身变形及动力响应规律，其弹性模量相似常数可不满足；

（2）尽量使室内振动台模型试验工况与动力离心模型试验有一定相似性。

根据上海船舶运输科学研究所提供的资料，本试验模拟 5.7 万吨级散货船在 5 舱均匀装载时铁精矿散货的堆载情况，船舱尺寸见图 3.11、图 3.12 所示。

---

①林皋，朱彤，林蓓．结构动力模型试验的相似设计［J］．大连理工大学学报，2000，40（1）：1-8.

②吕西林，陈跃庆．结构—地基相互作用体系的动力相似关系研究［J］．地震工程与工程振动，2001，21（3）：85-92.

图 3.11　万吨级散货船实物图

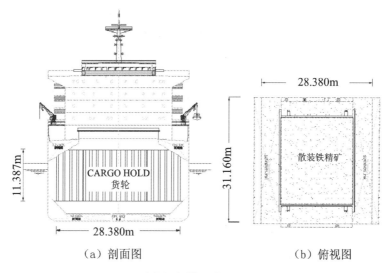

（a）剖面图　　　　　　　　　　（b）俯视图

图 3.12　散货船船舶尺寸图（5.7 万吨级）

动力试验相似律的获得有两个途径：其一是根据量纲分析的 π 定理确定相似律，其二是由运动微分方程推导相似律。借鉴本课题组的成果[1]，对于研究场地液化的振动台模型试验，物理量的几何相似性、质量密度相似性、动弹性模量相似性、动力响应孔隙水压力相似性、重力加速度相似性、动力响应加速度、动力响应角位移及输入振动相似性等应是主要考虑的因素；至于阻尼比、振动频率及动泊松比等的相似性虽然十分重要，但是在进行模型相似设计时则很难实现。同时，对于散装铁精矿来说，由于其材料的特殊性和不可替代性，在模拟振动台上模型完全满足相似律是不可能的。根据上述模型相似设计的基本原则，首先确定模型几何尺寸的相似比为 1/25；其次，考虑重力加速度 g 的近似模拟，质量密度的相似关系为 1；最后，根据量纲分析的 π 定理确定相似律。表 3.2 所示为室内振动台模拟试验的相似常数。

试验中铁精矿模型试验尺寸见表 3.3 所示，长度为 66 cm，宽度为 32 cm，高度为 40 cm，试验比例为 1∶25，模拟 5.7 万吨级散货船的铁精矿情况。铁精矿模型如图 3.13、图 3.14 所示。

---

①陈小亮. 地下结构物周围砂土层液化宏细观机理研究 [D]. 上海：同济大学，2010.

表 3.2　室内模型试验的模型相似比

类型	物理量	相似关系	相似比
几何特征	长度 l	C_l	$1/25$
	位移 r	$C_r = C_l$	
材料特征	重力加速度 g	C_g	1
	密度 ρ	C_ρ	1
动力特征	输入振动持时 T	$C_T = C_l^{1/2}$	$1/\sqrt{25}$
	振动频率 ω	$C_\omega = 1/C_T$	$\sqrt{25}$
	输入振动加速度 A	C_A	1
	动力加速度 a	C_a	1

表 3.3　小型振动台模拟试验的几何尺寸

物理量	相似常数	原型物理指标	1/25 模型物理指标
几何尺寸	C_l	铁精矿堆载高度 10.0 m	40 mm
		铁精矿堆载长度 16.5 m	66 mm
		铁精矿堆载宽度 8.0 m	32 mm

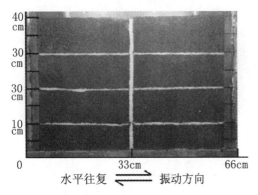

图 3.13　振动台模型试验实物图

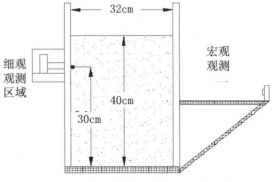

图 3.14　振动台模型试验尺寸图

3.3.1.2　试验材料

关于铁精矿流态化模型试验共涉及四种级配的铁精矿，其细粒含量（指粒径小于 0.075 mm 颗粒占总量的比例）分别为 5%、25%、35%、45%，为方便起见，将四种细粒含量的铁精矿依次编号为 TK5、TK25、TK35、TK45。其中细粒含量为 5% 的铁精矿与第二章进行空心圆柱扭剪试验的铁精矿是同一种材料，关于其性质，详见 2.5.1.1 节试验方法。以下将对细粒含量为 25%、35%、45% 三种铁精矿的性质进行详细的介绍。

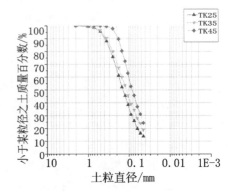

图 3.15　铁精矿颗粒级配

本次试验所用铁精矿均由上海出入境检验检疫局提供，取自上海罗泾码头自由堆场。三种铁精矿的颗粒级配曲线见图 3.15，其基本物理力学性质见表 3.4。

表 3.4　铁精矿基本性质

矿重	TK25	TK35	TK45
土类	粉砂	粉砂	粉砂
比重 G_s	4.8951	4.761	4.8595
设计干密度	2.6	2.37	2.37
孔隙比	0.88	1.01	1.05
FMP（%）	7.82	7.82	8.71
TML（%）	7.04	7.03	7.84

3.3.1.3　试验参量

1. 初始含水率

根据第二章铁精矿空心圆柱扭剪试验结果，对于细粒含量为 5% 的铁精矿（TK5），相同振动次数时铁精矿动强度随含水率的递增而降低，当铁精矿含水率为 8% 时动强度曲线发展平缓，当铁精矿含水率大于等于 9% 时动强度明显折减，上海出入境检验检疫局利用流盘试验法测得 TK5 的水分流动点 FMP 约为 9.02% 左右。因此，对于 TK5，振动台模型试验设计的初始含水率取 8%、9%、10%、11%、12%。对于其他三种细粒含量的铁精矿，由于研究重点是细粒含量对流态化过程的影响，因此设计含水率取为最接近流动水分点（FMP）的两个整数值。

2. 加速度

根据上海船舶运输科学所提供的资料，5.7 万吨级散货船在 5 舱均匀装载时，舱内铁精矿的横向加速度幅值范围为 $0.15g \sim 0.42g$，其中横向加速度包括运动产生的加速度及摇荡角度产生的重力加速度分量。3 号舱设定点位置的横向加速度范围如表 3.5 所示，设定点的横向加速度包括运动产生的加速度及摇荡角度产生的重力加速度分量。设定点指 3 舱舱底（距舯 +9.1 m，距基线 1.78 m）、矿砂重心（距舯 +9.1 m，距基线 6.053 m）、砂面（距舯 +9.1 m，距基线 9.78 m）。

表 3.5　设定点位置处的横向加速度范围

设定点位置	横向加速度范围
舱底	$0.15g \sim 0.36g$
矿砂重心	$0.16g \sim 0.37g$
矿砂表面	$0.16g \sim 0.42g$

注：上述横向加速度都计入了摇荡角度产生的重力加速度分量。

本室内模型试验设计中施加的动荷载加速度值分别取 $0.1g \sim 0.5g$。经前期探索发现，对于 TK5，当密实度为 0.33 时，含水率为 8% 的铁精矿在加速度低于 $0.3g$ 时不会发生流态化，故试验设计时将不考虑其在加速度为 $0.1g \sim 0.2g$ 的情况；同理，由于含水率为 11% 的铁精矿发生流态化的临界加速度为 $0.3g$，故含水率为 12% 的铁精矿将仅研究其在加速度为 $0.1g \sim 0.2g$ 的情况。对于其他三种细粒含量的铁精矿，由于加速度并不是研究重点，因此试验中控制加速度为较大值，取 $0.4g$。

3. 相对密实度

对于饱和砂土，土体密实度越大，抗液化能力越强，越不易液化已为许多研究所证实。对于实际海运中的铁精矿散货，一般通过抓斗机从驳船中装载至矿砂船，铁精矿在重力作用下在船舱内自然堆积。由于铁精矿是重货，比重大、容积小，堆积矿体倾斜会造成船体稳定性降低，船运方在出港前一般会对铁精矿散货进行平舱、封舱，但从工时、人力、操作可行性等因素考虑不会对铁精矿散货进行压实处理，故实际海运中，散装铁精矿初始密实度不易人为控制。

本室内振动台模型试验过程中，为了更好的模拟铁精矿流态化过程，控制铁精矿的试验密实度与实际船运 5 m 深处实测密实度相同。同时，为研究密实度对铁精矿流态化过程的影响，对细粒含量为 5% 的铁精矿（TK5），控制其密实度分别为 0.33 和 0.82 的情况下，比较其流态化性状的差异，相对密实度取 0.33 时该铁精矿属于松散状态，相对密实度取 0.82 时该铁精矿属于密实状态。

4. 振动频率

本次研究中的四种铁精矿虽然作为一种特殊散粒体材料，但其粒径大小属细砂或粉砂范畴。Yoshimi[①] 和 Lee[②] 提出砂土在一般地震作用的频率范围内（1.0 Hz～4.0 Hz），振动频率对抗液化强度没有多大影响。对于更大的频率范围，Wong RT[③] 指出：抗液化强度随振动频率增高而略有减小。景立平[④]认为对于研究粉土液化的振动台模型箱，液化的时刻和输入加速度幅值有关，而对频率的变化不是十分敏感。

本试验考虑模型相似比例，按较不利情况取值，设计室内振动台试验的振动频率为 1 Hz，与铁精矿空心圆柱试验振动频率保持一致。

3.3.1.4 试验内容

利用可视化室内小型振动台，进行在缩尺条件下散装铁精矿受水平动荷载作用流态化形成的室内模型试验。主要试验内容如下：

（1）在缩尺条件下进行不同含水率、加速度、密实度下的散装铁精矿流态化形成的室内振动台模型试验；

（2）通过分析水液面上升曲线、孔隙水压力发展规律和试验前后分层含水率分布，研究散装铁精矿在缩尺条件下流态化形成的演化历程和水分迁移规律；

（3）通过比较水液面上升曲线，研究含水率、加速度、密实度对铁精矿流态化形成的影响，确定关键影响因素和流态化临界范围；

（4）采用自主开发的可视化细观测试系统，分析铁精矿流态化形成演化过程中的水分迁移和颗粒运动细观规律；

---

①Yoshimi Y, Oh-oka H. Influence of degree of shear stress reversal on the liquefaction potential of saturated sand [J]. Soils and Foundations, 1975, 15 (3)：27—40.

②Lee KL, Focht JA. Cyclic testing of soil for ocean wave loading problems [J]. Marine Geotechnology, 1976, 1 (4)：305—325.

③Wong RT, Seed HB, Chau CK. Cyclic loading liquefaction of gravelly soils [J]. Journal of Geotechnical and Geoenvironmental Engineering, 1975, 101 (GT6)：561—583.

④景立平，崔杰，李立云，郑志华. 粉土液化的小型振动台试验研究 [J]. 地震工程与工程振动，2004，24 (3)：145—151.

（5）采用自主开发的细观结构分析软件 Geodip，研究铁精矿流态化形成演化过程中的颗粒长轴定向、面积孔隙率、接触数等细观组构特征；

（6）通过对不同细粒含量的铁精矿进行模型试验，比较不同细粒含量的铁精矿流态化过程的差异，探讨细粒含量对铁精矿流态化过程的影响。

铁精矿流态化模型试验共分两部分，第一部分是对细粒含量为 5% 的铁精矿，以含水率、加速度和密实度作为控制变量，研究在缩尺条件下散装铁精矿流态化形成的基本规律，共计 21 组室内模型试验，如表 3.6 中 1♯～21♯。其中前 17♯ 为基本因素探讨试验，试验 18♯～19♯ 探讨了一种预设土工网纱包裹均匀钻孔管壁的 PVC 排水管装置对流态化预防效果，试验 20♯～21♯ 探讨了一种将上层铁精矿进行袋装处理的措施对铁精矿流态化形成时表层矿体滑动的预防效果，预设 PVC 排水管和将表层铁精矿袋装的流态化预防措施将在第 6 章探讨。第二部分为在前述研究的基础上，以细粒含量为控制变量，研究在缩尺条件下，不同细粒含量的铁精矿流态化过程的差异，共计 6 组室内模型试验，如表 3.6 中 22♯～27♯ 所示。

表 3.6　铁精矿模型试验方案

试验编号	细粒含量	含水率	加速度	密实度	是否流态化	备注
1♯	5%	8%	$0.3g$	0.33	否	
2♯	5%	8%	$0.4g$	0.33	否	
3♯	5%	8%	$0.5g$	0.33	否	
4♯	5%	9%	$0.3g$	0.33	否	
5♯	5%	9%	$0.4g$	0.33	否	
6♯	5%	9%	$0.5g$	0.33	是	
7♯	5%	10%	$0.2g$	0.33	否	
8♯	5%	10%	$0.3g$	0.33	是	
9♯	5%	10%	$0.4g$	0.33	是	
10♯	5%	10%	$0.5g$	0.33	是	
11♯	5%	11%	$0.2g$	0.33	否	
12♯	5%	11%	$0.3g$	0.33	是	
13♯	5%	11%	$0.4g$	0.33	是	
14♯	5%	11%	$0.5g$	0.33	是	
15♯	5%	12%	$0.1g$	0.33	否	
16♯	5%	12%	$0.2g$	0.33	是	
17♯	5%	11%	$0.3g$	0.82	是	增加密实度
18♯	5%	10%	$0.3g$	0.33	否	加入排水管
19♯	5%	10%	$0.5g$	0.33	否	加入排水管
20♯	5%	10%	$0.3g$	0.33	否	上层铁精矿袋装
21♯	5%	10%	$0.5g$	0.33	否	上层铁精矿袋装
22♯	25%	7%	$0.4g$	—	否	
23♯	25%	8%	$0.4g$	—	是	
24♯	35%	7%	$0.4g$	—	否	
25♯	35%	8%	$0.4g$	—	是	
26♯	45%	8%	$0.4g$	—	否	
27♯	45%	9%	$0.4g$	—	是	

3.3.1.5 试验过程

在缩尺条件下，散装铁精矿受动荷载作用流态化形成的室内小型振动台模型试验的主要过程包括：铁精矿模型制备、试验前准备、施加振动荷载、监测试验过程中各种数据以及数据采集。

1. 铁精矿模型制备

制备铁精矿模型试验材料的两个基本要求是：控制相对密实度和保证试样含水率的均匀性。为了达到既定的要求和模拟实际船载铁精矿散货自然重力沉积的堆载特性，本次试验采用自然沉积法制样。

试验前，将铁精矿在110℃的烘箱里烘置24 h，待充分烘干后，根据预先设计的含水率，将一定质量的水和铁精矿干矿搅拌均匀后，配置成设计含水率的铁精矿，分别放入有标号的密封塑料桶中，静置24 h后，再测定桶内不同深度不同位置处的铁精矿含水率，每层深度处不应少于三点，含水率与要求的含水率之差不得大于±0.2%。

制样时，根据既定的干密度及设计的含水率确定每层铁精矿的重量，分8层装入模型箱内。由于考虑到实际装载时铁精矿是通过抓斗自由散落到船舱里，因此，在装样时，每层称取相同质量的铁精矿湿样，用铲子使试样颗粒自由洒落在模型箱里，并击实至相同的目标高度，以控制每层试样的孔隙比基本保持在同一水平。各接触面将表面刮毛以保证上下接触良好，然后再加第二层的材料。同时，在拍摄宏观照片一侧，沿模型高度方向每隔10 cm设置横向标志砂，在模型箱长度方向的中部设置竖向标志砂，以便与通过高清数码相机观测铁精矿流态化演化过程中的宏观试验现象，但对于部分试验，由于制样困难，只设置了横向标志砂。最后一层装样完成后，铁精矿材料表面铺设湿毛巾，以防止水分蒸发损失，等待试验开始。

2. 试验前准备

(1) 连接和调试好各采集仪器，将应变式传感器通电预热，孔压计于每次试验前进行标定，保证测试结果满足线性要求，不出现漂移。加速度计采集仪设定好保存路径和采样频率。

(2) 固定和架设好CANON数码相机和光源，调试好相机，通过计算机控制相机快门并设定拍摄时间间隔。进行细观试验时，安装好高速细观摄像机和开启LED光源，调节焦距使摄像机能拍摄到清晰的颗粒图像。

(3) 实验过程中采用秒表进行计时，同时调整动态应变采集仪和加速度采集仪的开始工作时间一致，以利于同组试验的比较。

3. 施加振动荷载和采集各数据

(1) 在施加振动荷载前，全面检查所有仪器工作是否正常。在所有准备工作都完成后，开启高速细观摄像机开始采集细观图像，施加振动荷载，用秒表记录试验时间。确保所有仪器同时开始数据采集。在铁精矿模型试验现象稳定的前提下，试验最大振动次数为600次，若600次时试验现象仍没稳定，可继续振动直到试验现象稳定位置。

(2) 振动停止后，用虹吸管将形成流态化的铁精矿矿体上表面水吸出并称重，测定析出水量占总水量的百分比；再沿模型高度方向分8层，每层5 cm均匀卸样，并在每层矿3条测线位置多次取样测定铁精矿的含水率平均值。含水率测线布置见图3.16所示。

(3) 试验完成后，及时按各个试验编号保存数据，洗干净模型箱，孔压计浸泡在水中，以便下次试验。

3.3.2　铁精矿流态化机理研究

本节主要分析 1#～17# 组试验，探究细粒含量为 5% 的铁精矿的流态化过程，比较不同含水率、加速度、密实度的散装铁精矿的模型试验，研究铁精矿流态化形成的宏细观机理，确定流态化的关键影响因素及流态化临界范围。

3.3.2.1　流态化宏观现象

表 3.6 给出了模型试验中各组试验的试验结果，本节详细阐述第 10# 组试验（含水率为 10%、加速度为 0.5g）中铁精矿在不同振动次数时侧壁和顶面的宏观现象，见图 3.17 和图 3.18 所示，图中坐标单位为 cm。

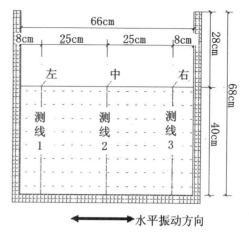

图 3.16　含水率测线的布置图

振动初始，动荷载较大（加速度为 0.5g），由动荷载产生的水平剪切力使铁精矿体积迅速压缩，铁精矿颗粒间孔隙体积减少，储存在孔隙间的水分被挤出；水分在重力作用下向下迁移，不断汇集成片，形成连续水体；向下的水分在底部形成水液面后逐步上升（见图 3.17 (a)～(b)）；从顶部观测到铁精矿上表面约有 1～2 cm 沉降，铁精矿表层产生众多主生纵裂纹、次生横裂纹，主生纵裂纹垂直于水平荷载方向，次生横裂纹平行于水平往复荷载方向，肉眼可见裂纹宽度随振动荷载的持续施加而不断增大，见图 3.18 (a)～(b)。

随着水液面不断上升，铁精矿矿体中下层形成滑动趋势，处于水液面高度附近的铁精矿滑动更为剧烈，这是因为水液面上升后，铁精矿饱和度增大，孔压升高，有效应力降低，矿体抗剪强度减弱，见图 3.17 (c)～(d)；从顶部采集图片观测到，随着裂纹宽度持续增大，主生和次生裂纹纵横交错，铁精矿上表面被分割成块，较大铁精矿块体碎裂成较小矿团，从纵横裂纹处翻滚出并成团滚动，见图 3.18 (c)～(d)。

随着振动次数的增加，水液面持续上升，滑动面随水液面上升而向上移动，底部矿体逐渐趋于稳定。这是因为在水液面上升过程中，铁精矿颗粒在水平动荷载和水流的共同作用下相互错动、不断调整相互间位置，铁精矿颗粒间嵌合更加紧密。而位于水液面位置附近的铁精矿，由于增加的水分使得矿体抗剪强度降低，滑动更为剧烈，见图 3.17 (e)～(f)；从顶部观测到由于水液面上升至铁精矿上表面局部区域，部分铁精矿团逐渐瘫软，水分继续向铁精矿上表面析出，被水液面浸润的铁精矿区域呈流动状态，见图 3.18 (e)～(f)。

约至 220 振次时，铁精矿上表面已析出一层厚度约 1 cm 的红色水清液，表层铁精矿形成矿水混合物，呈流体状态在水平往复荷载作用下来回震荡，形成流态化现象，见图 3.17 (g)～(h)；从顶部观测到，表层铁精矿呈流动状态，直至上表面完全被红色水清液覆盖，见图 3.18 (g)～(h)。

与第 10# 试验类似，在缩尺条件下室内振动台模型试验中铁精矿流态化宏观演化历程大致相同。其宏观表现归纳为："动荷载作用→矿体体积压缩→孔隙水析出→水液面形成→矿体滑动面形成→水液面上升→表层矿水混合物流动→流态化形成"。水分迁移始终贯穿整个流态化演化过程，铁精矿流态化现象的形成与水分迁移密切相关。

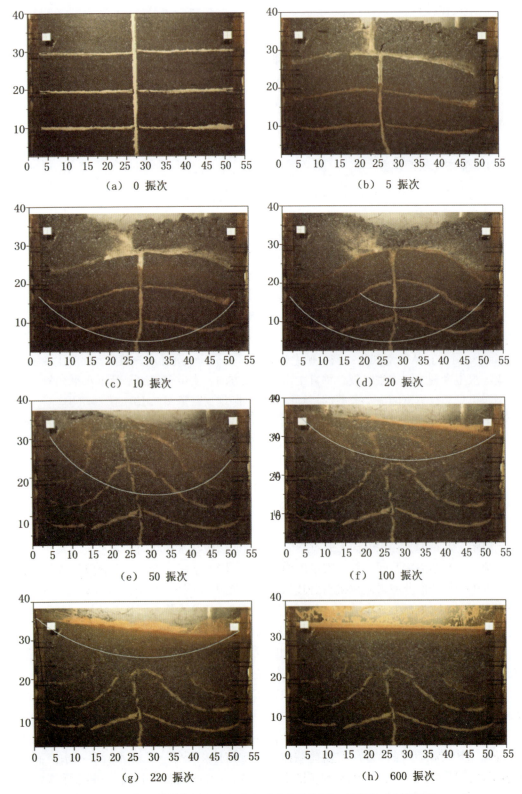

（a） 0 振次　　　　　　　　　　（b） 5 振次

（c） 10 振次　　　　　　　　　（d） 20 振次

（e） 50 振次　　　　　　　　　（f） 100 振次

（g） 220 振次　　　　　　　　（h） 600 振次

图 3.17　第 10 ♯组铁精矿流态化演化过程中的侧面宏观现象（坐标单位：cm）

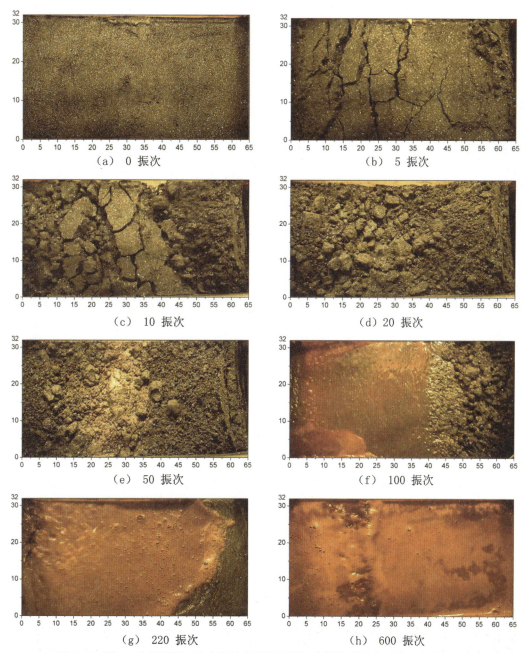

（a） 0 振次

（b） 5 振次

（c） 10 振次

（d） 20 振次

（e） 50 振次

（f） 100 振次

（g） 220 振次

（h） 600 振次

图 3.18 第 10 ♯组铁精矿流态化演化过程中的上表面宏观现象（坐标单位：cm）

3.3.2.2 矿体相对位移场

　　散装铁精矿流态化形成演化过程中的矿体位移场是通过无标点数字图像量测技术 Geodog 进行计算的，以分析铁精矿矿体的变形特征。位移场的分析区域为整个振动台模型试验区域。Geodog 的原理和操作方法参见文献①，此处不再详述。由于在室内小型振动台模型试验

①李元海．数字照相变形量测技术及其在岩土模型试验中的应用［D］．上海：同济大学，2003.

中，铁精矿是在往复动力荷载作用下发生流态化现象的，因此相对于研究铁精矿形成流态化演化过程中的累计位移，研究铁精矿在不同振动次数时的相对位移更有意义。

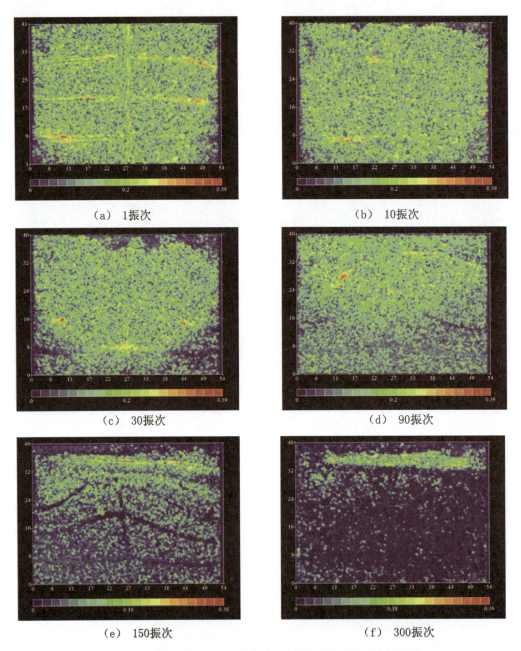

（a） 1振次 （b） 10振次

（c） 30振次 （d） 90振次

（e） 150振次 （f） 300振次

图 3.19 第 9♯组铁精矿形成流态化过程中的相对位移场（坐标单位：cm）

图 3.19 为第 9♯组试验中铁精矿在不同振次时矿体位移场的分布情况（含水率为 10%，加速度为 0.4g）。以下位移场均是指铁精矿在前一振次结束时与该振次开始时相比的相对位移场。图中相对位移场的变化展现了散装铁精矿流态化演化过程中矿体变形的全部过程。

振动开始时，铁精矿矿体整体产生均匀变形，矿体体积被压缩，相对位移值最大达到

0.39 cm，矿体底部左下角和右下角的铁精矿相对位移较小，这说明底层铁精矿有产生潜在滑动面的趋势，见图 3.19（a）。

约至 10 振次时，铁精矿体积压缩更加明显，矿体相对位移值最大达到 0.39 cm，底部有形成滑动面的迹象，这时铁精矿体内孔隙间析出水分已经汇聚成连续水体，水液面已经形成并逐步上升，见图 3.19（b）。

约至 30 振次时，铁精矿体积进一步压缩，右上角蓝色区域显示位移值为 0.0，表明此处已非试验矿体，铁精矿体中下形成了明显的滑动面，相对位移最大值出现在滑动面位置。此时由于铁精矿孔隙体积被进一步压缩，孔隙间水分不断被析出，水液面高度不断增大，见图 3.19（c）。

约至 90 振次时，铁精矿内滑动面位置上升到矿体中部，滑动面最低点距离矿体底层的高度约为 16 cm，处于滑动面以下的铁精矿的相对位移值明显减小，而处于滑动面之上的铁精矿的相对位移值显著增大。这说明随着水液面进一步上升，处于水液面以下的底层铁精矿，在孔隙水被析出后，铁精矿颗粒由于不断调整位置，颗粒间嵌合更加紧密，见图 3.19（d）。

约至 150 振次时，表层铁精矿的相对位移值较大，均大于 0.20 cm，相对位移值最大达到 0.38 cm，而其余铁精矿相对位移值明显减小，这说明滑动面已经迁移至铁精矿矿体表层，滑动面距离矿体底层的高度约为 37 cm，位移场分布图中的滑动面与宏观试验现象相吻合，见图 3.19（e）。

约至 300 振次时，只有表层铁精矿的矿水混合物和析出水清液在晃动，相对位移值较大，而其余铁精矿几乎没有变形，分析区域内蓝色部分较多，相对位移值几乎为 0，此时铁精矿已形成流态化现象，见图 3.19（f）。

铁精矿位移场变化展现了矿体位移变化和滑动面发展过程。随着水液面的不断上升，处于水液面以下的铁精矿颗粒相对位移值逐渐减小，矿体趋于密实，而处于水液面以上的铁精矿颗粒相对位移值较高，其中滑动面上颗粒的位移大于滑动面以外的颗粒位移值；当水液面上升至铁精矿上表面时，表层铁精矿的矿水混合物和析出水清液在晃动，说明流态化现象形成。

3.3.2.3　水液面上升规律

根据散装铁精矿流态化形成演化过程中的宏观试验现象可知，当水液面上升至铁精矿表层时，表层矿水混合物呈流体状态在动荷载作用下往复流动。试验利用 Canon NEX5 采集数字图像，通过物理像素坐标转化，分析水液面上升高度随振动次数的变化。图 3.20 所示为试验 1♯～16♯铁精矿的水液面迁移曲线。横坐标表示振动次数，纵坐标表示水液面的上升高度。

由宏观试验现象可知，当水液面上升至铁精矿上表面时，表层铁精矿形成矿水混合物，在动荷载下往复振荡，形成流态化现象。在室内小型振动台模型试验中，水液面上升主要发生在振动初始阶段；约至 50 振次时，水液面上升曲线均出现拐点，低含水率的铁精矿水液面的高度逐渐趋于稳定，不再变化，而高含水率的铁精矿水液面上升速率逐渐降低，曲线发展相对缓慢，直至达到铁精矿矿体上表面，形成流态化现象。

含水率为 8% 的铁精矿在加速度为 0.3g、0.4g、0.5g 时，水液面最终高度分别约为 3.3 cm、4.6 cm、4.9 cm，均未达到铁精矿上表面，流态化不会发生，水液面上升至最终位置时的临界振次分别约为 8 次、10 次、7 次。不同加速度下水液面上升的最终高度和临界振次几乎一致，见图 3.20 (a)、(b)、(c)。

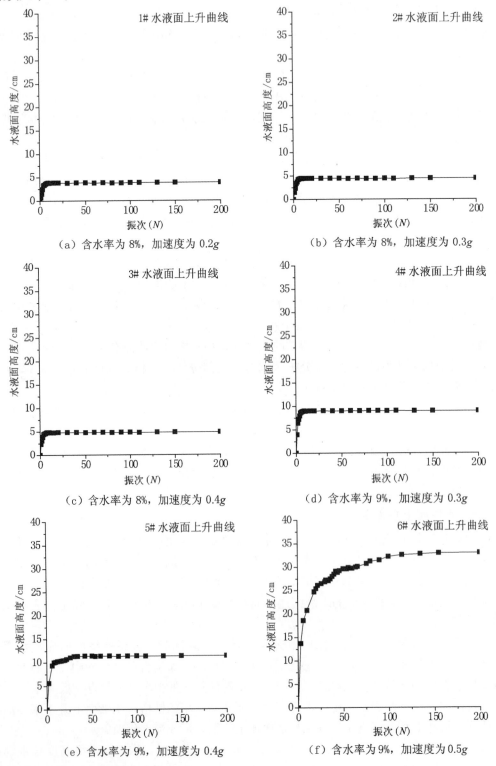

（a）含水率为 8%，加速度为 0.2g

（b）含水率为 8%，加速度为 0.3g

（c）含水率为 8%，加速度为 0.4g

（d）含水率为 9%，加速度为 0.3g

（e）含水率为 9%，加速度为 0.4g

（f）含水率为 9%，加速度为 0.5g

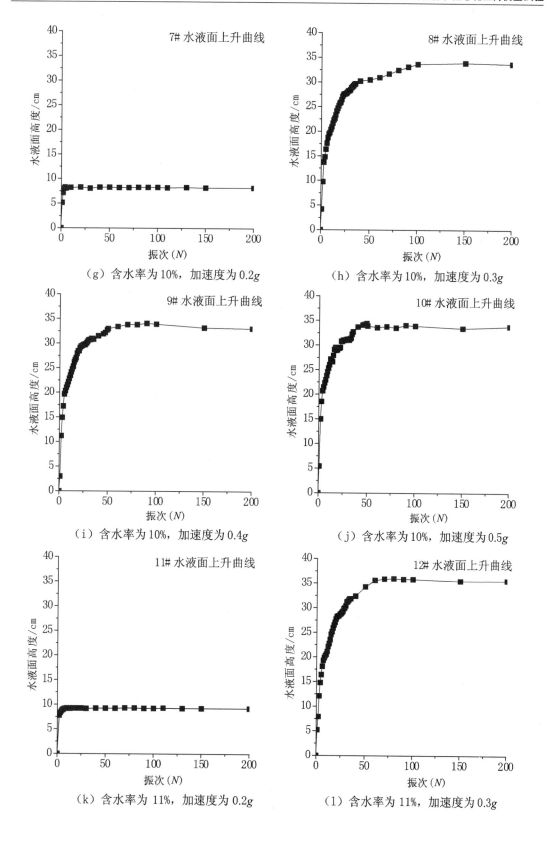

（g）含水率为 10%，加速度为 0.2g

（h）含水率为 10%，加速度为 0.3g

（i）含水率为 10%，加速度为 0.4g

（j）含水率为 10%，加速度为 0.5g

（k）含水率为 11%，加速度为 0.2g

（l）含水率为 11%，加速度为 0.3g

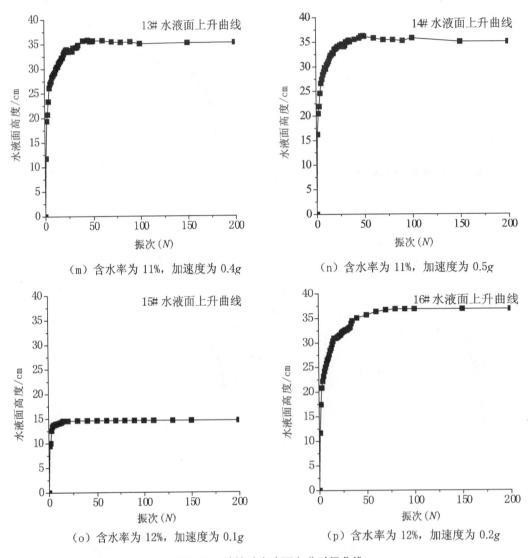

（m）含水率为 11%，加速度为 0.4g

（n）含水率为 11%，加速度为 0.5g

（o）含水率为 12%，加速度为 0.1g

（p）含水率为 12%，加速度为 0.2g

图 3.20　铁精矿水液面上升时间曲线

含水率为 9% 的铁精矿在加速度为 0.3g、0.4g 时，水液面最终高度分别约为 8.9 cm、11.4 cm，未形成流态化现象，水液面上升至最终位置时的临界振次分别约为 9 次、25 次；在加速度为 0.5g 时，水液面上升至铁精矿上表面的临界振次约为 100 次，见图 3.20（d）、（e）、（f）。

含水率为 10% 的铁精矿在加速度为 0.2g 时，水液面最终高度约为 8.2 cm，未形成流态化现象，水液面上升至最终位置时的临界振次约为 10 次；在加速度为 0.3g、0.4g、0.5g 时，水液面上升至铁精矿上表面的临界振次分别约为 90 次、50 次、35 次，见图 3.20（g）、（h）、（i）、（j）。

含水率为 11% 的铁精矿在加速度为 0.2g 时，水液面最终高度约为 9.2 cm，未形成流态化现象，水液面上升至最终位置时的临界振次约为 8 次；在加速度为 0.3g、0.4g、0.5g 时，水液面上升至铁精矿上表面的临界振次分别约为 60 次、40 次、33 次，见图

3.20（k）、（l）、（m）、（n）。

含水率为 12% 的铁精矿在加速度为 0.1g 时，水液面最终高度约为 14.6 cm，未形成流态化，水液面上升至最终位置时的临界振次约为 11 次；在加速度为 0.2g 时，水液面上升至铁精矿上表面的临界振次约为 66 次，见图 3.20（o）、（p）。

水液面曲线上升规律与宏观试验现象较为一致。振动初始，铁精矿矿体迅速压缩，孔隙体积迅速减少，颗粒孔隙间水分被挤出并逐渐汇集成连续水体，形成水液面上升；随着水液面持续上升，处于水液面位置附近的铁精矿由于水分增多，颗粒间作用力降低，颗粒错动剧烈，进一步促使水分析出；随着振动次数的增加，水分析出量逐渐减小，水液面上升趋势减缓。

3.3.2.4　分层含水率规律

试验通过测定振动结束后铁精矿体内的分层含水率，探究散装铁精矿在振动过程中产生的水分迁移规律。图 3.21 为试验完成后 1♯～16♯ 试验中铁精矿的分层含水率平均值沿模型高度方向的变化情况。横坐标为含水率值，纵坐标表示模型的高度。

从图 3.21 可看出，试验完成后铁精矿矿体内部的含水率分布发生变化，水分发生迁移。未产生流态化的铁精矿沿模型高度方向含水率向下递增、水分向下迁移；已流态化的铁精矿体内含水率向上递增，水分向上迁移。

铁精矿未形成流态化的水分迁移规律为：含水率为 8% 的铁精矿在加速度为 0.3g、0.4g 及 0.5g 的情况下，均未产生流态化现象，矿体内部的含水率沿高度方向向下递增，底部含水率保持在 9% 左右。含水率分别为 9%、10%、11%、12% 的铁精矿，在加速度分别不大于 0.4g、0.2g、0.2g、0.1g 的情况下未发生流态化现象，试验结束后矿体内部的含水率分布规律与含水率为 8% 的铁精矿大致相同，水分向铁精矿底部迁移，且底部含水率分别保持在 11%、12%、12%、13% 附近。这说明铁精矿未发生流态化时，矿体内部的水分在振动过程中向下发生迁移。

铁精矿形成流态化的水分迁移规律为：含水率为 9% 的铁精矿在加速度为 0.5g 时发生流态化现象，试验结束后矿体内部的含水率呈沿高度方向向上递增的规律，且铁精矿底部的含水率保持在 9% 左右。含水率分别为 10%、11%、12% 的铁精矿，当加速度分别超过 0.3g、0.3g、0.2g 时，均发生了流态化现象，试验结束后矿体内部的含水率分布规律与含水率为 9%、加速度为 0.5g 的铁精矿相同，含水率值沿高度方向向上递增，且矿体底部的含水率值均保持在 9% 左右。这说明铁精矿发生流态化时，矿体内水分呈向铁精矿表层迁移的规律。

室内振动台模型试验中铁精矿分层含水率变化规律表明：铁精矿形成流态化时矿体内部水分发生了迁移。在振动过程中，孔隙水分被挤出后受重力作用，首先呈向下迁移的趋势，水分逐渐聚积，当矿体底部的水分逐渐汇集成连续水体，形成水液面上升。当铁精矿的含水率较高且加速度足够大的情况下，铁精矿体内水分含量充分、水液面能够上升至矿体上表面，流态化现象完成。

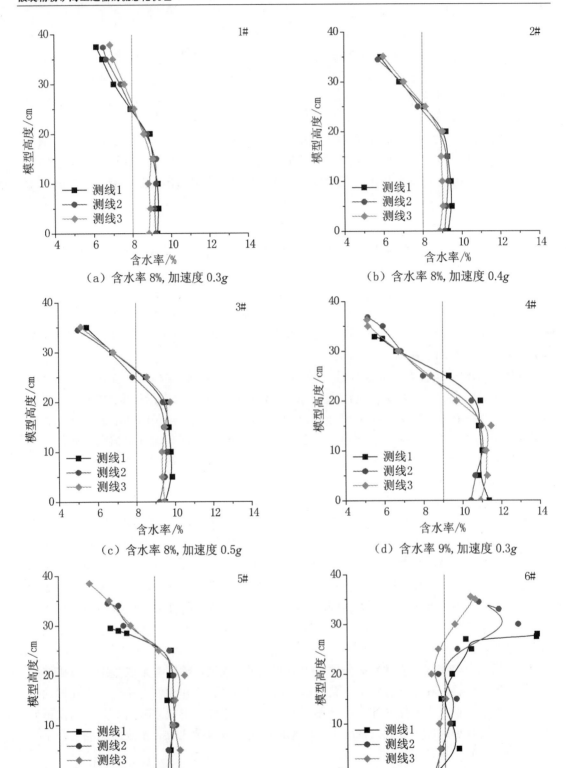

（a）含水率 8%, 加速度 0.3g

（b）含水率 8%, 加速度 0.4g

（c）含水率 8%, 加速度 0.5g

（d）含水率 9%, 加速度 0.3g

（e）含水率 9%, 加速度 0.4g

（f）含水率 9%, 加速度 0.5g

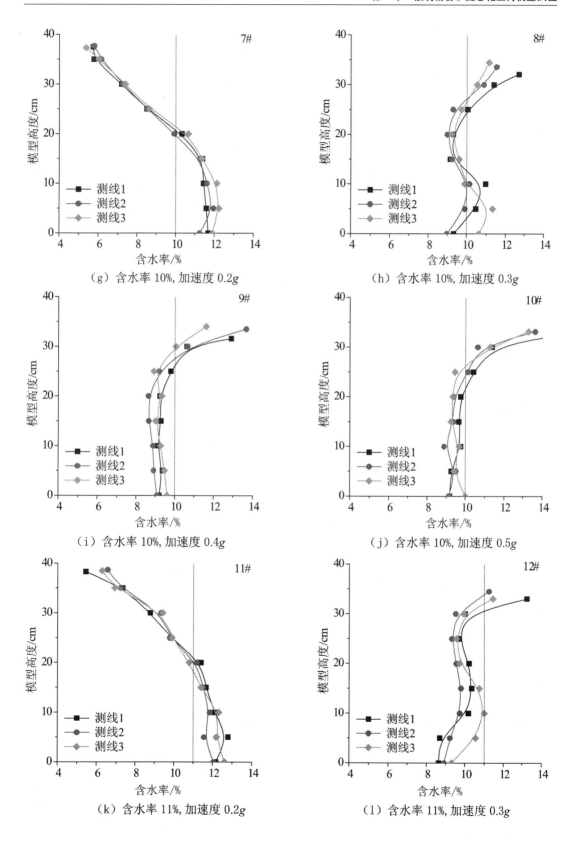

（g）含水率 10%, 加速度 0.2g

（h）含水率 10%, 加速度 0.3g

（i）含水率 10%, 加速度 0.4g

（j）含水率 10%, 加速度 0.5g

（k）含水率 11%, 加速度 0.2g

（l）含水率 11%, 加速度 0.3g

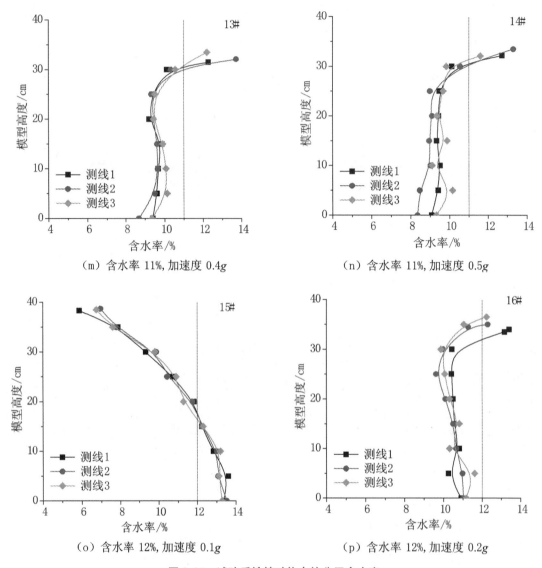

（m）含水率 11%,加速度 0.4g

（n）含水率 11%,加速度 0.5g

（o）含水率 12%,加速度 0.1g

（p）含水率 12%,加速度 0.2g

图 3.21 试验后铁精矿体内的分层含水率

3.3.2.5 孔隙水压力规律

对于饱和砂土液化，在不排水条件下，孔隙水压力上升被视为是对颗粒骨架的卸载作用[1]。孔隙水压力反映了土体在振动过程中水土作用关系。汪闻韶[2]认为孔隙水压力变化是由于砂土颗粒骨架在振动作用下发生体积压缩所引起的，并且与排水和边界条件有关，如条件有利于孔隙水压力不断增大，并且趋近和到达它的上覆压力，液化即可发生。

为了分析散装铁精矿形成流态化演化过程中孔隙水压力的变化规律，在矿体中设置了2个孔隙水压力测量点，见图 3.9。对于本室内振动台模型试验，模型箱四周侧壁及底部

---

①MartinGR., FinnWDL, SeedHB. Fundamentals of liquefaction under cyclic loading. JGED, ASCE, 1975, 101 (GT5)：423—428.

②汪闻韶．土的液化机理［J］．水利学报，1981（05）：22—34.

均为不透水固定边界，铁精矿上表面为自由边界，另外，试验所用铁精矿为非饱和试样，试验所测的孔隙水压力包括孔隙水压力和孔隙气压力。图 3.22 为室内模型试验过程中各孔隙水压力曲线。

从图 3.22 可看出，对于未形成流态化的铁精矿孔隙水压力曲线几乎未发展，当孔隙水压力计处于水液面高度以下时，孔隙水压力基本无变化。对于发生流态化的铁精矿，孔隙水压力在振动初期上升较快，约至 100 振次后，孔隙水压力上升速率缓慢，并趋于稳定，这与水液面上升曲线规律相似。相同含水率时，振动加速度越大孔隙水压力峰值越大。同时，P1 测点孔隙水压力（接近表层）均小于 P2 测点孔隙水压力（接近底层）。

含水率为 8% 的铁精矿在加速度为 $0.3g$、$0.4g$、$0.5g$ 时均未发生流态化现象，水液面上升的高度尚未达到 P2 测点的位置。当加速度高达 $0.5g$ 时，孔隙水压力亦基本无变化，仅在原点附近上下波动。

含水率为 9% 的铁精矿当加速度为 $0.3g$ 时，铁精矿水液面上升高度尚未达到 P2 测点位置，P1、P2 测点孔隙水压力基本无发展；当加速度为 $0.4g$ 时，铁精矿水液面高度约为 11.2 cm，P2 测点孔隙水压力稍微显现出上升趋势，最大值约至 0.17 kPa；当加速度为 $0.5g$，铁精矿水液面上升至矿体上表面，P2 测点孔隙水压力最大值约 0.40 kPa，明显大于 P1 测点处。

含水率为 10% 的铁精矿在加速度为 $0.2g$ 时未发生流态化现象，水液面高度尚未达到 P2 测点处，P1 测点处孔隙水压力曲线基本未发展，P2 测点孔隙水压力在 0～100 振次内呈线性增长，在 150～250 振次内出现下降趋势，这可能是水分形成连续水体后发生迁移时，造成孔隙水压力消散所引起的孔隙水压力波动，随着孔隙水压力再次回升，并基本保持稳定。当加速度为 $0.4g$、$0.4g$、$0.5g$ 时，铁精矿均发生了流态化现象，孔隙水压力值大幅提高，P2 测点孔隙水压力最大值分别约为 0.85 kPa、0.95 kPa、1.5 kPa。

含水率为 11% 的铁精矿发生流态化的临界加速度为 $0.3g$，孔隙水压力发展规律与含水率为 10% 的铁精矿类似。相同加速度时，含水率为 11% 的铁精矿孔隙水压力大于含水率为 10% 的铁精矿。

孔隙水变化主要由两部分组成：一是动荷载使铁精矿体积减小，矿体发生剪缩，颗粒间孔隙水受挤压而产生超孔压；二是水液面不断上升使得矿体内产生静水压力。从图 3.22 可以看出，测点 P1 孔压发展较测点 P2 孔压发展慢，说明由于水液面迁移，试验开始后水分向下迁移，上部孔压产生后可以快速消散，当水液面在底部形成并向上迁移后，下部孔压在上部孔压之前发展。停止振动后，为了及时测量铁精矿体内的分层含水率变化，需要从矿体表层逐层开挖取得铁精矿试样，因此，试验未等到孔隙水压力消散便停止了孔隙水压力的记录。

室内振动台模型试验中，孔隙水压力时程曲线基本反映水液面上升过程中铁精矿内部孔隙水压力的变化规律，孔隙水压力发展与流态化的发展密切相关。由于铁精矿试样处于非饱和状态，室内模型试验中孔隙水压力数值基本小于 2.0 kPa。

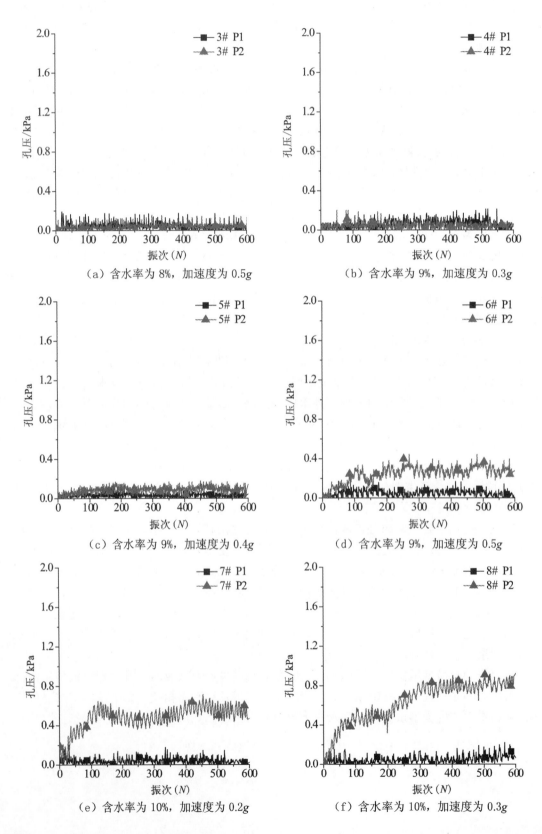

（a）含水率为 8%，加速度为 0.5g

（b）含水率为 9%，加速度为 0.3g

（c）含水率为 9%，加速度为 0.4g

（d）含水率为 9%，加速度为 0.5g

（e）含水率为 10%，加速度为 0.2g

（f）含水率为 10%，加速度为 0.3g

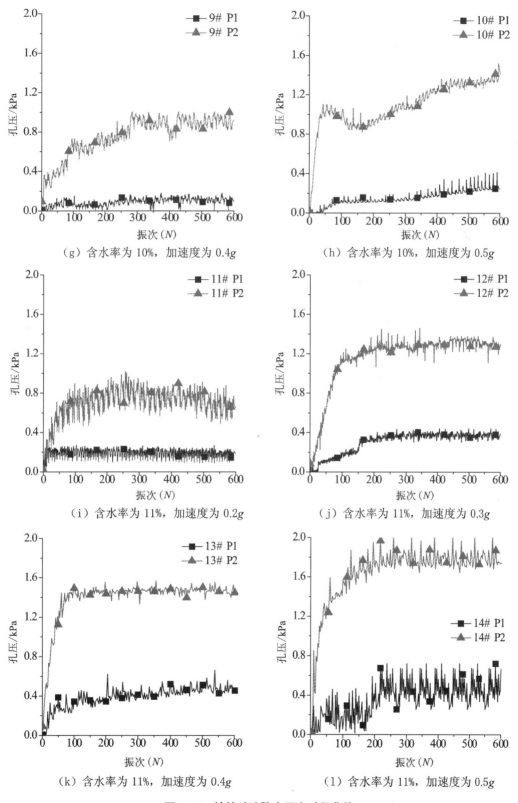

（g）含水率为 10%，加速度为 0.4g

（h）含水率为 10%，加速度为 0.5g

（i）含水率为 11%，加速度为 0.2g

（j）含水率为 11%，加速度为 0.3g

（k）含水率为 11%，加速度为 0.4g

（l）含水率为 11%，加速度为 0.5g

图 3.22　铁精矿孔隙水压力时程曲线

3.3.2.6　水分迁移细观规律

通过上述分析可知，水分迁移对铁精矿流态化形成至关重要。本节详细探讨了散装铁精矿流态化演化过程中的水分迁移细观规律。图 3.23 所示为含水率 10%、加速度 0.5g 时，利用高速细观摄像机采集的铁精矿细观照片，坐标单位为 mm。

试验开始前，铁精矿矿体相对比较松散，不同粒径的铁精矿颗粒均匀分布，细颗粒和粗颗粒基本上均匀分布，颗粒间孔隙体积较大，水分均匀分布在铁精矿颗粒间孔隙中，见图 3.23（a）。

振动开始后，铁精矿体积被压缩，孔隙体积减小。约至 5 振次时，孔隙中均匀分布的水分逐渐聚集，形成水膜裹附在铁精矿颗粒表面，见图 3.23（b）；约至 10 振次时，孔隙体积进一步减小，颗粒表面的包裹水膜厚度增加，将原本松散的铁精矿颗粒包裹成一块块颗粒团，水分附着在这些颗粒团的表面，见图 3.23（c）；约至 15 振次时，颗粒间孔隙水进一步被挤出，水分汇集连接成片，形成连续水体，观测到铁精孔隙体积明显减小，见图 3.23（d）。

随着孔隙水分的进一步析出，约至 20 振次时，细观观测区域内的铁精矿由于水分含量增多，矿体饱和度增大，使颗粒间作用力降低，颗粒在水平荷载作用下错动剧烈，见图 3.23（e）；约至 25 振次时，细观观测区域内的连续水体与铁精矿颗粒一起共同做水平往复运动，见图 3.23（f）。

约至 30 振次时，细观观测区域内的细颗粒含量明显减少，颗粒间接触紧密，观测区域内水分含量减少。水分在迁移过程中带动细颗粒随水迁移，微小颗粒迁移过程中不断填充粗颗粒骨架之间的孔隙，进一步促使孔隙体积减小，促使孔隙间水分被析出，见图 3.23（g）；约至 40 振次时，可明显观测到孔隙间残余的水分被析出后，趋于向矿体上方迁移，水分迁移带动细观观测区域内上部铁精矿颗粒一起运动，见图 3.23（h）。

约至 50 振次时，细观观测区上部的铁精矿颗粒位置不断调整，而下部的铁精矿颗粒接触紧密，矿体骨架基本保持稳定，见图 3.23（i）；约至 60 振次时，孔隙间水分继续析出，析出水分量减少，仍趋于向矿体表层迁移，此时由宏观观测到的水液面已上升至矿体上表面，见图 3.23（j）。

约至 100 振次时，颗粒孔隙间剩余水分含量很少，见图 3.23（k）；约至 600 振次时，铁精矿细颗粒嵌合在粗颗粒孔隙间，颗粒间咬合紧密，矿体孔隙体积很小，细观观测区域内矿体密实，见图 3.23（l）。

室内振动台模型试验中，铁精矿形成流态化演化过程中的水分迁移细观规律大致相同。在振动过程中，铁精矿矿体体积压缩，颗粒孔隙间水分被挤出后在重力作用下向下迁移，水分不断汇集成片，形成连续水体；水分，形成水液面上升。同时，孔隙水迁移带动矿体中细颗粒运动，细颗粒填充了粗颗粒骨架之间的孔隙，进一步促使孔隙体积减小，促使孔隙水分析出。

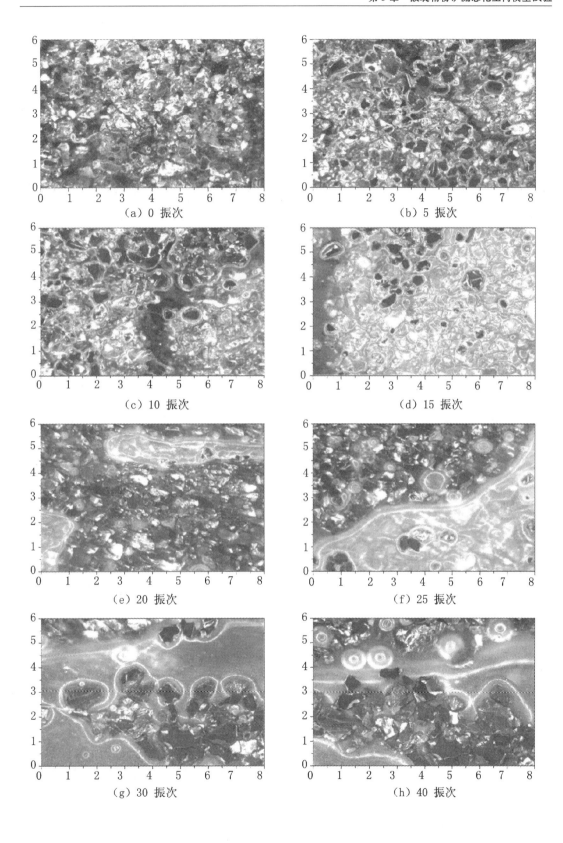

（a）0 振次

（b）5 振次

（c）10 振次

（d）15 振次

（e）20 振次

（f）25 振次

（g）30 振次

（h）40 振次

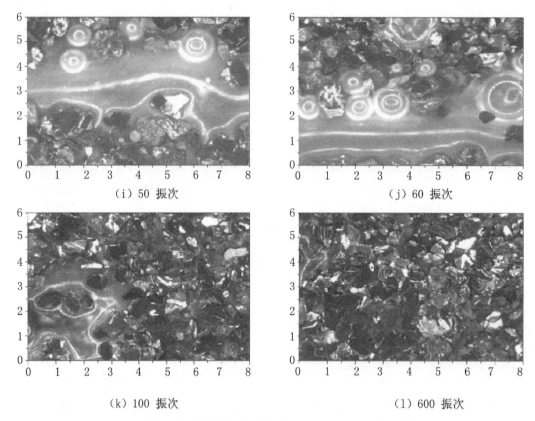

（i）50 振次　　　　　　　　　　（j）60 振次

（k）100 振次　　　　　　　　　　（l）600 振次

图 3.23　第 10♯组铁精矿流态化水分迁移细观图片（坐标单位：mm）

3.3.2.7　颗粒细观运动

1. 细颗粒迁移

铁精矿在流态化形成演化过程中，水分迁移伴随着铁精矿颗粒运动。在振动台模型试验中，细观观测区域的面积为 6.0 mm×8.0 mm，铁精矿颗粒运动剧烈，不能完整记录标志颗粒的运动过程，因此，本节通过对比第 10♯组试验开始和结束时的局部细观图像，量化阐述铁精矿在流态化发生前后细颗粒的迁移情况。

试验结束后，铁精矿中粗颗粒（粒径＞0.25 mm）含量明显增多，颗粒的密实度增大。为了量化研究细颗粒的变化情况，利用 Photoshop 对图像进行处理，统计出粗颗粒的像素值，用图片整体像素减去粗颗粒和孔隙的像素值，可得细颗粒像素，对比试验前后颗粒像素的变化。应该说明的是由二维平面图像得到的孔隙比与实际三维的情况有一定区别。

由表 3.7 可看出，试验前细颗粒含量占 34%，试验后占 22%，即细颗粒含量较试验前较少了 12%，同时，对比试验前后孔隙体积可发现，孔隙体积也较试验前减少 11%。这说明在振动过程中，铁精矿矿体发生压缩、孔隙体积减小；同时细颗粒随水迁移，不断填充颗粒间孔隙，促使孔隙中水分被挤出。

细观图像的分析仅限于铁精矿模型的局部区域，与第 10♯试验观测到的铁精矿颗粒运动的细观规律类似。

表 3.7　第 10♯组试验前后的细观观测区域颗粒变化

	粗颗粒像素	细颗粒像素	孔隙像素	二维孔隙比
试验前	305138	490362	652180	0.82
试验后	630883	321545	495251	0.52

2. 细观组构特征

利用可视化细观测试系统和细观结构分析软件 Geodip[①]，对试验过程中记录的高清照片进行处理，分析铁精矿在循环荷载作用下颗粒细观组构变化，包括铁精矿颗粒长轴定向性、接触法向、平均接触数和平面孔隙率等。

（1）颗粒长轴定向

颗粒定向性的发展是散装铁精矿流态化演化过程中颗粒重新排列的反映。颗粒的长轴方向玫瑰图反映了颗粒长轴方向的角度频数分布，通过颗粒长轴方向的角度频数分布可以分析试验过程中颗粒的转动情况。

图 3.24 是不同振次时铁精矿颗粒长轴方向演化的玫瑰图，扇形大小反映颗粒长轴方向的角度频数分布。铁精矿试样采用自然沉积法进行制样，其颗粒长轴方向分布相对比较均匀（见图 3.24（a））。振动初始，不规则形状的铁精矿颗粒受到水平往复振动的作用，颗粒发生错动和旋转。约至 10 振次时，铁精矿颗粒间孔隙体积不断被压缩，孔隙间水分被挤出并形成水膜包裹颗粒，受水平往复荷载作用，颗粒的长轴方向偏于水平方向发展（见图 3.24（b））；约至 20 振次～30 振次时，铁精矿颗粒孔隙间水分不断汇集形成连续水体，由于同时受到水平往复荷载和水流的作用，铁精矿颗粒长轴主要分布在水平 0°方向和竖直 90°方向（见图 3.24（c）、（d））；约至 40 振次时，孔隙间水分携带部分细颗粒趋于向矿体上层迁移，颗粒长轴明显偏向于竖直方向发展（见图 3.24（e））；约至 50 振次时，铁精矿颗粒间孔隙充分压缩，粒间孔隙中的水分已充分析出，颗粒间残存少量水分，水流作用减弱，原来受水流影响偏向竖向的颗粒长轴稍微向水平方向偏转（见图 3.24（f））；约至 60 振次时，细观拍摄处的铁精矿颗粒主要受到水平往复荷载的作用，颗粒的长轴继续向水平方向发展，这时水液面已经迁移至铁精矿上表面、流态化基本完成（见图 3.24（g））；至 600 振次时，铁精矿骨架相对稳定，颗粒只是在原位附近轻微错动和旋转，长轴方向变化不大（见图 3.24（h））。

铁精矿颗粒的长轴方向演化玫瑰图表明：在铁精矿流态化形成演化过程中，由于受到水平往复荷载和水流的综合作用，颗粒长轴方向由初始的均匀分布变化到定向分布，偏向于竖直方向和水平方向。

（2）接触法向演化

接触法向是颗粒之间相互接触点的法线方向，反映颗粒之间力的传递方式，也是颗粒各向异性的反映。

图 3.25 是铁精矿流态化演化过中颗粒接触法向演化的玫瑰图。振动前，铁精矿颗粒的接触法向分布均匀（$N=0$，见图 3.25(a)）；由于水平振动荷载的施加，铁精矿颗粒间孔隙压缩，接触数增多，颗粒接触法向趋于偏向竖直方向（$N=10$，见图 3.25（b））；在流态化演化过程中，受到水平荷载作用和水流自下而上的冲力作用，铁精矿颗粒旋转错

---

①余荣传．基于数字图像技术的砂土模型试验细观结构参数测量［D］．上海：同济大学硕士论文，2006.

动，接触法向随之改变，接触数目上下波动（$N=20$、30、40，见图 3.25（c）、（d）、（e））；待水液面迁移至铁精矿上表面时，铁精矿体积充分压缩，粒间孔隙中的水分充分析出，铁精矿颗粒接触数增多，接触法向主要分布于竖直和水平方向（$N=50$、60、600，见图 3.25（f）、（g）、（h））。

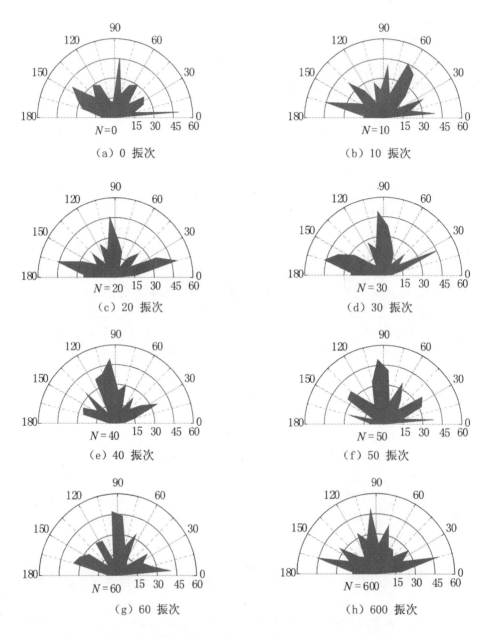

图 3.24　铁精矿颗粒在流态化过程中的长轴方向演化玫瑰图

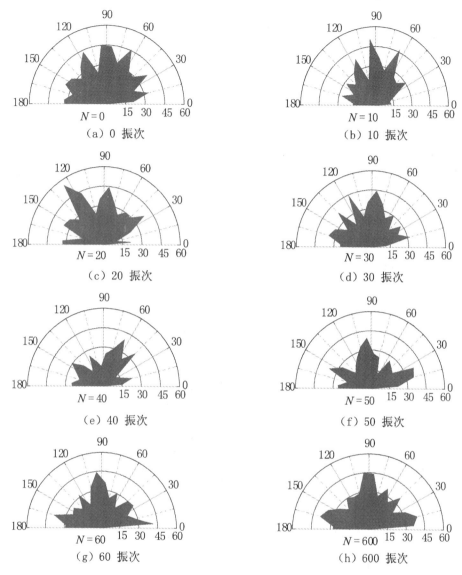

图 3.25 铁精矿颗粒在流态化过程中的接触法向演化玫瑰图

（3）孔隙率变化

图 3.26 所示为由不同振次时铁精矿颗粒形态细观图片，利用 Geodip 程序计算得到的颗粒孔隙率随时间的变化曲线。需要说明的是，这里采用的平均孔隙率为平面孔隙率，并非铁精矿真实孔隙率。

水平荷载的施加，使得铁精矿体积发生压缩，孔隙体积缩小；而至 $N=10$ 时开始，平面孔隙率经历有升有降的波动，总的趋势是减小的，这是由于铁精矿颗粒受水平荷载和水流冲力的共同作用，颗粒发生旋转、错动和移动，但颗粒间孔隙仍被压缩；至 $N=60$ 后，孔隙率基本不发生波动，且远远小于初始值。

（4）平均接触数变化

平均接触数是指颗粒与周围颗粒接触的平均数目，用以分析颗粒运动、重新排列规律，其变化是颗粒受力变化的间接反映。图 3.27 为铁精矿在流态化形成过程中平均接触数随时间变化曲线。

振动初期，颗粒间孔隙轻微压缩，铁精矿颗粒平均接触数略微增多；约至 10 振次～20 振次时，颗粒间的运动使得铁精矿平均接触数略有下降，这表明颗粒间孔隙中水形成的水膜包裹了铁精矿颗粒；约至 20 振次～40 振次时，颗粒在水流和振动荷载的作用下，平均接触数目上下波动；约至 40 振次以后，铁精矿颗粒的平均接触数逐渐增大，这说明颗粒间孔隙压缩充分，铁精矿越来越密实。总体而言，铁精矿的平均接触数的总体趋势是增大的，其反映的规律与铁精矿孔隙率变化规律基本一致，即流态化演化过程中铁精矿颗粒的运动使得颗粒间孔隙总体发生压缩，粒间孔隙中

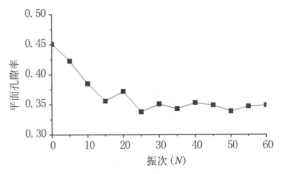

图 3.26　铁精矿平面孔隙率随振次变化曲线

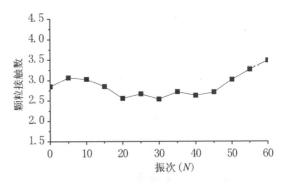

图 3.27　铁精矿平均接触数随振次变化曲线

的水分得以挤出并向上迁移，这与宏观流态化现象得到的结论一致。需指出，平均接触数是通过统计颗粒与其周边颗粒的平均接触数量来反映土体的紧密程度，其值并不是衡量颗粒间作用力的指标。

3.3.2.8　孔隙体积和水体积比值

水分迁移及颗粒的细观运动规律的分析局限于极小的细观观测区域，虽具有一定的代表性，而表 3.8 给出的 1♯～16♯ 组试验的振动后孔隙体积与水分体积的比值，更加直观地表明了铁精矿流态化形成的可能原因。当铁精矿内水体积与试验后的孔隙体积的比值大于 1 时，流态化必然发生。

在模型试验条件下，含水率为 8% 铁精矿的水体积为 2000.00 cm³，在加速度分别为 0.3g、0.4g、0.5g 的情况下，试验后铁精矿的孔隙体积分别为 33791.35 cm³、30623.35 cm³、27455.35 cm³，其矿体内部水体积与试验后孔隙体积的比值分别为 0.59、0.65、0.73，铁精矿内水分可充分包含在颗粒孔隙内，流态化不会发生。同理，当含水率分别为 9%、10%、11%、12% 的铁精矿在加速度分别不大于 0.4g、0.2g、0.2g、0.1g 的情况下，其矿体内部水体积与试验后孔隙体积的比值均小于 1，这在宏观上的表现为流态化未发生。

含水率分别为 9%、10%、11%、12% 的铁精矿，在加速度分别大于等于 0.5g、0.3g、0.3g、0.2g 的情况下，其矿体内部水体积与试验后孔隙体积的比值均大于 1。其在宏观上的表现结果为流态化现象发生。这说明试验后铁精矿内的颗粒间孔隙体积不够储存矿体内初始水分，水分势必被挤出，最终水分迁移至矿体上表面，造成表层铁精矿形成矿水混合物，在动荷载作用下呈流体状态往复流动，形成流态化现象。室内振动台模型试验中，铁

精矿为非饱和状态，含水率越大，矿体内水分含量越高，水分越容易被挤出。

表 3.8　铁精矿初始水分含量与试验后孔隙体积的比值

编号	含水率	加速度	水体积/cm³	试验后孔隙体积/cm³	比值	流态化
1#	8%	0.3g	20000.00	33791.35	0.59	否
2#	8%	0.4g	20000.00	30623.35	0.65	否
3#	8%	0.5g	20000.00	27455.35	0.73	否
4#	9%	0.3g	22747.25	32735.35	0.69	否
5#	9%	0.4g	22747.25	27455.35	0.83	否
6#	9%	0.5g	22747.25	22175.35	1.03	是
7#	10%	0.2g	25555.56	34847.35	0.73	否
8#	10%	0.3g	25555.56	25554.55	1.00	是
9#	10%	0.4g	25555.56	24076.15	1.06	是
10#	10%	0.5g	25555.56	22175.35	1.15	是
11#	11%	0.2g	28426.97	34213.75	0.83	否
12#	11%	0.3g	28426.97	26399.35	1.08	是
13#	11%	0.4g	28426.97	23231.35	1.22	是
14#	11%	0.5g	28426.97	22175.35	1.28	是
15#	12%	0.1g	31363.64	34424.95	0.91	否
16#	12%	0.2g	31363.64	31045.75	1.01	是

3.3.2.9　影响因素分析

结合上文铁精矿流态化形成的宏细观演化规律可知，室内振动台模型试验中，散装铁精矿流态化形成的关键是水分迁移。本节基于水分迁移规律，通过对比不同含水率，加速度、密实度下铁精矿的水液面上升曲线，探讨各因素对散装铁精矿流态化形成的影响，确定关键影响因素和流态化临界范围。

1. 含水率

室内小型振动台模型试验中，当水液面上升至铁精矿上表面时，表层铁精矿形成矿水混合物，继而引发流态化现象，而铁精矿体内初始水分含量直接影响水液面是否能上升至铁精矿上表面。

图 3.28 为相同加速度不同含水率时铁精矿的水液面上升曲线。从图中可以看出，含水率对散装铁精矿流态化形成至关重要。低含水率的铁精矿水液面高度在约至 50 振次后逐渐趋于稳定，不再变化；而高含水率的铁精矿水液面高度能够在一定振次内达到铁精矿上表面。

密实度为 0.33、含水率为 8% 的铁精矿在加速度为 0.3g、0.4g 甚至 0.5g 的情况下，水液面高度均不会达到铁精矿上表面，流态化不会发生，且不同加速度下铁精矿的水液面上升高度几乎一致。

密实度为 0.33、含水率为 9% 的铁精矿，只有加速度达到 0.5g，水液面才会上升到矿体上表面，形成流态化。含水率较大的铁精矿（含水率为 10%、11%、12%），即使加速度较低（加速度为 0.2g、0.3g、0.3g），当振动次数较长时，水液面仍会逐渐上升至模型上表面，形成流态化。

表 3.9 所示为不同含水率时散装铁精矿流态化形成的临界加速度。密实度为 0.33、含水率分别为 9%、10%、11% 和 12% 的铁精矿，其流态化形成的临界加速度，分别为 0.5g、

$0.3g$、$0.3g$ 和 $0.2g$。随着含水率的增大，铁精矿流态化形成的临界加速度值减小。

根据有关实测资料，铁精矿散货船在波浪作用下产生的横摇加速度，一般不会超过 $0.5g$。可认为在模型试验条件下，密实度为 0.33、含水率为 8% 的铁精矿在不大于 $0.5g$ 的加速度作用下不会发生流态化现象。

综上所述，含水率是影响散装铁精矿流态化形成的关键因素。

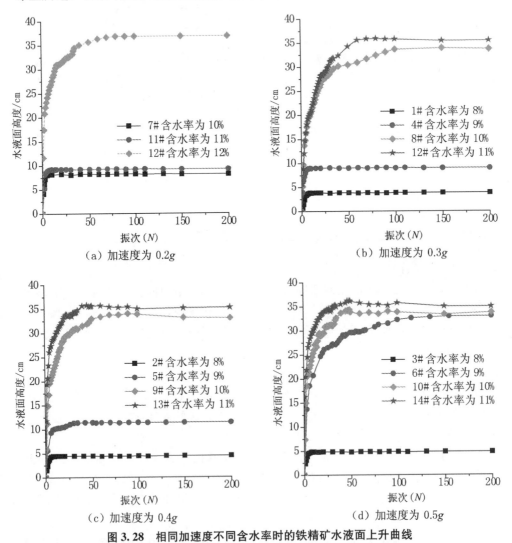

图 3.28　相同加速度不同含水率时的铁精矿水液面上升曲线

表 3.9　不同含水率时铁精矿流态化形成的临界加速度值

含水率	8%	9%	10%	11%	12%
临界加速度	/	$0.5g$	$0.3g$	$0.3g$	$0.2g$

2. 加速度

图 3.29 为室内模型试验条件下，相同含水率时，不同加速度的铁精矿水液面上升曲线的对比。从图中可以看出，随着铁精矿含水率的增加，加速度对散装铁精矿流态化形成

的影响增大。

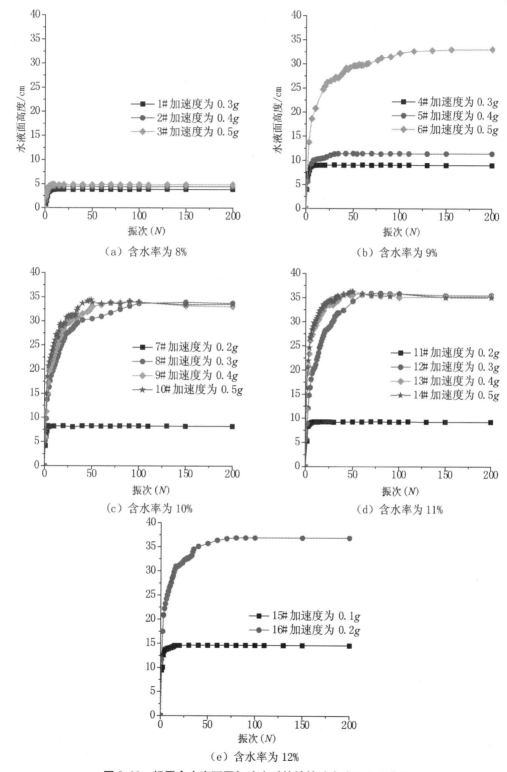

图 3.29　相同含水率不同加速度时的铁精矿水液面上升曲线

当铁精矿含水率为8％时，即使加速度高达0.5g，水液面最终高度仅为矿体总高度的12.5％，不同加速度时，水液面最终高度变化不大且也不会形成流态化。

当铁精矿含水率大于8％时，在加速度为0.1g、0.2g、0.3g、0.4g、0.5g条件下，铁精矿流态化形成的临界含水率值分别为大于12％、12％、10％、10％、9％，见表3.9所示。随着加速度的增大，铁精矿流态化形成的临界含水率值减小。

另外，相同含水率条件下，当铁精矿未形成流态化时，加速度的增大对水液面上升曲线影响不大；当铁精矿形成流态化时，加速度的增大使水液面上升至铁精矿上表面的临界振次缩短。

综上所述，加速度对铁精矿流态化形成的影响随着含水率的增加而增大。当铁精矿含水率低于8％时，加速度在不大于0.5g范围内对铁精矿流态化形成基本无影响，即铁精矿不会形成流态化。当铁精矿含水率高于8％时，随着加速度的增大，铁精矿流态化形成的临界含水率值减小。

表3.10　不同加速度时铁精矿流态化形成的临界含水率值

加速度	0.1g	0.2g	0.3g	0.4g	0.5g
临界含水率	大于12％	12％	10％	10％	9％

3. 密实度

图3.30为室内模型试验条件下，试验12♯与17♯的水液面上升对比曲线，这两组试验含水率（11％）、加速度（0.3g）和频率（1 Hz）相同，而密实度分别为0.33和0.82。由图可以看出密实度为0.33的铁精矿水液面上升至矿体上表面的临界振次约为56次，而密实度为0.82的铁精矿水液面上升至矿体上表面的临界振次约为105次，其流态化历时增加近一倍。

密实度为0.33的铁精矿水液面上升速率均比密实度为0.82的铁精矿上升速率快。这是因为密实度为0.33的铁精矿属于松散状态，在水平动荷载下受剪容易压缩，孔隙体积压缩量大，水分容易被挤出；而密实度为0.82的铁精矿属

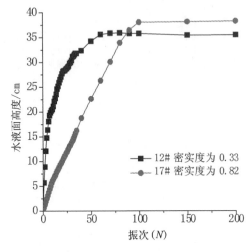

图3.30　相同含水率和加速度时，密实度对铁精矿流态化形成的影响

于密实状态，在动荷载作用下容易剪胀；同时，密实度较大的铁精矿颗粒间嵌合紧密，矿体抗剪强度较大，受动荷载作用矿体骨架不易破坏。此外，图中显示在振动后期密实度为0.82的铁精矿水液面位置较高，这并非因为析出水量较大，而是由于铁精矿密实度较大，沉降量较小，铁精矿上表面的位置较高。

由此可见，增大密实度均不能阻止铁精矿流态化的发生，但能延长铁精矿形成流态化的演化时程。

3.3.2.10　小结

本节利用室内小型振动台，对细粒含量为5％的铁精矿，进行了不同含水率、加速度、

密实度下的模型试验，在缩尺条件下研究了散装铁精矿流态化形成的宏细观演化规律，探讨了各因素对散装铁精矿流态化形成的影响，确定了关键影响因素和流态化临界范围，得到以下几点结论。

（1）散装铁精矿流态化形成演化历程为：动荷载使铁精矿体积被压缩，孔隙体积减少；孔隙间水分被挤出，在重力作用下向下迁移；水分不断汇集成片，形成连续水体，然后在动荷载作用下趋于向矿体表层析出，其宏观表现是水液面上升。当水液面上升至铁精矿上表面时，造成表层铁精矿形成矿水混合物；表层矿水混合物呈流体状态在动荷载作用下往复流动，形成流态化现象。

（2）水分迁移是导致散装铁精矿流态化形成的关键。在振动过程中，水分首先在重力作用下向下迁移，形成水液面后，在动荷载作用下向矿体表面析出。水分迁移至铁精矿表层时，表层矿体由于饱和度增大，颗粒间作用力降低，导致矿体易于滑动。同时，水分在迁移过程中带动细颗粒随水运动，细颗粒不断填充粗颗粒间孔隙，造成孔隙体积减小，进一步促使水分析出。

（3）水液面上升的最终高度与铁精矿初始含水率有关。当铁精矿初始含水率较低时，振动后期水分析出量逐渐减小，水液面高度不再变化；当铁精矿初始含水率较高时，水液面能够持续上升直至铁精矿上表面，造成表层铁精矿形成矿水混合物，形成流态化现象。

（4）含水率是影响铁精矿流态化发生的关键因素且临界值为 8%。当含水率低于 8% 时，加速度在不大于 $0.5g$ 时对铁精矿流态化形成基本无影响，当含水率高于 8% 时，随着加速度的增大，铁精矿形成流态化的临界含水率值减小。相对密实度从 0.33 增加至 0.82 时，能够延缓水液面上升，延长铁精矿流态化演化历程，但并不能阻止流态化的发生。

（5）试验后矿体内分层含水率变化规律表明：在振动过程中，铁精矿含水率分布发生变化，水分发生迁移。未产生流态化的铁精矿沿模型高度方向含水率向下递增、水分向下迁移；已流态化的铁精矿含水率向上递增，水分向上迁移。

（6）孔隙水压力包括由矿体剪缩产生的超孔压和由水液面上升产生的静水压。为尽快测量试验后铁精矿的分层含水率，振动停止后未能观测到孔压是否发生消散。当含水率较低时，水液面高度未达到孔压测点位置，孔压基本无变化；当含水率高时，下部孔压较上部孔压发展快。

（7）细观组构特征反映了铁精矿颗粒与水分相互作用规律。铁精矿流态化形成演化过程中，颗粒受水分迁移和水平往复荷载共同作用，颗粒长轴方向经历了均匀分布和定向分布 2 个阶段；细观观测区域的面积孔隙率随振动次数的增加而逐渐减小，颗粒接触数随之增加。

（8）振动后铁精矿孔隙体积与水分体积的比值说明，矿体内部水分迁移是导致散装铁精矿在缩尺条件下形成流态化的主要原因。在室内振动台模型试验中，当铁精矿内水体积与试验后的孔隙体积的比值大于 1 时，流态化必然发生。

3.3.3　不同细粒含量铁精矿流态化过程研究

3.3.2 节通过对细粒含量为 5% 的铁精矿进行模型试验研究，讨论了其流态化的宏细观机理，研究了在流态化过程中水分的迁移过程和颗粒的运动规律，分别探讨了含水率、加速度、密实度对铁精矿流态化过程的影响。在此基础上，本节主要研究不同细粒含量的铁精矿的流态化过程。为此，本节主要选取其中八组试验进行比较研究，如表 3.11 所示，其中 TK5、TK25、TK35、TK45 分别代表细粒含量为 5％、25％、35％、45％的四种铁精矿。

表 3.11　细粒含量试验研究所选试验组

试验编号	试验材料	含水率	加速度	FMP	是否流态化
5＃	TK5	9％	0.4g	9.02	否
9＃	TK5	10％	0.4g	9.02	是
22＃	TK25	7％	0.4g	7.82	否
23＃	TK25	8％	0.4g	7.82	是
24＃	TK35	7％	0.4g	7.82	否
25＃	TK35	8％	0.4g	7.82	是
26＃	TK45	8％	0.4g	8.71	否
27＃	TK45	9％	0.4g	8.71	是

3.3.3.1　流态化宏观现象

3.3.2.1 节详细阐述了第 10＃组试验，即 TK5（细粒含量为 5％）在含水率为 10％、加速度为 0.5g 的情况下铁精矿流态化过程，而第 9＃组试验中，铁精矿的流态化过程与之类似，在此不再赘述。以下将分别介绍第 23＃、25＃、27＃试验中三种不同细粒含量的铁精矿流态化过程，在此基础上再进行四种矿粉流态化宏观现象的对比分析。

1. 23＃组试验中铁精矿的流态化宏观现象

本节详细阐述第 23＃组试验（细粒含量 25％、含水率为 8％、加速度为 0.4g）中铁精矿在不同振动次数时侧壁和顶面的宏观现象，见图 3.31 和图 3.32 所示，图中坐标单位为 cm。

与第 10＃试验不同，本组试验中没有明显的水液面产生并向上迁移的现象，只可以在图 3.31（c）和（d）中接近表面的地方观察到模糊的水液面，同时，在 600 振次时，可以看到在模型表面有自由水开始析出（如图 3.32（f）所示）。比较两组试验表面最终析出的水清液可以看出，第 10＃组试验中析出的水清液为红色，而本组试验析出的水清液为无色透明的。

振动初始，从模型箱侧面可以看到铁精矿顶部出现约有 5 cm 的沉降，同时在铁精矿表层出现众多主生纵裂纹和次生横裂纹，纵裂纹方向垂直于水平振动方向，横裂纹方向平行于水平振动方向，而裂纹宽度随着振动荷载的持续施加逐渐变大，见图 3.32（b）～（d）。

随着振动次数的增加，从侧面图中可以看到水液面在 300 振次左右时，上升到铁精矿表面（见图 3.31（e）），此时，表层铁精矿有滑动的趋势；同时，在铁精矿表面，铁精矿饱和度明显增加，部分铁精矿开始瘫软，主生纵裂纹和次生横裂纹宽度减小，有闭合的趋势（见图 3.32（e））。600 振次左右时，第二层标志砂以上范围内铁精矿开始有晃动，但没有明显的滑动面产生，并随着振动荷载的持续作用，晃动范围逐渐向下发展（见图 3.31（f））；表层铁精矿饱和度继续增加，铁精矿矿体瘫软，表面的纵横裂纹完全闭合（见图 3.32（f））。

大约 800 振次时，铁精矿底部出现滑动面，铁精矿随着振动荷载的作用呈现整体滑动的趋势，从模型箱侧面可以看到标志砂开始出现变形（图 3.31（g）），并且此时在铁精矿表层开始有自由水析出（图 3.32（g））；此后，滑动幅值开始迅速变大，最终在振动荷载的作用下，模型箱内铁精矿呈整体式左右滑动，标志砂产生严重的扭曲变形（见图 3.31（h）），并且铁精矿表层析出一层大约 0.2 cm 厚的水清液（见图 3.32（h）），随铁精矿一起来回震荡，形成流态化现象。

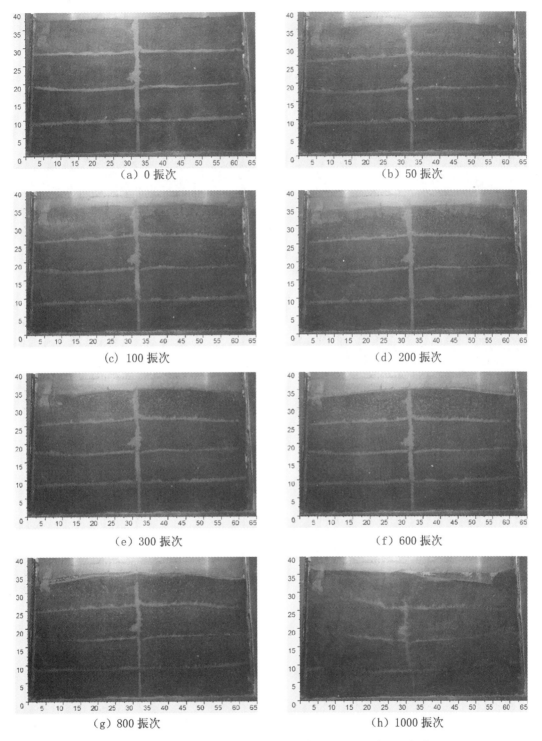

（a）0 振次

（b）50 振次

（c）100 振次

（d）200 振次

（e）300 振次

（f）600 振次

（g）800 振次

（h）1000 振次

图 3.31　第 23 ＃组铁精矿流态化演化过程中的侧面宏观现象（坐标单位：cm）

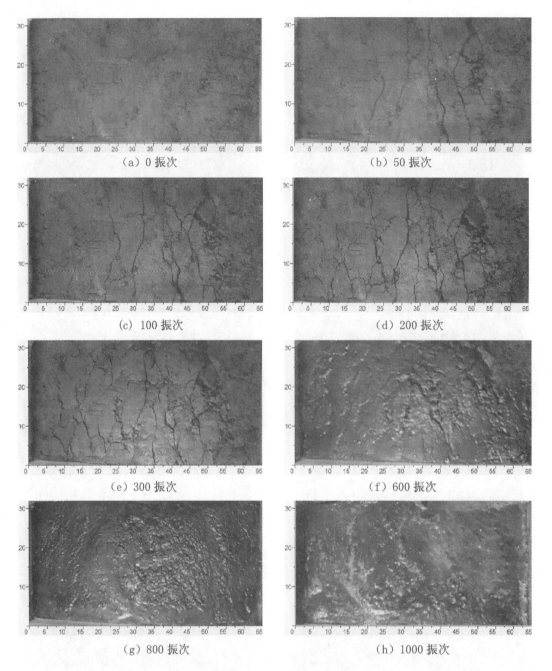

(a) 0 振次   (b) 50 振次

(c) 100 振次   (d) 200 振次

(e) 300 振次   (f) 600 振次

(g) 800 振次   (h) 1000 振次

图 3.32　第 23 ♯组铁精矿流态化演化过程中的上表面宏观现象（坐标单位：cm）

2. 25♯试验中铁精矿的流态化现象

本节详细阐述第 25♯组试验（细粒含量 35%、含水率为 8%、加速度为 0.4g）铁精矿在不同振动次数时侧壁和顶面的宏观现象，见图 3.31 和图 3.32 所示，图中坐标单位为cm。需要说明的是，由于本组试验中所用铁精矿为较细且为深棕色，在制样和试验过程中会污染模型箱玻璃面，使得侧面试验现象的观测受到一定程度的扰动。

在本组试验中，从模型箱侧壁完全观测不到水液面，但在顶部可以看到铁精矿饱和度随着振动荷载的作用不断增加，但最终没有自由水析出。试验初始，从模型箱侧面观测到铁精矿顶部出现 2 cm 左右的沉降，表面没有裂纹出现（图 3.33（a）～（b）和图 3.34（a）～（b））。

随着振动荷载的持续作用，大约在 10 振次的时候，可以看到在铁精矿表层出现滑动面，并逐渐向下迁移，大约到 100 振次时，滑动面发展到模型箱底部，模型箱内铁精矿随着振动荷载的作用，呈现整体式左右滑动的现象（见图 3.33（c）～（f）），并且此时铁精矿表面开始有裂纹出现（见图 3.34（f））。此后，随着振动荷载的进一步作用，铁精矿的滑动幅值逐渐变大，试验中设置的三道横向标志砂由于铁精矿的剧烈变形使其逐渐与铁精矿混合为一体，同时，铁精矿表面的裂纹不断发展，裂纹宽度增大并相互贯通，铁精矿完全丧失强度，形成流态化现象（见图 3.33（g）～（i）和图 3.34（g）～（i））。

3. 27♯试验中铁精矿的流态化现象

本节详细阐述第 27♯组试验（细粒含量 45％、含水率为 9％、加速度为 0.4g）铁精矿在不同振动次数时侧壁和顶面的宏观现象，见图 3.31 和图 3.32 所示，图中坐标单位为 cm。本组试验的流态化宏观现象与第 25♯试验相似，但试验现象相对更清晰。

振动初始，从模型箱侧壁可以看到铁精矿变形仍是以表面沉降为主，同时，在振动荷载的作用下，铁精矿表面出现主生纵裂纹和次生横裂纹，并随着时间的推移，裂纹逐渐张开并相互贯通（见图 3.35（a）～（d）和图 3.36（a）～（d））；大约到 50 振次时，铁精矿表层出现滑动的趋势；到 100 振次时，在第一条标志砂附近出现完整的滑动面，并逐渐向下发展；到大约 300 振次时，滑动面发展到铁精矿底部，模型箱内的铁精矿在水平振动荷载的作用下呈现整体式左右滑动的现象；到 600 振次的时候，可以看到标志砂已与铁精矿完全混合在一起，铁精矿完全失去强度，流态化形成。而在铁精矿表面，可以看到在此过程中，其饱和度逐渐增大，被纵横裂纹分割的铁精矿逐渐瘫软并消失，铁精矿强度丧失，并在角部有微量的自由水析出。

4. 四种铁精矿流态化宏观现象对比

以上详细描述了细粒含量为 5％、25％、35％、45％四种铁精矿的流态化宏观现象，通过比较可以发现，随着细粒含量的增加，铁精矿流态化宏观现象主要产生了以下几方面的变化。

（1）随着细粒含量的增加，流态化过程中的水分迁移规律改变，主要表现为：当细粒含量为 5％时，水分在铁精矿底部汇集，形成水液面并向上迁移，最终在铁精矿表面析出大量自由水，随着细粒含量的增加，当细粒含量为 25％时，水液面的出现和迁移现象不明显，但最终在铁精矿表面仍析出大量自由水，当细粒含量为 35％和 45％时，只能看到表层铁精矿饱和度随着振动荷载的持续作用逐渐增大，最终在铁精矿表面基本没有自由水析出。水分迁移规律的变化主要归因于随着细粒含量的增加，铁精矿的渗透系数变小，水分在铁精矿内迁移难度增大，从而导致上述变化。

（2）流态化宏观现象的另一变化是滑动面的产生和发展：对于细粒含量为 5％的铁精矿，滑动面首先在铁精矿底部产生，并逐渐向上迁移，而随着细粒含量的增加，滑动面的出现和发展逐渐演变为首先在铁精矿表层出现，并逐渐向下发展，最终形成铁精矿的整体

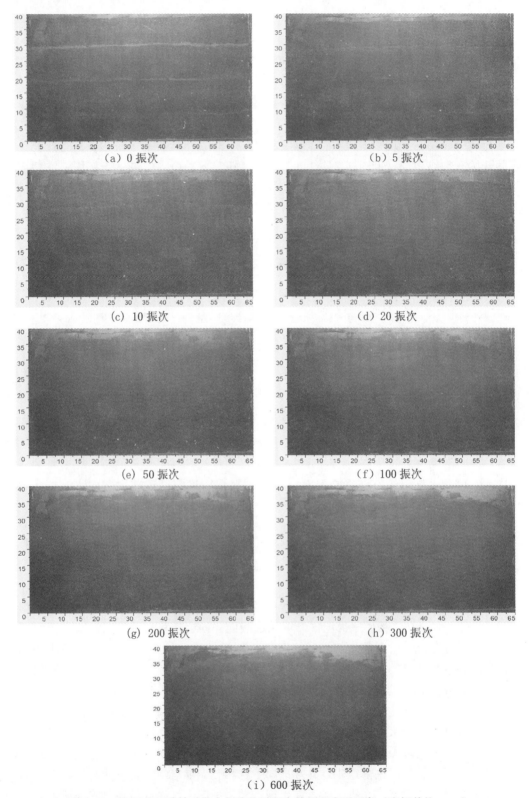

（a）0 振次　　　　　　　　　　　　　（b）5 振次

（c）10 振次　　　　　　　　　　　　　（d）20 振次

（e）50 振次　　　　　　　　　　　　　（f）100 振次

（g）200 振次　　　　　　　　　　　　　（h）300 振次

（i）600 振次

图 3.33　第 25＃组铁精矿流态化演化过程中的侧面宏观现象（坐标单位：cm）

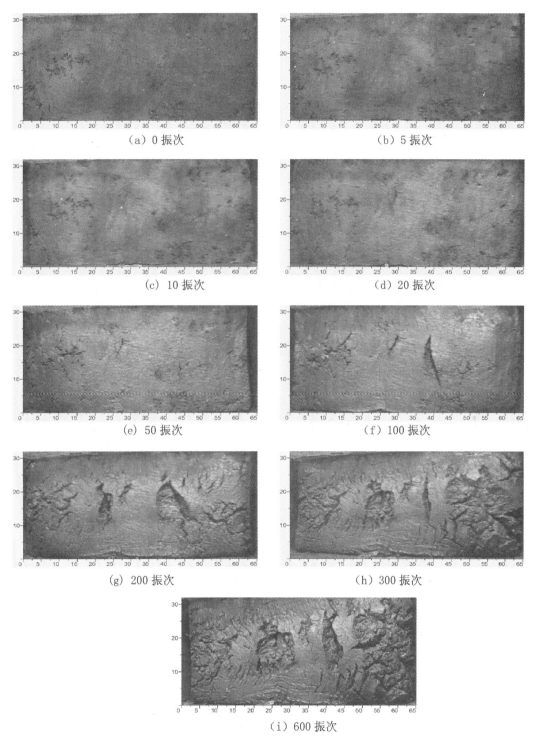

（a）0 振次　　　　　　　　　　（b）5 振次

（c）10 振次　　　　　　　　　　（d）20 振次

（e）50 振次　　　　　　　　　　（f）100 振次

（g）200 振次　　　　　　　　　　（h）300 振次

（i）600 振次

图 3.34　第 25 ♯组铁精矿流态化演化过程中的上表面宏观现象（坐标单位：cm）

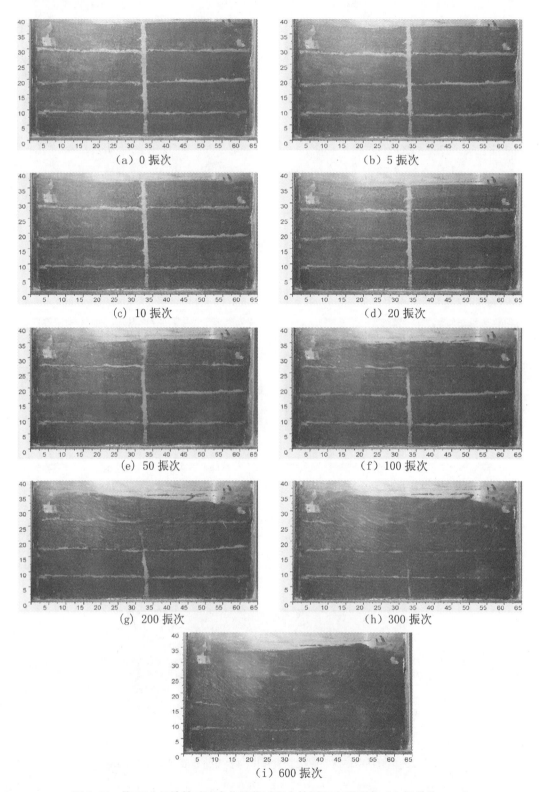

图 3.35　第 27♯组铁精矿流态化演化过程中的侧面宏观现象（坐标单位：cm）

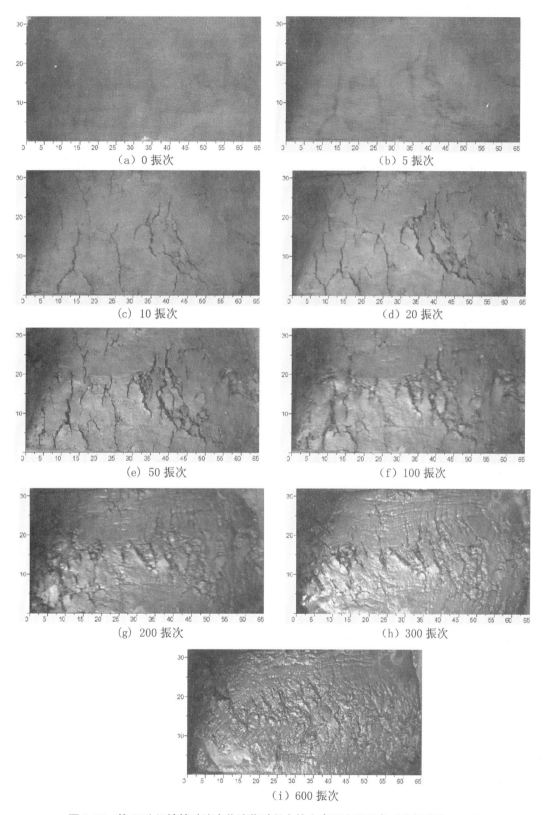

(a) 0 振次　(b) 5 振次
(c) 10 振次　(d) 20 振次
(e) 50 振次　(f) 100 振次
(g) 200 振次　(h) 300 振次
(i) 600 振次

图 3.36　第 27♯组铁精矿流态化演化过程中的上表面宏观现象（坐标单位：cm）

滑动现象。产生以上现象的原因是，对于细粒含量为5％的铁精矿，由于其渗透性好，水分可以自由的铁精矿内迁移，水液面首先在底部形成，使得底部铁精矿的饱和度增加，孔压增大，抗剪强度降低，从而使得其先从底部开始破坏，产生滑动面；而细粒含量较高的铁精矿，其渗透性降低，水分不能迅速迁移到底部，在振动荷载作用下铁精矿振密，饱和度增大，抗剪强度降低，另一方面，水分迁移困难导致在动荷载作用下孔压不能快速消散，顶部和底部孔压基本同时发展，由于顶部铁精矿由自重荷载产生的有效应力较小，因此顶部铁精矿首先破坏，产生滑动面。

由以上分析可以看出，不同细粒含量的铁精矿产生流态化现象的差异的原因主要是水分迁移规律的变化，这也进一步说明，水分迁移始终贯穿整个流态化演化过程，铁精矿流态化的形成与水分迁移密切相关。

3.3.3.2　矿体相对位移场

3.3.2.2节详细分析了细粒含量为5％的铁精矿流态化过程中的相对位移场变化，本节将详细分析细粒含量分别为25％和45％的铁精矿流态化过程中的相对位移场变化，对于细粒含量为35％的铁精矿，从上节分析可以看出，其流态化过程与变形规律与细粒含量为45％的铁精矿类似，在此便不再赘述。

1. 23♯试验中铁精矿的相对位移场变化

图3.37、图3.38和图3.39分别为第23♯组（细粒含量25％，含水率8％，加速度0.4g）试验中铁精矿的总相对位移场、X方向相对位移场和Y方向相对位移场，以下将详细阐述其流态化过程中的位移场变化。

观察以下三种相对位移场分布可以看出：在1振次的时候，铁精矿表层产生了比较明显的相对变形，从Y方向的相对位移场可以看出，此时主要发生的是竖向沉降；到150振次时，铁精矿没有产生明显的相对变形，说明此时铁精矿被振密，铁精矿仍保持相对稳定；300振次时，可以看到表层铁精矿开始出现X方向的晃动，但还没有明显的滑动面产生；700振次时，铁精矿表层已出现了明显的圆弧形滑动面，圆弧面以上铁精矿产生了较大的变形，随着振动荷载的继续作用，滑动面开始向下发展；800振次时，圆弧滑动面底部已经发展到第三层标志砂的位置，即700振次之后，铁精矿的变形和滑动开始快速的发展；1000振次时，可以看到整体铁精矿均出现了较大的相对变形，此时铁精矿开始呈现整体滑动的现象，流态化形成。

铁精矿位移场变化展现了矿体位移变化和滑动面发展过程，随着振动荷载的持续作用，铁精矿首先被振密，然后在长时间的振动作用下，表层首先出现滑动面，然后逐渐向下发展，最后形成铁精矿的整体式滑动现象，流态化现象形成。

2. 27♯试验中铁精矿的相对位移场变化

图3.40、图3.41和图3.42分别为第27♯组（细粒含量45％，含水率8％，加速度0.4g）试验中铁精矿的总相对位移场、X方向相对位移场和Y方向相对位移场，以下将详细阐述其流态化过程中的位移场变化。

观察以下三种相对位移场分布可以看出，在1振次的时候，铁精矿的变形仍主要以竖向沉降为主；到50振次时，可以看到在铁精矿表层产生滑动面，并开始向下发展，到150振次时，滑动面发展到铁精矿中部，到300振次时，滑动面发展到铁精矿底部，流态化形成，铁精矿呈整体滑动状。

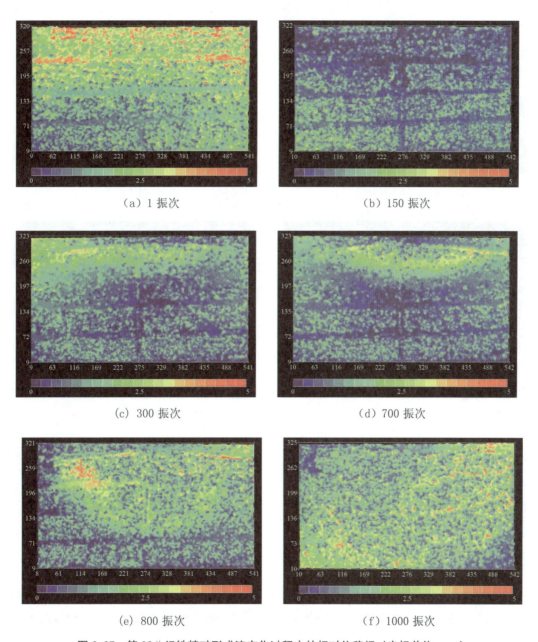

（a）1 振次　　　　　　　　　（b）150 振次

（c）300 振次　　　　　　　　（d）700 振次

（e）800 振次　　　　　　　　（f）1000 振次

图 3.37　第 23♯组铁精矿形成流态化过程中的相对位移场（坐标单位：cm）

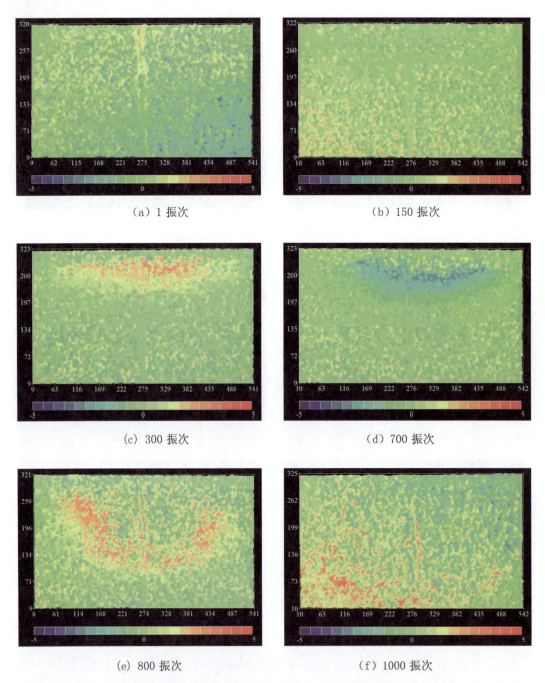

（a）1 振次

（b）150 振次

（c）300 振次

（d）700 振次

（e）800 振次

（f）1000 振次

图 3.38　第 23♯组铁精矿形成流态化过程中 X 方向的相对位移场（坐标单位：cm）

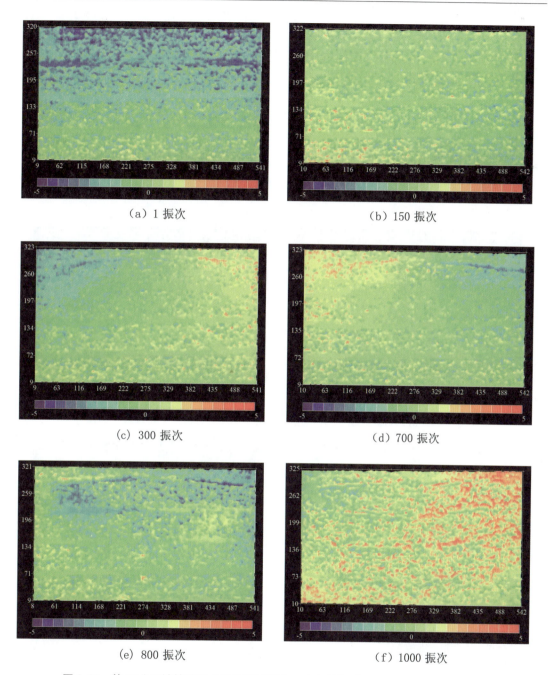

（a）1 振次　　　　　　　　　　　　　　　（b）150 振次

（c）300 振次　　　　　　　　　　　　　　（d）700 振次

（e）800 振次　　　　　　　　　　　　　　（f）1000 振次

图 3.39　第 23♯组铁精矿形成流态化过程中 Y 方向的相对位移场（坐标单位：cm）

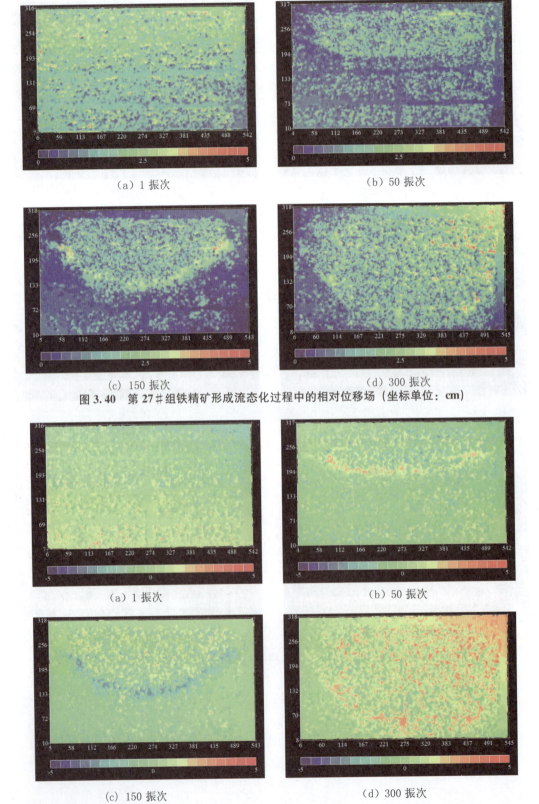

（a）1 振次　　　　　　　　　　　（b）50 振次

（c）150 振次　　　　　　　　　（d）300 振次

图 3.40　第 27♯组铁精矿形成流态化过程中的相对位移场（坐标单位：cm）

（a）1 振次　　　　　　　　　　　（b）50 振次

（c）150 振次　　　　　　　　　（d）300 振次

图 3.41　第 27♯组铁精矿形成流态化过程中 X 方向的相对位移场（坐标单位：cm）

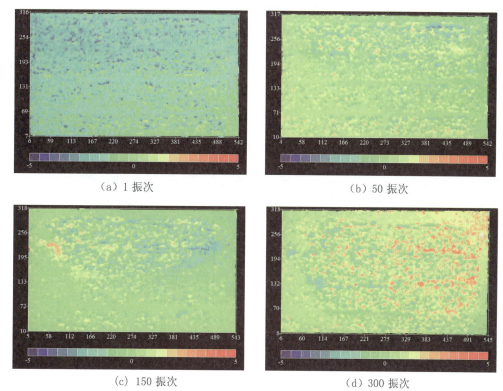

（a）1 振次　　　　　　　　　　　　　（b）50 振次

（c）150 振次　　　　　　　　　　　　（d）300 振次

图 3.42　第 27♯组铁精矿形成流态化过程中 Y 方向的相对位移场（坐标单位：cm）

　　在此过程中，铁精矿首先被振密，然后在铁精矿表面迅速出现滑动面，并快速发展到底部，形成流态化现象。

　　以上分别介绍了细粒含量为 25％和 45％的铁精矿在流态化过程中的位移场变化，结合 3.3.2.2 节描述的细粒含量为 5％的铁精矿流态化过程中位移场变化，可以发现，随着细粒含量的增加，铁精矿流态化发展模式出现了以下两点变化：首先是当细粒含量较小时，滑动面在铁精矿底部出现并向上迁移，而随着细粒含量的增加，滑动面逐渐变为从顶部出现后向下迁移；第二点差异为细粒含量较小时，流态化形成后主要以表层矿水混合物的流动为主，而细粒含量较高时，流态化形成后表现为铁精矿的整体滑移。

3.3.3.3　分层含水率规律

　　与 3.3.2.5 节相同，通过测定振动结束后铁精矿体内的分层含水率，探究不同细粒含量的铁精矿在流态化过程中水分的变化规律。图 3.43 为试验完成后第 22♯～27♯组试验中铁精矿的分层含水率沿模型高度方向的变化情况，横坐标为含水率值，纵坐标表示模型高度。

　　3.3.2.5 节讨论细粒含量为 5％的铁精矿在振动结束后的分层含水率规律，将其与图 3.43 比较，可以发现该规律对于不同细粒含量的铁精矿仍然适用。即未发生流态化的铁精矿沿模型高度方向含水率向下递增、水分向下迁移；已流态化的铁精矿体内含水率向上递增，水分向上迁移。但相对而言，当细粒含量增大时，试验结束后铁精矿分层含水率的均匀性变差，即同一层三个测点的含水率差值变大，这从侧面反映出随着细粒含量的增大，铁精矿渗透性降低，水分迁移难度增加。因此，尽管在宏观现象中没有观察到水液面的出现和迁移，但根据试验后分层含水率的规律，仍可以推测出对于不同细粒含量的铁精矿，在振动荷载作用下的水分迁移规律：首先在重力荷载的作用下，向下迁移，形成水液面后，在动荷载作用下向矿体表面迁移，但由于渗透性的降低，水分的迁移速率和均匀性变差。

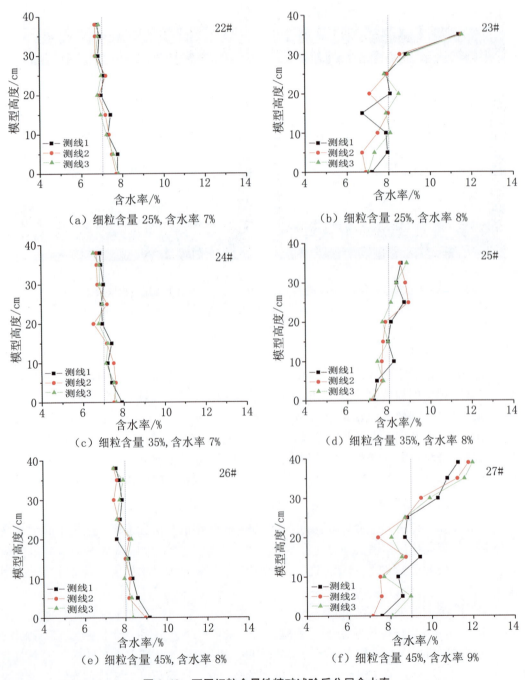

图 3.43　不同细粒含量铁精矿试验后分层含水率

3.3.3.4　孔隙水压力规律

3.3.2.5 节详细描述了细粒含量为 5% 在各种含水率和加速度条件下的孔隙水压力变化规律，本节将在此基础上比较不同细粒含量下孔隙水压力的变化规律，图 3.44 为不同细粒含量铁精矿在振动过程中孔隙水压力时程曲线，其孔压埋设位置等信息详见 3.3.2.5 节。

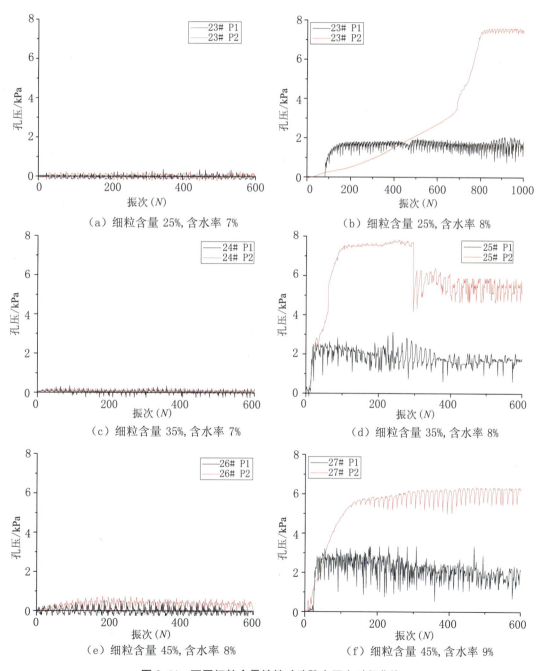

图 3.44　不同细粒含量铁精矿孔隙水压力时程曲线

观察图 3.44 可以看出，对于在振动过程中没有发生流态化的铁精矿，其孔隙水压力基本不发展。对于发生流态化的铁精矿，以下将逐一分析在振动过程中孔隙水压力的发展规律。对于细粒含量为 25％的铁精矿，其在含水率为 8％，加速度 0.4g 的情况下发生流态化，其孔隙水压力发展规律如图 3.44（b）所示，从图中可以明显看到，P1 测点的孔隙水压力在接近 100 振次时突然上升并快速稳定，说明此时水液面上升到了 P1 测点的位置，这可以在流态化宏观现象中看到，而 P2 测点的孔隙水压力发展主要分三段，首先为 0～700 振次之间，此阶段孔隙水压力以较缓慢的速度上升，第二阶段为 700～800 振次之间，此阶段孔隙水压力快速上升，第三阶段为 800 振次以后，孔隙水压力保持稳定，对比 3.3.3.1 中描述的铁精矿宏观现象可以发现，0～700 振次铁精矿较稳定，没有明显滑动面出现，而 700 振次之后，铁精矿在顶部产生滑动面并快速向下迁移，约在 800 振次时迁移到 P2 测点的位置，因此，孔压的变化是与铁精矿流态化过程中的宏观变形是相对应的；对于细粒含量为 35％的铁精矿，其在流态化过程中孔隙水压力的变化如图 3.44（d）所示，测点 P1 和 P2 的孔隙水压力均随着振动开始呈线性快速上升，测点 P1 的孔隙水压力在 20 振次左右时达到最大值，此时在宏观现象中可以观察到滑动面发展到 P1 测点位置，测点 P2 的孔隙水压力在 100 振次左右时达到最大值，此时在宏观现象中可以观察到滑动面发展到到了 P2 测点的位置，另外注意到测点 P2 的孔隙水压力在 300 振次时出现突降，这是因为铁精矿发生较大变形，带动孔压计发生移位导致的；对于细粒含量为 45％的铁精矿，其在流态化过程中孔隙水压力的变化如图 3.44（f）所示，测点 P1 和 P2 的孔隙水压力同样随着振动开始呈线性快速上升，测点 P1 的上升速度快于测点 P2，测点 P1 的孔隙水压力在 50 振次左右时达到最大值，此时在宏观现象中可以观察到滑动面发展到 P1 测点位置，测点 P2 的孔隙水压力在 200 振次左右时达到最大值，此时在宏观现象中可以观察到滑动面发展到到了 P2 测点的位置。从以上分析可以看出，孔隙水压力的发展规律和滑动面的产生发展规律相对应，孔隙水压力的变化过程代表了铁精矿流态化的形成过程。表 3.12 列出了三组试验中发生流态化的铁精矿两个测点孔压最大值与上覆矿重的比较，三组实验中，两个测点的实测孔压均略小于上覆铁精矿的压力，说明铁精矿最终发生流态化时，由于孔压的增大，铁精矿的有效应力已基本接近零，强度基本丧失。

表 3.12　实测孔压和上覆矿重比较

试验编号	测点	实测孔压最大值/kPa	测点上覆铁精矿压力值/kPa	比较
23#	测点 P1	1.8	2.84	孔压＜上覆矿重
	测点 P2	7.5	8.52	孔压＜上覆矿重
25#	测点 P1	2.2	2.6	孔压＜上覆矿重
	测点 P2	7.5	7.8	孔压＜上覆矿重
27#	测点 P1	2.5	2.6	孔压＜上覆矿重
	测点 P2	6.1	7.8	孔压＜上覆矿重

比较不同细粒含量铁精矿孔压发展速率，随着细粒含量增加，孔压发展速率增快，同时测点 P1 的发展速率加快。说明当细粒含量小时，水分可以在矿体内自由迁移，上层超孔压产生后水分可以向下迁移，从而孔压易消散，只有当下部形成水液面后，孔压形成后才不易消散，所以细粒含量低时孔压发展速率较慢，下部孔压发展速率快于上部孔压发展速率；当细粒含量增加，铁精矿渗透性较低，水分迁移难度变大，孔压形成后消散速率变

慢，从而使得孔压发展速率变快，上部孔压发展速率加快，可以看到，随着细粒含量的增加，测点 P1 和 P2 的时程曲线中的斜率逐渐接近。结合流态化宏观现象的变化，可以发现，细粒含量低时滑动面从铁精矿底部产生的主要原因是上部孔压易消散，水液面在铁精矿底部形成并向上迁移时下部孔压才首先发展，从而下部强度首先降低，滑动面在铁精矿底部形成，当细粒含量变大，上部孔压发展速率加快，在同样的发展速率下，由于上部有效应力较低，所以滑动面在铁精矿上部产生。

从以上分析可以看出，孔压的发展过程基本代表着铁精矿流态化的发展过程，孔压的升高是导致铁精矿丧失强度的直接原因，当孔压稳定后，铁精矿的流态化基本形成。

3.3.3.5　细粒含量对铁精矿流态化过程影响分析

以上四节分别从宏观现象、相对位移场、分层含水率、孔隙水压力四个方面分析了不同铁精矿流态化过程的差异，以下将在此基础上对不同细粒含量的铁精矿流态化规律进行总结分析。

对于不同细粒含量的铁精矿，室内振动台模型试验中，流态化形成的关键均是水分迁移。水分迁移规律仍表现为：在振动荷载作用下，水分首先在重力作用下向下迁移，形成水液面后，在动荷载作用下向矿体表面析出。但对于不同细粒含量的铁精矿，由于渗透性的差异，水分迁移难度不同。细粒含量较小时，水分可以在铁精矿体内自由迁移，并在流态化发生后在铁精矿表面析出大量自由水；而当细粒含量增加时，水分迁移难度增加，迁移速度变慢，流态化发生后只能在铁精矿表面析出少许自由水。同时，由于细粒含量增加影响了水分迁移过程，从而使得不同细粒含量的铁精矿流态化现象出现一定程度的差异。随着细粒含量的增加，铁精矿的流态化发展规律从滑动面在底部产生向上迁移，逐渐转变为滑动面从顶部产生向下迁移；同时，随着细粒含量的增加，铁精矿流态化形成后的变形规律逐渐从顶部矿水混合物左右晃动转变为铁精矿整体滑移状。

含水率是影响铁精矿流态化形成的关键因素。对于不同细粒含量的铁精矿，在特定加速度条件下，其含水率均存在临界值，高于该含水率时，铁精矿会发生流态化，低于该含水率时，铁精矿不会发生流态化。观察表 3.11 可以发现，对于不同细粒含量的铁精矿，通过流盘试验得出的 FMP 值恰好位于通过模型试验得出的临界区间内，即对于铁精矿，流盘试验得出的流动水分点（FMP）是相对准确的。不同细粒含量的铁精矿临界水分点不同，并且细粒含量与临界水分点并不存在单一关系，这主要是由于临界水分点受多种因素影响，因此在实际船运过程中，需通过流盘试验测定铁精矿的流动水分点。

不同细粒含量的铁精矿，在未发生流态化时孔压均未发展，发生流态化时，孔压均有明显的升高，孔压的发展过程代表着铁精矿流态化的发展过程，在发生流态化时，超孔隙水压力值略小于上覆铁精矿的压力，因此，孔压的发展是导致铁精矿流态化的直接原因。同时，随着细粒含量的增加，孔压发展速率变快。

3.3.4　铁精矿模型试验小结

利用室内振动台试验，研究了四种细粒含量的铁精矿在振动荷载作用下的流态化规律。详细研究了细粒含量为 5% 的铁精矿在不同含水率、加速度、密实度条件下的流态化演化过程，确定了流态化关键影响因素及流态化临界范围。在此基础上研究了不同细粒含量铁精矿的流态化历程，探讨了其流态化差异及其内在机理。得出以下几点主要结论：

（1）水分迁移是导致散装铁精矿流态化形成的关键。在振动过程中，水分首先在重力作用下向下迁移，形成水液面后，在动荷载作用下向矿体表面迁移。但对于不同细粒含量的铁精矿，由于渗透性的差异，其水分迁移速率和均匀性存在差异。

（2）散装铁精矿流态化形成演化历程为：动荷载使铁精矿体积被压缩，孔隙体积减少，孔隙间水分被挤出，矿体饱和度增大；同时伴随滑动面的出现和发展，细粒含量较小时，滑动面在矿粉底部出现并向上迁移；细粒含量较大时，滑动面在矿粉顶部出现并向下迁移。

（3）含水率是影响铁精矿流态化形成的关键因素，不同细粒含量的铁精矿在特定加速度条件下均存在含水率临界值，高于该含水率时，铁精矿会发生流态化，低于该含水率时，铁精矿不会发生流态化。并且对不同细粒含量的铁精矿，流盘试验测得的流动水分点（FMP）均位于模型试验中 $0.4g$ 加速度条件下得出含水率临界区间内。

（4）孔隙水压力的发展是导致铁精矿流态化的直接原因。铁精矿未发生流态化时，其孔隙水压力基本未发展；当铁精矿发生流态化时，其孔隙水压力的发展伴随着铁精矿流态化的形成，其孔隙水压力的最大值略小于铁精矿上覆矿压力。

3.4 氟石模型试验

3.4.1 试验设计

3.3 节通过模型试验，详细研究了铁精矿的流态化机理，本节在此基础上，通过进行 9 组氟石的模型试验，来研究氟石的流态化机理。

3.4.1.1 模型相似比

详见 3.3.1.1

3.4.1.2 试验材料

关于氟石流态化模型试验共涉及三种级配的氟石，其细粒含量（指粒径小于 0.075 mm 颗粒占总量的比例）分别为 40%、55%、65%，为方便起见，将三种细粒含量的氟石依次编号为 FS40、FS55、FS65。本次试验所用氟石均由上海出入境检验检疫局提供，取自上海罗泾码头自由堆场。三种氟石的颗粒级配曲线见图 3.45，其基本物理力学性质见表 3.13。

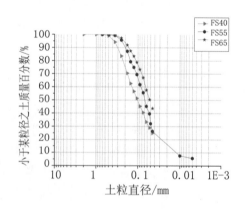

图 3.45　氟石颗粒级配

表 3.13　氟石基本性质

矿重	FS40	FS55	FS65
土类	粉砂	砂质粉土	砂质粉土
比重 Gs	3.1848	3.1623	3.205
设计干密度	1.89	1.89	1.89
孔隙比	0.68	0.67	0.69
FMP/%	8.77	8.56	10.46
TML/%	7.89	7.7	9.42

3.4.1.3　试验参量

1. 初始含水率

通过第二章氟石动三轴试验可知，氟石的动强度随含水率的递增而降低，参考铁精矿模型试验的结果，准备以流盘试验测出的 FMP 作为控制含水率，但经预实验发现，对于氟石而言，流盘试验测出的 FMP 偏小，因此在试验过程中，含水率以流盘试验测出的 FMP 为基础，在此基础上增加。具体如：对于 FS40（细粒含量为 40%），试验中初始含水率取 9%、10%、11%；对于 FS55（细粒含量为 55%），试验中初始含水率取 9%、10%、11%；对于 FS65，试验中初始含水率取 11%、12%。

2. 加速度

参考 3.3 中关于铁精矿的模型试验，加速度是铁精矿流态化的影响因素之一，但并非关键影响因素。从表 3.5 中可知，实测船运过程中的加速度最大为 $0.42g$，并且对于铁精矿在 $0.4g$ 加速度条件下得出的流态化临界范围与流盘试验测出的 FMP 值相吻合，因此，在氟石模型试验中，控制加速度为 $0.4g$。

3. 相对密实度

通过铁精矿模型试验研究发现，相对密实度只能延长铁精矿流态化演化历程，但并不能阻止流态化的发生，因此在氟石模型试验过程中，并不控制相对密实度。同时为了使试验条件与实际船运过程更接近，在试验中控制氟石的干密度与实际船运 5m 深处氟石干密度相同。

4. 频率

本试验考虑模型相似比例，按较不利情况取值，设计室内振动台试验的振动频率为 1 Hz，与氟石动三轴试验振动频率保持一致。

3.4.1.4　试验内容

利用可视化室内小型振动台，进行在缩尺条件下散装氟石受水平动荷载作用流态化形成的室内模型试验。主要试验内容如下：

（1）在缩尺条件下进行不同含水率下的散装氟石流态化形成的室内振动台模型试验，确定不同细粒含量氟石的流态化临界范围；（2）通过分析孔隙水压力发展规律和试验前后分层含水率分布，研究散装氟石在缩尺条件下流态化形成的演化历程和水分迁移规律；（3）通过对不同细粒含量的氟石进行模型试验，比较不同细粒含量的氟石流态化过程的差异，探讨细粒含量对氟石流态化过程的影响。

氟石流态化模型试验共包括 9 组，具体试验方案如表 3.14 所示。

表 3.14　氟石模型试验方案

试验编号	细粒含量	含水率	加速度	FMP	是否流态化
28#	40%	9%	$0.4g$	8.77	否
29#	40%	10%	$0.4g$	8.77	否
30#	40%	11%	$0.4g$	8.77	是
31#	40%	11%	$0.5g$	8.77	是
32#	55%	9%	$0.4g$	8.56	否
33#	55%	10%	$0.4g$	8.56	否

试验编号	细粒含量	含水率	加速度	FMP	是否流态化
34＃	55％	11％	$0.5g$	8.56	是
35＃	65％	11％	$0.4g$	10.46	否
36＃	65％	12％	$0.5g$	10.46	是

3.4.1.5　试验过程

氟石模型试验试验过程和铁精矿模型试验试验过程相似，在此便不再赘述，详见3.3.1.5。

3.4.2　氟石流态化机理研究

本节主要分析28＃～31＃组试验，通过细粒含量为40％的氟石的流态化过程，研究其在流态化过程中宏观现象、分层含水率、孔隙水压力的变化，探究氟石流态化的机理，确定其流态化临界范围。

3.4.2.1　流态化宏观现象

表3.13给出了氟石模型试验中各组试验的试验结果，可以看到，在细粒含量为40％时，含水率为11％的两组试验均发生了流态化，通过比较发现两组试验的流态化过程类似，本节将详细阐述第31＃试验（含水率11％、加速度$0.5g$）中氟石在不同振次时侧壁和顶面的宏观现象，见图3.46和图3.47所示，图中坐标单位为cm。

与铁精矿相比，氟石并未经历初始振密阶段，而是随着振动开始，表层氟石就开始左右晃动，大约到10振次时，氟石表层已开始出现滑动面并逐步向下发展；到50振次时，滑动面迁移到铁精矿中部，标志砂开始出现明显的变形；到100振次时，滑动面迁移到氟石底部，底层标志砂开始变形；到300振次时，氟石矿体已完全破坏，标志砂出现严重的移位和扭曲，铁精矿流态化发生；到600振次试验结束时，氟石表层出现了大约3cm的沉降。而在氟石流态化过程中，其顶面现象表现为：随着振动荷载的作用，氟石表层首先在左右两个角部形成八字形裂缝并逐渐向中部发展，说明在氟石流态化变形过程中产生了较大的拉应力；到300振次流态化现象形成后，可以看到氟石表层布满裂纹，最大裂纹宽度达到5cm；此后在振动荷载的作用下，裂纹逐渐瘫软但并不消失，到600振次振动结束时，仍能看到氟石表面布满裂纹。另外，在整个振动过程中，氟石表面没有水分析出，试验结束后可以观察到氟石表面出现一层膜状物（如图3.48所示），阻止了水分的析出。

将氟石流态化现象与铁精矿比较发现，其与细粒含量为35％和45％的铁精矿的流态化现象相似，均是滑动面从顶部产生并逐渐向下迁移，最终形成矿粉整体滑移的流态化现象。

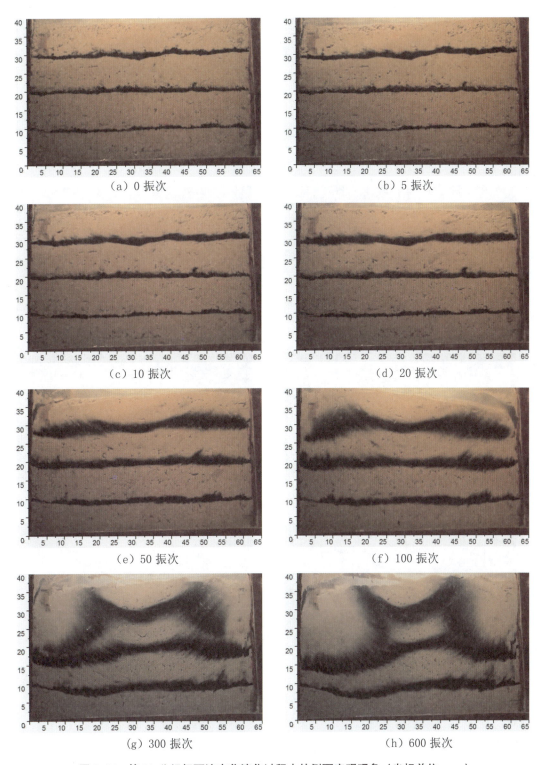

（a）0 振次

（b）5 振次

（c）10 振次

（d）20 振次

（e）50 振次

（f）100 振次

（g）300 振次

（h）600 振次

图 3.46　第 31 ♯组氟石流态化演化过程中的侧面宏观现象（坐标单位：cm）

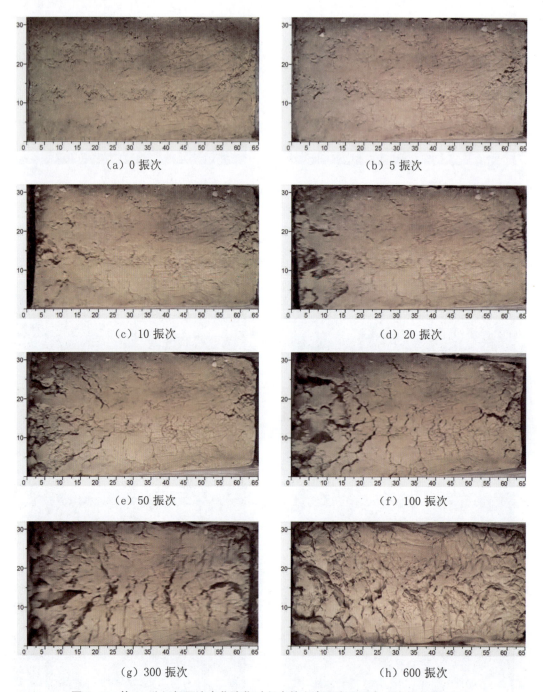

（a）0 振次 　　　　　　　　　　（b）5 振次

（c）10 振次 　　　　　　　　　　（d）20 振次

（e）50 振次 　　　　　　　　　　（f）100 振次

（g）300 振次 　　　　　　　　　　（h）600 振次

图 3.47　第 31 ♯组氟石流态化演化过程中的上表面宏观现象（坐标单位：cm）

图 3.48　氟石试验结束后表面局部放大图

3.4.2.2　矿体相对位移场

图 3.49 为第 31♯组试验（含水率 11％，加速度 0.5g）中氟石在不同振次时矿体位移场的分布情况。此处位移场仍是指氟石在前一振次结束时与该振次开始时相比的相对位移场。

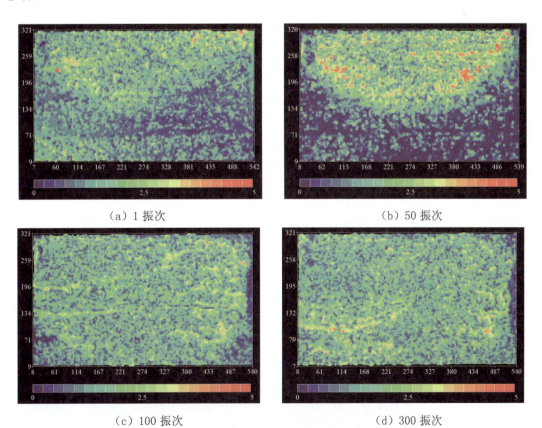

（a）1 振次　　　　　　　　　　　　　（b）50 振次

（c）100 振次　　　　　　　　　　　　（d）300 振次

图 3.49　第 31♯组铁精矿形成流态化过程中的相对位移场（坐标单位：cm）

从图中可以看出，在 1 振次时（如图 3.49（a））所示，氟石浅层以出现晃动，虽未有完整滑动面出现，但变形区域接近圆弧形，且变形区域面积较大；到 50 振次时，可以看到在氟石中部有完整滑动出现，且随着振动荷载的作用，逐渐向下发展；到 100 振次时，可以看到滑动面已迁移到氟石底部，只有左下角和右下角很小的区域内没有变形；随着振动荷载的继续作用，到 300 振次时，氟石仍保持为整体变形的状态，分析区内的氟石均发生变形，即氟石产生整体滑移状变形，流态化发生。

将氟石流态化相对位移场和细粒含量为 45％的铁精矿相比，可以发现其流态化发展过程基本一致，即尽管矿种不同，但细粒含量相近的精粉矿流态化过程仍保持相似性，说明细粒含量是影响精粉矿流态化的重要因素之一。

3.4.2.3 分层含水率规律

同铁精矿一样，在试验结束后测定氟石体内的分层含水率，探究氟石在振动过程中产生的水分迁移规律。图 3.50 为试验完成后 28♯～31♯ 试验中氟石的分层含水率沿模型高度方向的变化情况。

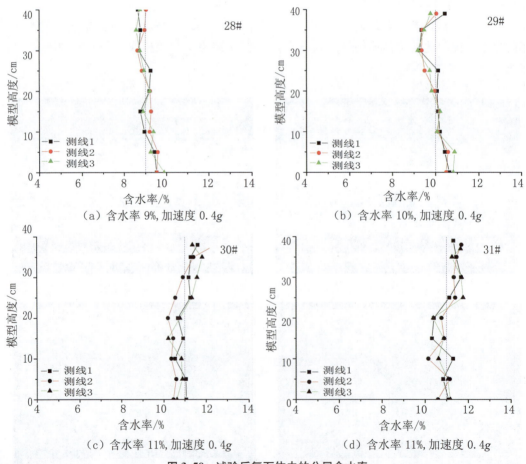

（a）含水率 9%，加速度 0.4g　　　　（b）含水率 10%，加速度 0.4g

（c）含水率 11%，加速度 0.4g　　　　（d）含水率 11%，加速度 0.4g

图 3.50　试验后氟石体内的分层含水率

从图 3.50 可以看出，试验完成后氟石矿体内的含水率分布发生变化，水分发生迁移。对于试验过程中未发生流态化的氟石，下部含水率明显高于上部含水率；对于试验过程中发生流态化的氟石，上部含水率明显高于下部含水率。与铁精矿模型试验相联系，可以发现氟石流态化过程中的水分迁移规律与之相似，表现为：振动开始后，水分首先在重力荷载的作用下，向下迁移，形成水液面后，在动荷载作用下向矿体表面迁移。但由于氟石的渗透性小，水分迁移难度大，表现在分层含水率上为不同测点的含水率离散型变大，上下层含水率差异变小，尤其对于发生流态化的氟石（如图 3.50 所示），可以看到其含水率离散型很大，部分下层测点的含水率甚至高于上层测点。

3.4.2.4　孔隙水压力规律

同铁精矿模型试验相似，在氟石模型试验中，同样测定了两个测点的孔隙水压力随振动荷载的变化情况，如图 3.51 所示。关于孔隙水压力测点布置等情况详见 3.3.2.4。

当含水率为 9% 时，孔压几乎没有发展（见图 3.51（a））；当含水率为 10% 时，测点 P1 孔压几乎没有发展，测点 P2 的孔压在试验开始阶段有小幅上升，最终达到稳定值 1 kPa 左右，远小于上覆氟石压力（见图 3.51（b））；当含水率为 11% 时，加速度 0.4g 和 0.5g 两种条件下的孔压发展规律基本一致，测点 P1 和 P2 的孔压均在试验开始后快速上升，并达到稳定值，测点 P1 的孔压最大值为 2 kPa，略小于上覆氟石压力，为 2.13 kPa，测点 P2 的孔压最大值为 6 kPa，略小于其上覆氟石压力，为 6.39 kPa。当氟石发生流态化时，由于孔隙水压力略小于上覆氟石压力，说明此时氟石有效应力接近于零，氟石强度基本丧失。因此，孔隙水压力的发展是导致氟石流态化的直接原因，孔压的发展过程基本代表着氟石流态化的发展过程。

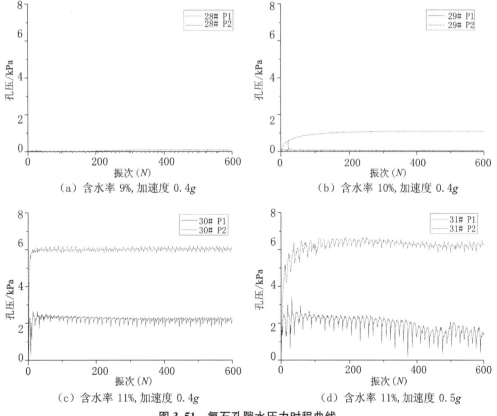

（a）含水率 9%, 加速度 0.4g　　　　　（b）含水率 10%, 加速度 0.4g

（c）含水率 11%, 加速度 0.4g　　　　　（d）含水率 11%, 加速度 0.5g

图 3.51　氟石孔隙水压力时程曲线

3.4.3 不同细粒含量氟石流态化过程研究

本章 3.4.2 节讨论了细粒含量为 45％的氟石流态化历程，研究了其在流态化过程中宏观现象、相对位移场、分层含水率、孔隙水压力四个方面的规律，从而对氟石的流态化过程和机理有了初步的认识。在此基础上，本节将讨论 32♯～36♯试验，研究不同细粒含量的氟石流态化过程，表 3.14 给出了各组试验的试验结果。

初步比较发现，细粒含量为 55％和 65％的氟石流态化过程中宏观现象的发展过程以及相对位移场均与细粒含量为 45％的氟石类似，在此便不再赘述，本节主要比较分层含水率和孔隙水压力的变化。

3.4.3.1 分层含水率规律

本节将分析不同细粒含量的氟石试验后的分层含水率规律，进而分析细粒含量的变化导致的氟石水分迁移规律的变化。图 3.52 为不同细粒含量含量的氟石在不同含水率条件下模型试验结束后的分层含水率。

当细粒含量为 55％时，在含水率为 9％时（见图 3.52（a）），氟石未发生流态化，可以看到试验结束后上下层含水率均匀分布，并无明显的水分迁移现象；当含水率为 10％时（见图 3.52（b）），氟石未发生流态化，试验结束后上层含水率小于下层含水率，说明在振动过程中水分向下迁移；当含水率为 11％时（见图 3.52（c）），氟石发生了流态化，试验结束后氟石顶部含水率高，底部含水率低，但可以看到其含水率离散型很大，同一层不同测点的含水率差值甚至可以达到 1％。当细粒含量为 65％时，在含水率为 11％时（见图 3.52（d）），氟石没有发生流态化，含水率仍表现为上层含水率低，下部含水率高；当含水率为 12％时（见图 3.52（e）），氟石发生了流态化，试验结束后氟石体内的分层含水率离散型很大，但没有明显的上下分层现象。

以上分析了细粒含量为 55％和 65％的氟石在不同含水率时，试验结束后的分层含水率规律，结合 3.4.2.3 对细粒含量为 40％的氟石分层含水率的规律分析，可以发现对于不同细粒含量的氟石：当未发生流态化时，试验结束后均表现为下部含水率高，上部上部含水率低，说明此时由于氟石未发生破坏，水分在重力荷载作用下可以在氟石体内均匀下渗；当发生流态化时，试验结束后含水率离散型较大，说明由于氟石的破坏，水分不能再均匀的氟石体内迁移，只能沿着流态化发生后产生的滑动面等薄弱带迁移，从而造成了含水率的不均匀，同时，随着细粒含量的增加，试验结束后上层含水率分布逐渐由上部含水率高于下部含水率向不均匀随机分布转变。

3.4.3.2 孔隙水压力规律

3.3.2.5 节详细描述了细粒含量为 40％在各种含水率和加速度条件下的孔隙水压力变化规律，本节将对首先介绍细粒含量为 55％和 65％的氟石在不同含水率条件下孔隙水压力的变化，然后通过三种细粒含量氟石孔隙水压力的比较，分析其内在规律。孔压埋设位置等信息详见 3.3.2.5 节。

图 3.53 为细粒含量为 55％和 65％的氟石在不同含水率条件下孔压的时程曲线。对于细粒含量为 55％的氟石：在含水率为 9％和 10％的条件下，未发生流态化，孔压基本没有发展（见图 3.53（a）～（b））；当含水率为 11％时，可以看到测点 P1 和 P2 的孔隙水压力在试验开始后迅速上升到最大值后保持稳定，测点 P1 的最大值为 2.1 kPa，略小于上覆

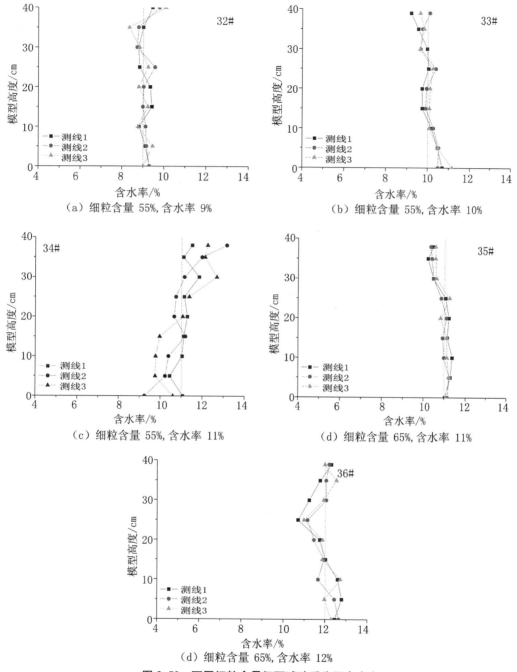

（a）细粒含量 55%,含水率 9%

（b）细粒含量 55%,含水率 10%

（c）细粒含量 55%,含水率 11%

（d）细粒含量 65%,含水率 11%

（d）细粒含量 65%,含水率 12%

图 3.52　不同细粒含量氟石试验后分层含水率

氟石的压力 2.13 kPa，测点 P2 的最大值为 6 kPa，略小于上覆氟石的压力 6.39 kPa（见图 3.53 (c)）。对于细粒含量为 65% 的氟石，在含水率为 11% 时，未发生流态化，孔隙水压力基本未发展（见图 3.53 (d)）；当含水率 12% 时，测点 P1 孔压在 150 振次时开始上升，到 250 振次时达到最大值 1 kPa，测点 P2 的孔压在试验开始后即分段缓慢上升，到 800 振次时上升到最大值 3.5 kPa（见图 3.53 (e)）。

3.3.3.4中解释了随着细粒含量的增加，孔压水压力发展速率加快的原因，基于同样的原因，可以发现对于氟石，其两个测点孔隙水压力均在振动开始后短时间内快速达到最大值，说明对于氟石而言，由于其渗透性很小，孔压产生后很难消散。

以上对孔隙水压力的分析可以看出，对于不发生流态化的氟石，孔压基本不发展；而当发生流态化时，对于细粒含量为45%和55%的氟石，孔压迅速上升到最大值，最大值略小于上覆氟石压力，对于细粒含量65%的氟石，孔压发展缓慢，并且最大值等于上覆氟石压力的一半。因此，孔压升高是氟石强度降低的直接原因。

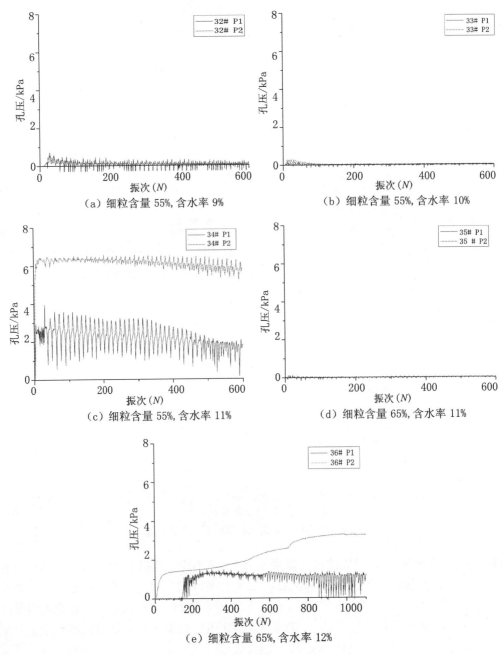

图 3.53　不同细粒含量氟石孔隙水压力时程曲线

3.4.3.3　细粒含量对氟石流态化过程影响分析

不同细粒含量的氟石，流态化宏观现象和相对位移场变化过程类似，都表现为滑动面从氟石表层产生并向下迁移，最终流态化后表现为氟石整体滑移状。以上两节分析了不同细粒含量氟石在分层含水率、孔隙水压力两方面的差异，以下将在此基础上对不同细粒含量的氟石流态化规律进行总结分析。对于不同细粒含量的氟石，室内振动台模型试验中，流态化形成的关键仍是水分迁移。水分迁移规律仍表现为：在振动荷载作用下，水分首先在重力作用下向下迁移，形成水液面后，在动荷载作用下向上迁移。当含水率较小，氟石未发生流态化时，水分迁移表现为随着振动荷载的作用均匀向下迁移，当含水率较大发生流态化时，由于细粒含量增加导致氟石渗透性降低，水分在氟石体内迁移难度变大，水分主要沿着氟石破坏后形成的滑动面等薄弱面迁移。随着细粒含量的增加，分层含水率由有规律均匀变化向无规律随机变化转变。

含水率仍是影响氟石流态化形成的关键因素。对于不同细粒含量的氟石，在特定加速度条件下，其含水率均存在临界值，高于该水率时，氟石会发生流态化，低于该含水率时，氟石不会发生流态化。同时，观察表 3.14 可以发现，对于不同细粒含量的氟石，通过流盘试验得出的 FMP 值小于通过模型试验得出的临界区间下限。即对于氟石而言，流盘试验测出的 FMP 是偏安全的。

不同细粒含量的氟石，在未发生流态化时孔压均未发展，当发生流态化时，孔压均发生了明显的升高，孔压的发展过程代表着氟石流态化的发展过程，在发生流态化时，超空隙水压力值略小于上覆铁精矿的压力，因此，孔压的发展是导致氟石流态化的直接原因。

3.4.4　氟石模型试验小节

利用室内振动台试验，研究了三种细粒含量的氟石在振动荷载作用下的流态化规律，确定了不同细粒含量的氟石流态化临界范围。在此基础上探讨了不同细粒含量氟石流态化差异及其内在机理。得出以下几点主要结论：

（1）水分迁移是导致氟石流态化形成的关键。在振动过程中，水分首先在重力作用下向下迁移，形成水液面后，在动荷载作用下向矿体表面迁移。但由于细粒含量高时渗透性降低，水分迁移难度变大，形成水液面后水分不再呈现均匀向上迁移的现象，而是表现为沿着氟石破坏后的滑动面等薄弱面呈不规则状迁移。

（2）散装氟石流态化形成演化历程为：动荷载使氟石体积压缩，孔隙体积减少，孔隙间水分被挤出，矿体饱和度增大；同时，动荷载作用使氟石体内孔压迅速升高，氟石强度降低，氟石表层首先出现滑动面，并随着振动作用逐渐向下迁移。

（3）含水率是影响氟石流态化形成的关键因素，不同细粒含量的氟石在特定加速度条件下均存在含水率临界值，高于该水率时，氟石会发生流态化，低于该含水率时，氟石不会发生流态化。并且对不同细粒含量的氟石，流盘试验测得的流动水分点（FMP）均小于模型试验得出的氟石流态化临界范围下限，流盘试验对于氟石而言是偏安全的。

（4）孔隙水压力的发展是导致铁精矿流态化的直接原因。氟石未发生流态化时，其孔隙水压力基本未发展；当氟石发生流态化时，其孔隙水压力在振动开始后快速上升到最大值，其最大值略小于上覆氟石压力。

3.5 镍矿模型试验

3.5.1 试验设计

3.5.1.1 模型相似比

详见 3.3.1.1。

3.5.1.2 试验材料

对于铁精矿和氟石，分别研究了不同细粒含量时其流态化机理，但由于镍矿颗粒较细，很难制备不同细粒含量的镍矿，因此本节只研究特定级配的镍矿，试验所使用的红土镍矿与动三轴试验所用镍矿为同一材料，由上海船舶运输科学研究所提供。镍矿的物理性质指标见表 3.15。

表 3.15　镍矿基本物理性质指标

塑限 W_P/%	液限 W_L/%	塑性指数 I_p	重度/kN·m^{-3}	干重度/kN·m^{-3}	土粒比重
45.01	60.02	15.01	16.0	13.2	2.75

考虑到实际装运的镍矿复杂成分，在试验时，将镍矿过 5mm 筛除去石头等块状货物成分，如此测试的结果更接近于判定实际装运的镍矿是否适合安全运输的标准。试验用镍矿的颗粒级配曲线见图 3.54，属于粉质黏土范畴。

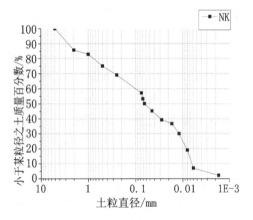

图 3.54　试验用镍矿的颗粒级配曲线

3.5.1.3 试验参量

通过前述铁精矿和氟石试验研究，可以看出影响影响精矿粉流态化的主要因素为含水率和加速度，因此在镍矿模型试验中，主要以加速度和含水率为控制因素，镍矿含水量分别取 30%、33%、35%、36%、37%，试验中控制最大加速度为 0.4g。

3.5.1.4 试验内容

利用可视化室内小型振动台，进行在缩尺条件下散装镍矿受水平动荷载作用流态化形成的室内模型试验。主要试验内容如下：

（1）在缩尺条件下进行不同含水率下的散装镍矿流态化形成的室内振动台模型试验，确定其流态化临界范围；

（2）通过分析孔隙水压力发展规律和试验前后分层含水率分布，研究散装镍矿在缩尺条件下流态化形成的演化历程和水分迁移规律。

镍矿流态化模型试验共包括 8 组，具体试验方案如表 3.16 所示。

表 3.16　镍矿模型试验方案

试验编号	含水量	加速度	是否流态化	备注
37#	30%	0.4g	否	出现大裂缝
38#	33%	0.3g	否	出现大裂缝
39#	33%	0.4g	是	成泥浆状

（续表）

试验编号	含水量	加速度	是否流态化	备注
40#	35%	0.2g	否	出现裂缝
41#	35%	0.3g	是	成泥浆状
42#	36%	0.2g	否	出现裂缝
43#	36%	0.3g	是	完全流态化
44#	37%	0.1g	是	完全流态化

3.5.1.5　试验过程

镍矿模型试验过程和铁精矿模型试验过程相似，在此便不再赘述，详见 3.3.1.5。

3.5.2　镍矿流态化机理研究

第 37#～44# 试验中共有 4 组试验产生流态化现象。当含水量为 30% 时，镍矿没有发生流态化；含水量为 33% 在加速度为 0.4g 时才发生流态化；含水量为 35%、36% 的镍矿在加速度大于等于 0.3g 时均发生流态化；而含水量为 37% 的镍矿在加速度为 0.1g 时即发生流态化。

3.5.2.1　镍矿流态化分类

根据试验后镍矿流态化的状态，可分为成泥浆状镍矿和完全流态化镍矿。

成泥浆状镍矿，如图 3.55（a）所示，在试验 39#、41# 试验后，镍矿发生了部分流态化，泥浆从表面裂缝中渗出，形成了密度不均匀的混合物。

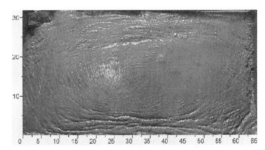

（a）成泥浆状镍矿　　　　　　　　　　　（b）完全流态化镍矿

图 3.55　镍矿流态化的状态

完全流态化镍矿，如图 3.55（b）所示，在试验 43#、44# 试验后，镍矿发生完全流态化，上层镍矿变成了粘性的流体。

3.5.2.2　流态化宏观现象

根据模型侧面和上表面记录到的不同时刻的试验现象，来研究镍矿发生流态化的过程。

（1）模型侧面现象

图 3.56 是 43# 试验镍矿流态化过程正视图。从图 3.56 可以看出：振动荷载作用下，首先出现了竖向裂缝（见 3.56（b）），随着振次的增大，出现更多的竖向裂缝，并出现一条水平大裂缝（见 3.56（c）），水平裂缝上部的镍矿发生明显的往复的运动，下部的镍矿成泥浆状，最终在 600 振次左右时，镍矿完全流态化，泥浆成波浪状运动（见 3.56（d））。并且可以发现流态化过程中，矿体较初始状态密实，体积变小。

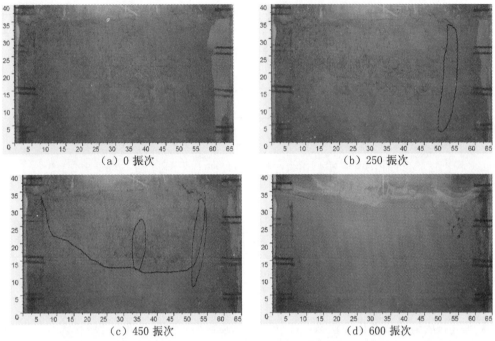

（a）0 振次　　　　　　　　　　　（b）250 振次

（c）450 振次　　　　　　　　　　（d）600 振次

图 3.56　第 43♯镍矿流态化演化过程中的侧面宏观现象（坐标单位：cm）

（2）模型上表面现象

图 3.57 是 43♯试验镍矿流态化过程俯视图。从图 3.57 可以看出：在 250 振次时，矿粉上表面没有发生明显变化；在 450 振次时，上表面出现裂缝，中部矿体有明显的竖向位移，并从裂缝中渗出少量泥浆（见 3.57（c））；裂缝和泥浆随振次增大而增多，最终泥浆成波浪状运动（见 3.57（d）），镍矿完全流态化。

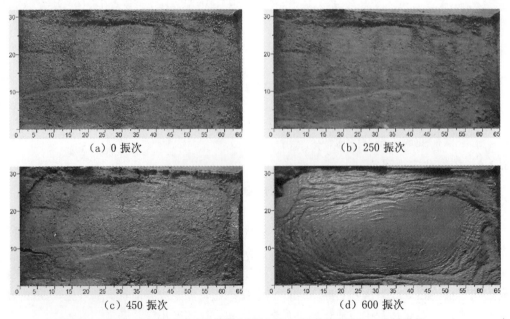

（a）0 振次　　　　　　　　　　　（b）250 振次

（c）450 振次　　　　　　　　　　（d）600 振次

图 3.57　第 43♯组镍矿流态化演化过程中的上表面宏观现象（坐标单位：cm）

　　结合模型侧面和上表面的试验现象，可知下部镍矿先发生流态化，流态化范围逐渐向上部发展，最终镍矿完全流态化。

3.5.2.3　分层含水率规律

　　图 3.58（a）～（e）分别是试验 37♯、39♯、41♯、43♯、44♯振动停止后的不同位置处的含水量沿模型高度方向的变化情况。横坐标为含水量值，纵坐标表示测点位置离上表面的距离。图 3.58（f）为实际航运中，货船进港后从船舱不同位置处取样测得的镍矿含水量。

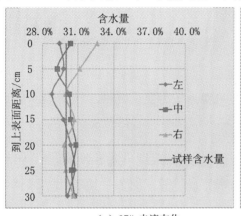

（a）37# 未流态化

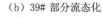

（b）39# 部分流态化

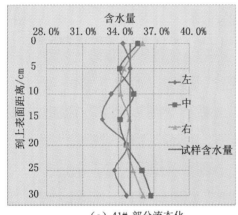

（c）41# 部分流态化

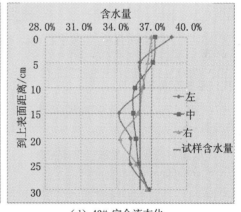

（d）43# 完全流态化

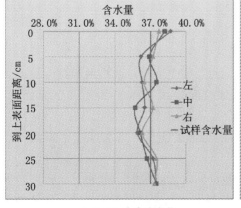

（e）44# 完全流态化

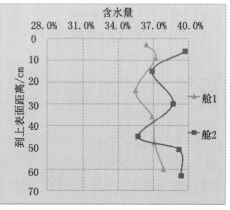

（f）实际船舱（完全流态化）

图 3.58　试验后镍矿体内分层含水率

从图 3.58 中可以看出，动荷载作用后，模型试验与实际运输的含水量随深度变化曲线相似，说明本试验能很好地模拟实际中镍矿流态化的过程。比较图 3.58（a）～（e）可以发现，试验 37♯组镍矿未发生流态化，不同位置处镍矿含水量与试样含水量相差不大；试验 39♯和 41♯组镍矿发生部分流态化，含水量在上表面和模型底部含水量超过试样含水量，中间部分总体上含水量低于试样含水量；43♯和 44♯组镍矿发生完全流态化，规律与未完全流态化试验的曲线相似，只是在上表面处镍矿的含水量更高，超过镍矿的液限。结合镍矿流态化的宏观现象，可知在动力荷载作用下，镍矿中水分发生了迁移，开始时，镍矿水分向下迁移；由于模型底密封性较好，当下部孔压达到较大值后，最终水分向上迁移，导致出现上表面和模型底部的镍矿含水量较高的现象。

3.5.2.4 孔隙水压力规律

图 3.59 是镍矿模型试验中测点 P1 和 P2 的孔隙水压力变化曲线。当含水量 30%加速度 0.4g 时，见图 3.59（a），P2 处初始孔压增长较 P1 处快，当约在 600 振次时，P2 处孔压会发生突降，这是由于在动荷载作用下，下部镍矿先发生流态化，矿体在较大的孔压作用下，内部出现裂缝，P2 处自由水沿裂缝向其他位置渗透，孔压发生消散。P1 处孔隙水压力仍继续增长，最终两处孔压将分别趋向于稳定值，镍矿未发生流态化。试验 38♯、40♯、42♯等的孔压规律与试验 37♯相似，试验 38♯中 P2 处孔压未发生突降，是由于加速度较小，而试样含水量较低抗剪强度较高，矿体内部未发生裂缝。对于发生流态化的试验，在一定振动周次后 P2 处孔隙水压力开始逐渐减小（试验 43♯在 250 振次），P1 处孔压持续增大，当上部镍矿发生流态化后（试验 43♯在 600 次左右），P1 孔隙水压力也略有减小。

3.5.2.5 影响因素分析

表 3.16 可以看出含水量和加速度均对镍矿流态化有一定影响，下面将分别讨论这两种因素对镍矿发生流态化的影响程度。

（1）含水量对镍矿流态化特性的影响

从表 3.16 可知，当加速度为 0.3g 时，含水量低于 33%的镍矿难以发生流态化，而含水量分别为 35%和 36%的镍矿发生了部分和完全流态化。另外对于含水量为 37%的镍矿，在加速度为只有 0.1g 时就发生了完全流态化。由此可以看出，含水量对镍矿流态化特性的影响至关重要，而且当含水量低于某一临界值时，将难以发生流态化现象。

（2）加速度对镍矿流态化特性的影响

从表 3.16 可知，无论镍矿含水量高还是低，都存在一个加速度临界值，当加速度大于此值时，镍矿在一定振动周次后发生流态化，而小于此值时，试样很难发生流态化。含水量为 33%时，在 0.3g 时未发生流态化，当加速度为 0.4g 时，镍矿流态化部分流态化；含水量为 35%、36%时，在加速度 0.2g 作用下，镍矿未发生流态化，在 0.3g 发生流态化。这说明镍矿发生流态化过程中需要外界提供足够的能量，当加速度小于某一临界值时，加速度几乎对红土镍矿流态化特性无影响。

根据上海船舶运输科学研究所提供的实测数据，均匀装载时，舱底、矿砂重心处横向加速度在 0.15g～0.37g 之间。在加速度为 0.3g 时，实测镍矿模型箱底部、重心处最大加速度为 0.38g，故可取 35%作为该镍矿的界限含水量，适运含水量可取为 31.5%，考虑到

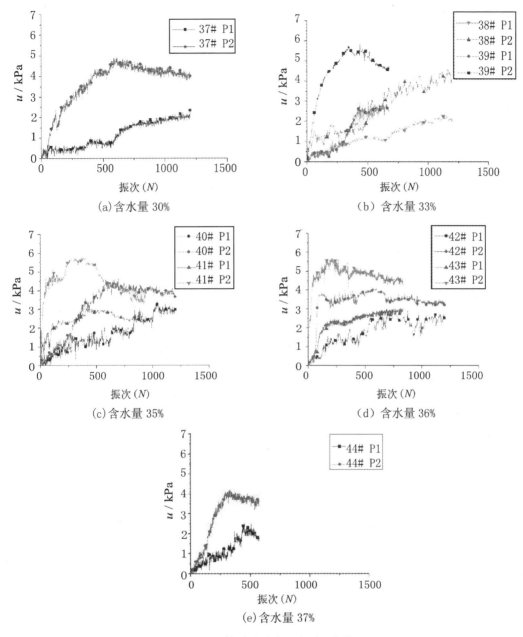

图 3.59　镍矿孔隙水压力时程曲线

实际船运过程中镍矿所受荷载的复杂性，建议在实际运输中，应控制该红土镍矿的含水量低于 31.0%。

3.5.3 镍矿模型试验小节

　　本节通过振动台模型试验，研究了特定级配的海运红土镍矿在动荷载作用下流态化的演化过程，分析了含水量、加速度对镍矿流态化特性的影响，提出该镍矿适运含水量的建议值。得到以下结论：

（1）镍矿发生流态化现象的主要原因是水分迁移。在动荷载作用下，镍矿有振密效应，颗粒间孔隙变小，同时振动作用镍矿中水分向下迁移。当下部水分积累到一定程度后，水分又开始向上迁移。另外镍矿在振动作用下内部出现的裂缝加快了水分向上迁移。随着水分向上迁移，镍矿上部孔隙水压力增大，达到一定值后，镍矿发生流态化现象。

（2）含水量是影响镍矿流态化发生的关键因素。当加速度为 0.3g 时，含水量低于 33％的镍矿难以发生流态化，而含水量分别为 35％和 36％的镍矿发生了部分和完全流态化。而当含水量为 37％时，即使在 0.1g 加速度下，都会迅速发生流态化现象。

（3）当加速度小于某一临界值时，加速度对镍矿动流态化特性影响有限。当模型箱加速度不大于 0.3g 时，含水量低于 33％的红土镍矿难以发生流态化。

3.6　本章小节

本章通过室内模型试验，分析了多种因素对精粉矿流态化过程的影响，确定了多种级配的精粉矿的流态化临界范围，对精粉矿产生流态化的宏细观机理有了全面而深入的理解。通过研究发现，水分迁移是引起精粉矿流态化的主要原因，含水率是影响精粉矿流态化的关键因素。同时，随着细粒含量的变化，精粉矿流态化过程出现不同程度的差异。对于铁精矿，通过流盘试验得出的 FMP 值是相对准确的；对于氟石和镍矿，通过流盘试验得出的 FMP 值是偏安全的。本章的研究对于进一步开展精粉矿离心机试验和数值模拟具有重要意义，也为建立船运精粉矿货物流态化风险评估体系和预警模型提供了试验基础，同时，也是提出船运精粉矿流态化判别标准、检测方法和预防措施的理论基础。

第4章 散装精粉矿流态化离心机试验

4.1 引言

室内模型试验无法达到原型重力场中的应力条件，利用离心机能真实模拟原型重力场应力条件，再现原型在实际重力条件下的真实动力响应[①]。为了更深入地揭示船载散装精粉矿在实际海运过程中的流态化形成机理，本章在室内小型振动台模型试验基础上，选取了具有代表性的铁精矿试样，进行了散装铁精矿的动力离心机模型试验。

试验采用两种不同铁精矿试样，进行了14组不同含水率、加速度、密实度下的铁精矿动力离心机模型试验。宏观方面，研究了铁精矿流态化形成的析出水演化历程、水液面上升规律、孔隙水压力变化规律和试验前后分层含水率分布；细观方面，分析了铁精矿流态化形成演化过程中的水分迁移和颗粒运动细观规律、以及颗粒细观组构变化特征。基于水分迁移规律，通过比较水液面上升曲线，探讨了各因素对散装铁精矿在实际重力场条件下流态化形成的影响，确定了关键影响因素和流态化临界范围。另外，本章对比了两种铁精矿试样的试验结果、对比了动力离心模型试验与室内小型振动台的试验结果，进一步揭示了散装铁精矿在接近实际重力场条件下流态化形成机理。

4.2 试验设备

4.2.1 同济大学离心机

4.2.1.1 TLJ-150 土工离心机

同济大学土工离心机是由中国工程物理研究院总体工程研究所研制的 TLJ-150 复合型土工离心机，见图 4.1。该离心机主要参数如下：

（1）最大容量：$150g \cdot t$；

（2）最大离心加速度：$200g$；

（3）最大载荷（模型箱＋模型）：$100g$ 时，1500 kg；$200g$ 时，750 kg；

（4）有效半径：离心机旋转中心至工作吊

图 4.1 同济大学 TLJ-150 复合型土工离心机

---

①王年香，章为民．混凝土面板堆石坝动态离心模型试验研究［J］．岩土工程学报，2003, 25（4）：504-507.

篮底板上方300 mm处为3.0 m;

（5）数据采集系统：数据采集系统分静态数据采集与动态采集两大系统；其中，静态数据采集测点总数为40通道；动态数据采集测点总数为32通道，其中的16通道为应变测量，其余为电压量测量。能测适应于电阻式全桥、半桥传感器接法的应变信号、电压信号及温度（2路）信号；测量值以数据库的形式存放，其数据库的内容为开放式，可提供给用户进行数据分析；信号传输误差≤0.52%。

4.2.1.2 激振控制系统

离心机激振系统是在离心机上使用的激振系统，为土工离心试验而设计，可以实现缩比尺模型的动载试验。本激振系统采用了动圈式高频伺服阀、液压静压滑台、液压缸静压轴承和间隙密封、集成功率运算放大器、电流环传输方式等单元和技术，在满载300kg离心加速度高达50g的情况下，动作灵活，频响高，工作稳定可靠。大流量设计可以满足多次连续激振试验。激振系统主要包括机械液压系统和波形再现数控系统。

1. 机械及液压系统

激振系统的机械部分见图4.2。主要包括滑台、连接头、液压缸、伺服阀、蓄能器、底板、油槽、液压马达驱动的回油油泵等。液压作动系统主要功能是完成电信号到液压驱动力的转换，其关键部件主要是伺服阀和液压缸。滑台系统主要功能是承载模型箱，并使得负载在高达50g离心加速度下能低摩擦的运动，便于实现波形再现。油源系统主要功能是提供满足压力、流量、清洁度的工作油液。

该激振系统主要参数如下：

（1）最大加速度：$a_{max}=20g$;

（2）最大速度：$V_{max}=38$ cm/s;

（3）最大位移：$A_{max}=6$ mm;

（4）频率范围：$f=20\sim200$ Hz;

（5）负载：$M_{max}=300$ kg;

（6）振动波形：正弦、地震波再现;

（7）单次连续工作时间：1秒;

（8）控制方式：开环迭代;

（9）振动方向：垂直于离心机臂;

（10）振动台重量：不大于2000 kg;

（11）振动台最大外形尺寸：1400 mm×1000 mm;

图4.2 激振器机械系统实体图

2. 波形再现数字控制系统与伺服控制系统

波形再现数字控制系统（如图 4.3）作为激振器系统再现目标波形的控制部件，其主要功能是实现对给定目标波形的再现。通过将目标参考波形（包括实测或者人为生成）导入数控系统，并作为振动的目标波形，数控系统接收实测的加速度响应信号，经过一定的补偿迭代运算，产生最优的驱动信号发送给激振器系统，再现出目标振动波形。

图 4.3　数控系统及伺服远控箱

伺服控制系统主要功能是完成液压作动系统的闭环控制。主要由远控箱、电源箱、信号调理箱、伺服控制器四部分构成。远控箱位于控制间，见图 4.3，是伺服控制的组成之一，是操作者操作伺服控制系统的主要面板，可打开伺服控制系统电源、调节主信号增益，接收来自数控系统的驱动信号，向数控系统输出台位移、台加速度等信号。电源箱、信号调理箱、伺服控制箱位于离心机仪器舱。

4.2.2　量测与采集装置

4.2.2.1　模型箱

离心机振动台模型试验中有一个重要问题就是如何使用有限的模型区域来模拟实际原型。本试验选择模型箱需考虑两个主要原则：

（1）离心机试验模拟的原型是 5.7 万吨级散货船在 5 舱均匀装载时铁精矿的装载情况，试验原型并非无限场地，船舱四周均有约束；

（2）本试验的主要目的是研究散装铁精矿在动力荷载下的流态化析出水全过程的宏细观机理，因此，在使用钢壁式模型箱时需对模型箱进行改造，以满足试验过程中宏细观图像采集的需求。

综上所述，本试验所用模型箱采用钢壁式模型箱，以模拟散货船船舱的边界条件。刚性箱内部尺寸为：510 mm（长）×450 mm（宽）×550 mm（高），模型箱主体结构采用高强铝合金材料，厚度为 25 mm。模型箱实物图见图 4.4。

为满足离心模型试验中对宏观图像采集的需求，对离心机钢壁式模型箱改造，如下图 4.5 所示。钢壁式模型箱内中部设置一块透明有机玻璃，将模型箱内部隔分为试样区和观测区两部分。有机玻璃的尺寸为：509 mm（长）×40 mm（宽）×650 mm（高）；试样区内部尺寸为：510 mm（长）×190 mm（宽）×550 mm（高）；观测区内部尺寸为：510 mm（长）×220 mm（宽）×550 mm（高）。

图 4.4　离心机钢壁式模型箱实物图

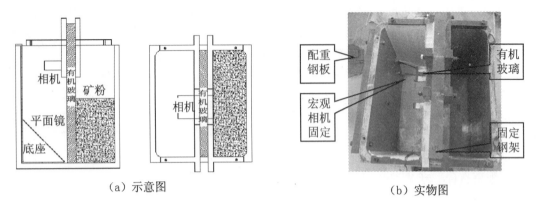

（a）示意图　　　　　　　　　　　（b）实物图

图 4.5　离心机刚性模型箱

　　模型箱尺寸较大且同时承受离心加速度和动力荷载的共同作用，为加强有机玻璃与模型箱的联结性，有机玻璃两侧分别架设 2 个厚度为 25 mm 的 6 肋钢架，如图 4.6 所示。6 肋钢架的其中 2 肋平行于模型箱宽度方向：架设在试样区上方的 6 肋钢架，其 2 肋长度为 150 mm；在观测区上方的 6 肋钢架，其 2 肋长度为 170 mm；均通过直径为 8 mm 的螺栓固定。6 肋钢架的剩余 4 肋平行于有机玻璃表面，呈垂直架设，分别相对于有机玻璃对称，每对钢肋皆通过螺栓对穿有机玻璃固定。确保试验安全进行，振动过程中有机玻璃不会从模型箱上脱落。

　　由于试验过程中铁精矿试样中的水分会发生迁移，因此模型箱的防水是重点。箱内有机玻璃长度为 509 mm，其与模型箱两侧侧壁留有 1 mm 的空隙，空隙处用高强高防水的船用密封胶填充，待静止 24 h 胶体固结后，在模型箱侧壁和有机玻璃连接处用防水硅胶涂抹，试验前经过反复测试确认试样区在 25 g 离心加速度下不会出现漏水现象。

　　宏观相机通过螺栓和 6 肋钢架上的水平卡槽固定在钢架上，如图 4.6 和图 4.7 所示。由于观测区的距离仅 220 mm，焦距不足，无法满足宏观图像采集需求，可通过平面镜反射增加焦距。平面镜尺寸为：509 mm（长）×310 mm（宽），用密封胶粘结在角度为 45°的楔形木块表面，楔形木块侧面为等腰三角形，其尺寸为：509 mm（长）×220 mm（宽）×220 mm（高）。为确保在拍摄过程中木块不发生移动且方便试验后取出，现将木块通过密封胶粘结在一块 L 型钢板上，钢板尺寸为：509 mm（长）×220 mm（宽）×550 mm（高），钢板通过螺栓固定在模型箱上。平面镜、木块与 L 型钢架见图 4.8 所示。

图 4.6　连接有机玻璃和模型箱的 6 肋钢架

图 4.7　宏观相机固定位置

离心机钢壁式模型箱尺寸的限制，宏观图像和细观图像的采集无法同时进行。细观图像采集时，首先，将 L 型钢架、木块、观测区的 6 肋钢架取出；然后，放入厚度为 20 mm 的 4 肋刚性挡板，挡板的平面尺寸为：509 mm（长）×550 mm（高），挡板平面与有机玻璃贴平，距离底边 16 mm 高度处设置直径为 100 mm 的圆孔。挡板的 4 肋长度为 200 mm，以恰好抵住刚性挡板，确保在试验过程中挡板不会来回移动。刚性挡板如图 4.9 所示。

图 4.8　木块与 L 型钢架图　　　　图 4.9　细观拍摄支架——刚性挡板

高速细观摄像机通过用刚性挡板的两肋和铝板固定在挡板上，并用螺栓连接，确保振动过程中相机与模型箱保持相对静止，保证试验过程拍摄的铁精矿颗粒运动是相对于模型箱的运动。如图 4.10 所示。

图 4.10　细观摄像机的架设

4.2.2.2　图像观测设备

试验过程中通过数码相机记录铁精矿流态化过程中的宏观现象。数码观测设备包括侧面宏观观测相机、顶面观测摄像头和高速细观摄像机。

宏观观测相机采用 SONY NEX－5，与室内小型振动台模型试验所用相机的型号相同，配金士顿 32G 内存卡以保证离心机在高速旋转中数据的存储。为保护相机在高应力场下不受到破坏，将相机通过保护装置安装在 6 肋钢架上，通过平面镜反射进行侧面拍摄。顶面观测摄像头采用 30 万像素的工业监控摄像头，安装在钢架上进行顶面观测，见图 4.11。

在拍摄过程中光线变化会影响数字图像分析结果，因此，选择具有工作电压低，发光效率高，光色纯，结构牢固（抗冲击、耐振动），性能稳定可靠等一系列特性的 LED 条形光源，条形光源背面贴有隐形胶，粘结在 L 型钢板上。同时采用 6 条 LED 条形光源布置照明，以保证拍摄环境有稳定的光场，防止图片间出现较大的色差，从而引起分析错误。图 4.12 为试验所用的条形光源。

动力离心机试验的高速细观摄像机与小型振动台模型试验使用的型号相同，详细介绍见第三章模型试验，这里不再介绍。

图 4.11　顶部观测摄像头

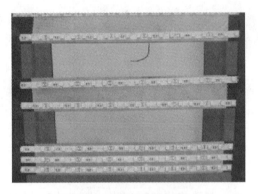

图 4.12　LED 条形光源

4.2.2.3　细观数据采集系统

细观结构动态测量系统采用自主设计研发的实用新型离心机可视化远程数据采集系统。试验操作控制系统主要包括工控机、无线传输系统等。

（1）工控机。高速细观摄像机将数据通过网线传输至电脑，而在离心机里数据传输都是经过集流环，而集流环的传输速度远远达不到要求，因此需要将工控机固定在离心机（图4.13）上进行摄像机的操控与数据的存储。工控机选用台湾新汉 NEXCOM NISE3100（图

图 4.13　工控机在离心机上的安装位置

4.14），另配金士顿 64G 固态硬盘以保证离心机在高速旋转中数据的存储。

（a）正面

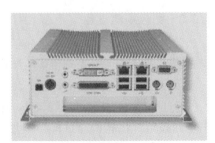

（b）侧面

图 4.14　工控机

（2）数据传输系统。当离心机在高速旋转时，需采用无线路由器将工控机与笔记本电脑组成局域网，以实现能够在离心机室外无线远程控制工控机，在离心机上固定工控机与无线路由器，它们之间用网线连接，无线路由发出 WIFI 信号（如图 4.15）。在主控室的笔记本电脑接收信号，与工控机组成局域网，使用远程桌面连接程序对工控机进行远程控制。无线路由采用 TL－WR841N 无线宽带路由器，使用 11.0N 无线技术，无线传输速率最高达 300.0Mbps，还具有 WDS 无线桥接功能，经测试可满足使用要求。

数码观测设备采用数据线与工控机连接，工控机与无线路由连接建立局域网。主控室的笔记本电脑通过无线路由与工控机建立远程连接，试验过程中利用工控机远程控制数码观测设备进行可视化动态观测。

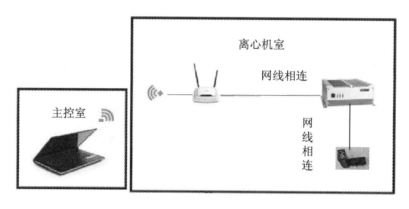

图 4.15 远程控制示意图

4.2.2.4 传感测量仪器

动力离心机试验的测量仪器与小型振动台模型试验使用的型号相同，只是量程不同。加速度、孔隙水压力传感器详细介绍见第三章。孔压计及加速计在矿体中的布置见图 4.16 所示。

孔压测点 1（p1）的位置距离模型底部 20 cm、埋深 12 cm；测点 2（p2）的位置距离模型底部 10 cm、埋深 22 cm。加速度测点 1（a1）的位置在模型底部，埋深 32 cm；加速度测点 2（a2）的位置距离模型底部 15 cm，埋深 17 cm；加速度测点 3（a3）的位置距离模型底部 30 cm，埋深 2 cm。

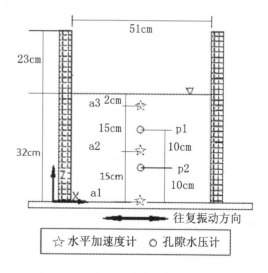

图 4.16 离心模型试验传感器布置图

4.3 离心模型试验研究

4.3.1 试验设计

4.3.1.1 试验材料

动力离心模型试验中，若选用与原型相同的铁精矿材料和孔隙流体，则会引起动力时间与渗流时间相似比关系上的不一致，其动力时间的相似比为 $1/N$，而渗流时间的相似比为 $1/N^2$。造成这种矛盾的原因是，在试验设计时规定长度的相似比为 $1/N$，但选用了与原型相同的铁精矿材料，同样具有长度量纲的铁精矿颗粒尺寸没有同时缩小 N 倍，这就在相似关系上引起了矛盾（设 N 为离心试验中施加重力场的倍数）。

因此，为振动时间比尺和渗流时间比尺保持一致，试验中考虑采用以下两种方法：一是改变铁精矿的颗粒尺寸；二是改变孔隙流体的粘滞系数。

1. 缩小材料粒径

哈森（Hazen）[1] 提出用有效粒径计算较均匀砂土的渗透系数经验公式：

$$K = f(d_{10}^2) \tag{4.1}$$

式中：d_{10} 是哈森定义的有效颗粒粒径，以 mm 计算，K 值的单位是 cm/s。

对于多数无黏性土，其渗透性可用公式（4.1）表示，有效粒径是颗分曲线中小于该粒径的含量占总量的 10% 时的粒径尺寸。按公式（4.1），取铁精矿 $=0.09$ mm，计算出 $=8.1 \times 10^{-3}$ cm/s，与实际测得铁精矿的渗透系数为 5.03×10^{-3} cm/s 保持同一数量级。因此，如果要使铁精矿试样的渗透系数缩小 N 倍，则可以考虑使其缩小 N 倍。

2. 增大孔隙流体粘滞系数

另一种改变材料渗透系数的方法，则是将孔隙流体的黏滞系数增加到原型的 N 倍，通过控制溶液浓度，可以在不同的离心加速度下得到不同的流体渗透系数，从而实现孔隙流体的渗流时间比尺为 $1：N$[2]。

根据本文第 3 章室内振动台模型试验结果可知，水分迁移对铁精矿流态化形成至关重要，而本动力离心试验的重点之一，是研究在接近实际重力场条件下研究铁精矿流态化析出水的演化过程。因此，本动力离心试验拟采用水加增稠剂的方法，配置试验所需孔隙流体，使得孔隙流体的渗透系数是原型的 $1/N$ 倍。

香港科技大学离心机实验室曾采用羧甲基纤维素钠（Carboxymethyl Cellulose Sodium）作为掺加剂，以提高液体的黏滞性[3]。本试验同样采用羧甲基纤维素钠（Carboxymethyl Cellulose Sodium）作为掺加剂，通过配置不同溶液浓度的羧甲基纤维素钠水溶液。试样的渗透系数测试试验采用同济大学土工试验室的变水头渗透仪测定（图 4.17），分别测定了铁精矿试样在羧甲基纤维素钠水溶液的溶质质量百分比分别为 0.0%、0.05%、0.10%、0.15%、0.20%、0.25%、0.30%、0.40%、0.50% 时的试样渗透系数。羧甲基纤维素钠水溶液的溶液浓度和其相应的在铁精矿内的渗透系数关系见表 4.1 和图 4.18 所示。

————————

①Hazen A, Garnier J, Thomes P, and Rault G. Scaling laws of water flow in centrifuge models. Int. Symp. On Physical Modeling and Testing in Enviromental Geotechnics, La Baule, Garnier et al, 1930, 207-216.

②Taylor, R. N. Geotechnical centrifuge Technology. Blackie Academic & Professional, Bishop— bridggs, Glasgow, UK, 1995, 269.

③包承钢等. 岩土离心模拟技术的原理和工程应用 [M]. 北京：长江出版社，2011.

图 4.17　变水头渗透压力仪

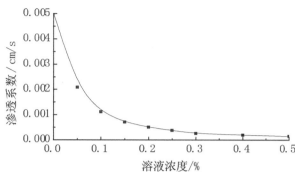

图 4.18　甲基纤维素钠水溶液的溶液浓度与
铁精矿渗透系数的关系

表 4.1　不同溶液浓度的甲基纤维素钠水溶液的渗透系数

溶液浓度/%	0.0	0.05	0.10	0.15	0.20	0.25	0.30	0.40	0.50
渗透系数×10^{-3}/cm/s	5.03	2.09	1.12	0.71	0.51	0.38	0.26	0.20	0.15

　　为了能更准确的反应铁精矿的流态化过程，本模型试验采用两种粒径的铁精矿进行平行试验，对比验证两种铁精矿试样对试验结果的影响。两种铁精矿见图 4.19 所示。

（a）原粒径铁精矿　　　　　　　　　　　　　　（b）缩粒径铁精矿

图 4.19　两种铁精矿

　　为了使试验更有对比性，第一种铁精矿选用与空心圆柱试验材料一致，详见第二章，采用增加孔隙流体的液体粘稠度的方法使振动时间比尺和渗流时间比尺保持一致。试验中采用溶液浓度为 0.4% 的羧甲基纤维素钠水溶液作为孔隙流体，铁精矿试样的渗透系数比模型试验条件下减小了 25 倍。

　　另一种则是将铁精矿的颗粒粒径缩小 5 倍，而降低铁精矿渗透系数 25 倍，该铁精矿颗粒比重为 = 4.78 g/cm³；最大干密度 = 2.84 g/cm³ 和最小干密度 = 2.47 g/cm³；设计干密度为 2.58 g/cm³。其颗粒级配见图 4.20 所示。

　　制备铁精矿模型试验材料的两个基本要求是：控制相对密实度和保证试样含水率的均匀性。为了达到既定的要求和模拟实际船载铁精矿散货自然重力沉积的堆载特性，本次试

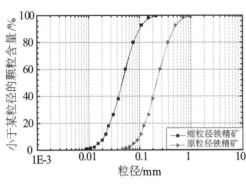

图 4.20 两种铁精矿级配曲线

验采用自然沉积法制样。

试验前，将铁精矿在 110℃ 的烘箱里烘置 24 h，待充分烘干后，根据预先设计的含水率，将一定质量的水和铁精矿干矿充分搅拌均匀后，配置成设计含水率的铁精矿，分别放入有标号的密封塑料桶中，静置 24 h 后，再测定桶内不同深度不同位置处的铁精矿含水率，每层深度处不应少于三点，含水率与要求的含水率之差不得大于 ±0.2%。

制样时，根据既定的相对密实度及设计的含水率确定每层铁精矿的重量，分 8 层装入模型箱内，由于考虑到实际装载时铁精矿是通过抓斗自由散落到船舱里，因此在装样时用铲子使试样颗粒自由洒落在模型箱里，每层称取相同质量的铁精矿湿样，并击实至相同的目标高度，以控制每层试样的相对密度基本保持在同一水平。将接触面表面刮毛以保证上下接触良好，然后再加第二层铁精矿。通过反复测试，保证铁精矿材料相对密实度在目标密实度左右。最后一层装样完成后，在铁精矿表面铺设湿毛巾，以防止水分蒸发损失，等待试验开始。

4.3.1.2 试验参数

动力离心模型试验属于小比尺物理模型试验，要使模型试验能够真实反映原型的性态，模型除了与原型保持几何相似外，还须使模型和原型之间相应各点处的应力、应变满足相似要求，即模型与原型之间要满足几何相似、运动相似和动力相似三个条件，依据控制方程进行量纲分析的方法和按力学相似规律分析法，确定相似比尺。采用质量系统，以 L、M、T 作为基本量纲，其它物理量的量纲用此三量纲组合表示。确定相似常数时，首先确定长度、重力加速度和材料密度的相似常数，其他相似常数由此导出。根据 3.3.3.1 节所述原则确定模型与原型的几何尺寸比例，设其为 1/N（N＝25），同时选用与原型相同的材料，并设定重力加速度场为 Ng，则可保证模型与原型的应力条件相同。Leung C F 等[①]总结了一套常用的比尺关系，如表 4.2 所示。

试验中铁精矿模型试验尺寸见表 4.3 所示，长度为 510 mm，宽度为 19 mm，高度为 320 mm。在拍摄宏观照片一侧，沿模型高度方向每隔 100 mm 设置横向标志砂，模型长度方向的中部设置竖向标志砂，试验过程中通过数码相机记录铁精矿流态化前后的宏观现象变化，以便于观测。

---

①Leung C F, Lee F H, Tan T S. Principles and applications of geotechnical centrifuge model testing [J]. Journal of the Institution of Engineers, Singapore, 1991, 31 (7): 39－45.

表 4.2　土工离心模型试验中的比尺关系

物理量	量纲		符号	相似常数（模型/原型）
几何尺寸	长度 l	L	C_l	$1/N$
	位移 μ	L	C_μ	$1/N$
	土颗粒尺寸 d	L	C_d	$1/N$
荷载	集中力 P	MLT^{-2}	C_p	$1/N^2$
动力特性	重力加速度 g	LT^{-2}	C_g	N
	加速度 d	LT^{-2}	C_a	N
	速度 v	LT^{-1}	C_v	1
	振动时间 t_1	T	C_{t_1}	$1/N$
	振动频率 f	T^{-1}	C_f	N
材料特性	密度 ρ	ML^{-3}	C_ρ	1
	粘聚力 c	$ML^{-1}T^{-2}$	C_c	1
	内摩擦角 φ	1	C_φ	1
	弹性模量 E	$ML^{-1}T^{-2}$	C_E	1
	泊松比 υ	1	C_υ	1
	阻尼比 ξ	1	C_ξ	1
	应变 ε	1	C_ε	1
	应力 σ	$ML^{-1}T^{-2}$	C_σ	1
	抗弯刚度 EI	ML^3T^{-2}	C_{EI}	$1/N^4$
	抗压刚度 EA	MLT^{-2}	C_{EA}	$1/N^2$
渗透特性	动力粘滞性 μ	$ML^{-1}T^{-1}$	C_μ	1
	渗透系数 k	LT^{-1}	C_k	N
	时间 t_2（渗透）	T	C_{t_2}	$1/N^2$

表 4.3　动力离心模型试验的几何尺寸

物理量	相似常数	原型物理指标	1/25 模型物理指标
几何尺寸	C_l	铁精矿堆载高度 8.0 m	320 mm
		铁精矿堆载宽度 4.75 m	190 mm
		铁精矿堆载长度 12.75 m	510 mm

　　试验中采用的原型波是归一化振幅的正弦波。在同济大学离心激振系统中，单次连续振动时间仅为 1 s，振动台的振动频率为 20 Hz～200 Hz 之间。因此，在离心加速度为 25g 的情况下，采用频率为 25 Hz、振动时间为 0.8 s、振幅为 1 的正弦波作为离心动力试验的振动波形，见图 4.21。

　　通过波形数控系统，根据需要对归一化波

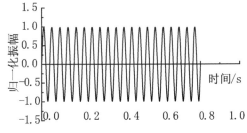

图 4.21　动力离心试验中采用的归一化振幅的正弦波

进行缩放，将其峰值加速度分别调整至 0.5g、0.4g、0.3g、0.2g（对应 25g 离心加速度状态下分别为 12.5g、10.0g、7.5g、5.0g），通过激振系统发送 300 个连续振动，共计 6000 振次。动力离心试验中，振动加速度与模型箱振幅相关，其相关关系见表 4.4 所示。

表 4.4　动力离心试验中振动加速度与模型箱振幅的关系

振动加速度/g	0.1	0.2	0.3	0.4	0.5
模型箱振幅/cm	2.5	5.0	7.5	10.0	12.5

注：表格中的振动加速度和模型箱振幅位移均指经过离心加速度换算后的值。

4.3.1.3　试验内容

本动力离心模型试验主要研究不同含水率、加速度、密实度的铁精矿流态化形成的析出水演化规律，分析各因素对铁精矿流态化形成的影响，揭示散装铁精矿在接近实际重力场下流态化形成的宏细观机理。其主要内容包括：

1. 铁精矿流态化形成的宏细观规律

宏观层面，通过分析铁精矿流态化过程中的宏观现象、水液面上升曲线、孔隙水压力和试验前后分层含水率分布，研究在接近实际重力场下铁精矿受动力荷载作用时流态化形成的析出水演化规律；细观层面，利用可视化细观观测系统，分析铁精矿水分迁移和颗粒运动细观规律，以及颗粒细观组构变化特征。结合宏细观试验结果，基于水分迁移规律，揭示在接近实际重力场下动力荷载作用时散装铁精矿流态化形成的宏细观机理。

2. 铁精矿流态化的影响因素分析

基于铁精矿流态化演化过程中水分迁移规律，通过对比水液面上升曲线，分析在接近实际重力场条件下不同含水率、加速度、密实度对铁精矿流态化形成的影响，确定关键影响因素和流态化临界范围。

3. 两种试样对铁精矿流态化形成的影响

试验采用两种不同的铁精矿试样，使振动时间比尺和渗流时间比尺保持一致。对比两种试样对铁精矿形成流态化的影响，分析产生差异的原因，并提出动力离心模型试验的建议。

本动力离心模型试验考虑模型相似比例，按较不利情况取值，设计试验振动频率为 1 Hz（在 25g 重力加速度下，即 25 Hz，见图 4.21）。与铁精矿空心圆柱试验、室内小型振动台模型试验的振动频率保持一致。

散装铁精矿动力离心模型试验共进行 14 组，其中，试验 M-1～M-7，F-1～F-8 为基本因素探讨试验；试验 M-4 包括宏观观测和细观观测试验；试验 M-8 对 PVC 排水管的流态化预防效果进行验证，将在第 5 章探讨。动力离心机模型试验中，各组试验测试条件见表 4.5。

表 4.5 动力离心模型试验方案

试验编号	含水率	加速度	密实度	颗粒粒径	是否流态化	备注
M-1	7%	0.5g	0.33	原粒径	否	
M-2	8%	0.5g	0.33	原粒径	否	
M-3	9%	0.2g	0.33	原粒径	是	
M-4	9%	0.3g	0.33	原粒径	是	
M-5	9%	0.4g	0.33	原粒径	是	
M-6	9%	0.5g	0.33	原粒径	是	
M-7	9%	0.5g	0.82	原粒径	是	
M-8	9%	0.5g	0.33	原粒径	否	增加密实度排水管
F-1	8%	0.5g	0.33	缩小 5 倍	否	
F-2	9%	0.2g	0.33	缩小 5 倍	否	
F-3	9%	0.3g	0.33	缩小 5 倍	否	
F-4	9%	0.4g	0.33	缩小 5 倍	否	
F-5	9%	0.5g	0.33	缩小 5 倍	是	
F-6	10%	0.2g	0.33	缩小 5 倍	是	
F-7	10%	0.3g	0.33	缩小 5 倍	是	
F-8	10%	0.4g	0.33	缩小 5 倍	是	

注：第一个字母表示铁精矿试样的种类：M-表示原粒径的铁精矿试样；F-表示缩小 5 倍粒径的铁精矿试样。国际海运中的含水率通常指水的质量与总矿质量之百分比。

M-4 组试验进行宏观观测试验和细观观测试验各 1 组。

4.3.1.4 试验过程

散装铁精矿的动力离心机模型试验过程如下：

（1）试验准备

①模型箱加工

在刚性箱中利用 4 cm 厚的有机玻璃隔板制作试样槽；有机玻璃与刚性箱侧壁接缝处涂防水胶，须同时满足防水和强度要求；在模型箱平行于振动方向的箱壁上放置配重钢板，通过高强螺栓固定，以消除振动过程中产生的偏心扭矩。

②图像观测设备安装

将两个 6 肋钢架分别安装在有机玻璃隔板的两侧，通过高强螺栓固定在刚性箱侧壁；平面镜平铺在 45°楔形三角木块上，木块用高强胶固定在 L 型钢架短肢，将 L 型钢架放入模型箱观测槽内，通过螺栓固定在刚性箱侧壁；采用高强胶将照明 LED 灯条固定在观测槽内 L 型钢架长肢。

③远程数据采集系统连接

固定宏观数码相机在观测槽内的 6 肋钢架上，观测区域满足试验设计的观测要求（若进行细观观测试验，将高速细观摄像机固定于观测槽的刚性挡板内，并调节观测位置满足试验观测要求）；调节顶部观测摄像头的高度和角度，对铁精矿的表面进行监控，观测区域满足试验设计的观测要求；开启工控机和无线路由器，建立无线局域网，主控室笔记本电脑通过无线路由与离心机室的工控机建立远程连接，远程控制试验图像和数据采集。

（2）试验调试

①传感器调试

将各传感器连接到各采集端口上，检查各通道的连接情况，在采集终端上输入各传感器的参数，逐个检查所有的传感器是否正常工作。

②激振系统调试

清理干净滑台表面和等效负载的底面，对好位置，用螺钉固定好；波形再现数控系统参数设置、复位、给定参考波形；监测滑台浮起位移。在试验的整个过程中，监测滑台位移是重要环节；离心运转试验：（a）初始驱动生成，并将初始驱动按电压缩放到一个较小电压量。（b）驱动发送，完成第一次激振。（c）逐步增加量级直到试验量级，并进行驱动修正和加窗修正，直到面积误差或峰值误差达到要求值，这样可以得到最优驱动。将得到的最优驱动数据文件和当前试验参考加速度数据保留，作为正式试验的输入加速度。

（3）进行试验

①按设计含水率和相对密实度，制作铁精矿试样，埋设孔隙水压力传感器和加速度传感器。

②将制备好的铁精矿模型吊装到振动台上，整个吊装过程应使用慢车起吊，尽量避免晃动，吊装到位后，通过高强度螺栓与振动台固定，每个螺栓的扭力力矩为 35 kN·m。

③根据模型箱的总质量计算离心机所需配重，增减配重块，保证离心机运行过程中的平衡。

④离心机主机系统、油源系统、伺服控制系统、数控系统电源接通，处于待命状态，启动侧面宏观观测相机和顶面观测摄像头进行可视化观测记录；或打开高速细观摄像机，开启工控机和无线路由器，与主控室的笔记本电脑通过无线局域网建立联系，实现远程控制工控机，打开细观图像采集软件。

⑤清理离心机试验室，关闭离心机室门，准备试验。

⑥打开动态采集仪采集孔隙水压力、加速度等检测数据，开始动态采集；启动离心机，将加速度升至 25g 左右，监测转臂平衡；离心加速度 25g 保持 0.5 min 后，施加振动驱动信号，进行激振试验；连续激振 300 次后结束激振试验。

⑦试验结束后，停止离心机，停止试验数据采集，关闭摄像机，保存试验数据，待离心机转速逐渐降低到零，整理设备，试验完成。

4.3.2 流态化宏观演化规律

铁精矿动力离心机模型试验包括 6 组原粒径铁精矿和 8 组缩粒径铁精矿，试验标号分别为 M-1、M-2、M-3、M-4、M-5、M-6、M-8 和 F-1、F-2、F-3、F-4、F-5、F-6、F-7、F-8。M 组为原粒径铁精矿，F 组为缩粒径铁精矿。

M 组试验采用原粒径铁精矿材料和羧甲基纤维素钠水溶液作为孔隙流体，F 组试验采用缩小 5 倍粒径的铁精矿材料和水作为孔隙流体。使用两种试样均可使振动时间比尺和渗流时间比尺保持一致。由于铁精矿颗粒粒径发生改变，铁精矿属细砂范畴，而缩粒径铁精矿属于粉砂范畴，可能造成铁精矿性质有所改变，两种试样的试验结果有一定的差异，但铁精矿流态化的演化规律大致相同。

4.3.2.1 原粒径铁精矿宏观演化规律

1. 宏观试验现象

在 M-1、M-2、M-3、M-4、M-5、M-6 这 6 组原粒径铁精矿动力离心试验中共有 4 组试验产生流态化现象。当密实度为 0.33 时，含水率为 7%、8% 的铁精矿在加速度为 0.5g 时没有发生流态化；含水率为 9% 的铁精矿在加速度为 0.2g、0.3g、0.4g、0.5g 时均可发生流态化现象。

图 4.22、图 4.23 为 M-4 组试验原粒径铁精矿流态化演化过程的宏观试验现象（含水率为 9%，加速度为 0.3g），图中坐标单位为 cm。在动力水平往复荷载作用下，铁精矿体积减小、孔隙体积被压缩、孔隙间水分汇集，随着振动次数的增加，水分逐渐聚集形成水液面，水液面逐渐上升，当水液面上升至铁精矿表面时，流态化现象形成。动荷载下原粒径铁精矿发生流态化的离心模型试验过程表现为水液面形成、水液面上升和流态化形成三个阶段。

振动初始（约 0~100 振次），试验观测到铁精矿迅速发生沉降、有 1~2 cm 的沉降量，孔隙体积急速压缩，孔隙间水分被挤出后在自重应力作用下向模型底部迁移，水分逐渐在模型底部汇集并形成水液面，见图 4.22（a）～（b）。从顶部观测图片（图 4.23（a）～（b））观测到铁精矿顶部沉降明显，由于动力离心试验中振幅较小，铁精矿顶部未出现裂纹。该过程铁精矿体积压缩迅速，水液面初步形成，发生时间短，均在 100 振次内发生，这个过程为水液面形成阶段。

振动前期（约 100~3000 振次），试验观测到铁精矿继续沉降、体积压缩，呈模型中部沉降量小、模型两侧沉降量大的趋势，同时水液面迅速上升。当试验进行 1000 振次后，水液面上升速度减缓，见图 4.22（c）～（e）。从顶部采集图片（图 4.23（c）～（e））观测到铁精矿顶部未出现裂纹并继续产生沉降，铁精矿体积压缩，水分从模型两侧铁精矿高度最低处开始析出至铁精矿表面。M-3、M-4、M-5、M-6 这 4 组试验，水液面上升至铁精矿表面的临界振次分别约为 3600 振次、3300 振次、3000 振次、2900 振次，这个过程为水液面上升阶段。

振动后期（约 3000~6000 振次），在水液面上升至铁精矿表面后，随着动力往复荷载的持续施加，铁精矿沉降量约为 0.5~1 cm 左右，水分在振动力下继续向铁精矿表面迁移析出，直至铁精矿表面水量不再增加，见图 4.22（f）～（g）和图 4.23（f）～（g）。M-3、M-4、M-5、M-6 这 4 组试验，试验结束后测量析出水量占铁精矿总水量的百分比分别为 0.84%、1.17%、1.52%、1.76%。该过程中，铁精矿体积压缩小，而水分快速上升迁移，使铁精矿表层的饱和度增加，抗剪强度降低，表层铁精矿随振动而产生流动趋势，这个过程为流态化形成阶段。

原粒径铁精矿发生流态化的演化历程为：铁精矿体积迅速压缩，孔隙间水分被挤出并汇集形成水液面，水液面上升至铁精矿顶部表面，使其饱和度增加、抗剪强度降低，造成表层铁精矿在动荷载下呈流动趋势，形成流态化。

2. 水液面上升曲线

试验利用 Canon NEX-5 采集数字图像，通过物理坐标-像素坐标的转化，分析铁精矿水液面上升随振动次数变化的规律。图 4.24 所示为 M-1、M-2、M-3、M-4、M-5、M-6 这 6 组试验的水液面迁移时间曲线。横坐标表示振动次数，纵坐标表示水液面的上升高度。

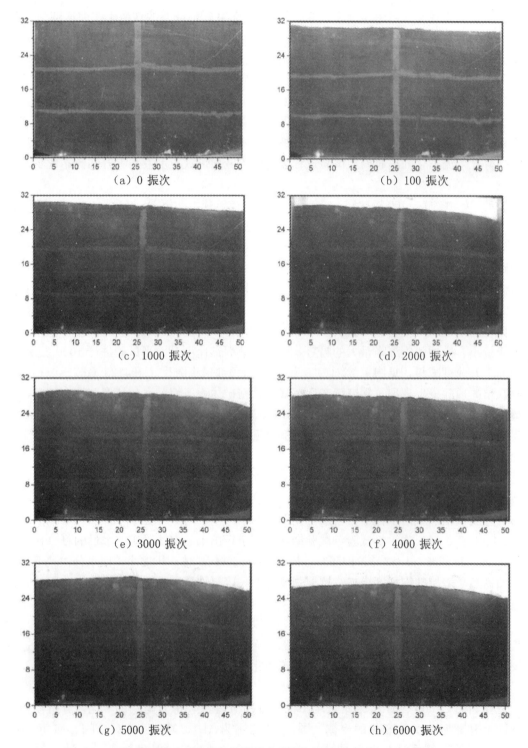

图 4.22　原粒径铁精矿形成流态化模型试验的的侧面观测图片（坐标单位：cm）

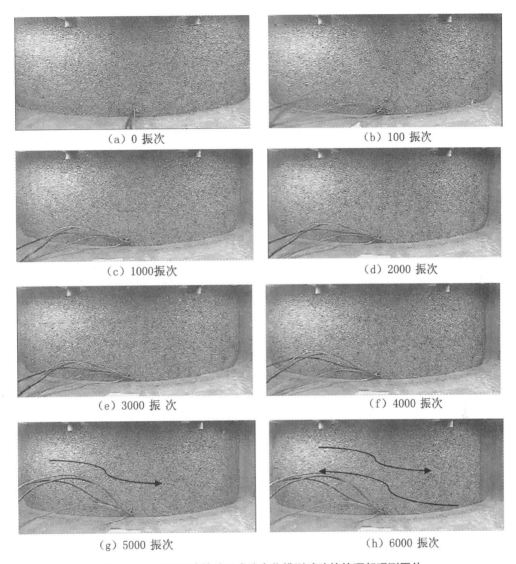

（a）0 振次　　　　　　　　　　（b）100 振次

（c）1000 振次　　　　　　　　　（d）2000 振次

（e）3000 振次　　　　　　　　　（f）4000 振次

（g）5000 振次　　　　　　　　　（h）6000 振次

图 4.23　原粒径铁精矿形成流态化模型试验的的顶部观测图片

　　值得注意的是，在动力离心模型试验中原粒径铁精矿最终沉降量不均匀，M-1、M-2 两组试验未发生流态化，图中水液面高度由最终振次时水液面线的位置确定；M-3、M-4、M-5、M-6 这四组试验均发生了流态化，水液面高度由水液面上升至铁精矿表面时的位置确定，即铁精矿最大沉降处的高度。

　　从图 4.24 可看出，水液面上升是造成原粒径铁精矿流态化形成的直接原因。动力离心试验中，振动约 0~1000 振次内，水液面位置上升迅速；1000 振次后，水液面上升曲线变化趋势减缓；约至 2000 振次时，含水率较低的铁精矿的水液面上升曲线均出现拐点，水液面的高度逐渐稳定，如含水率为 7%、8% 的铁精矿，而含水率较高的铁精矿水液面继续上升，但上升相对缓慢，直至铁精矿顶部表面，如含水率为 9% 的铁精矿。

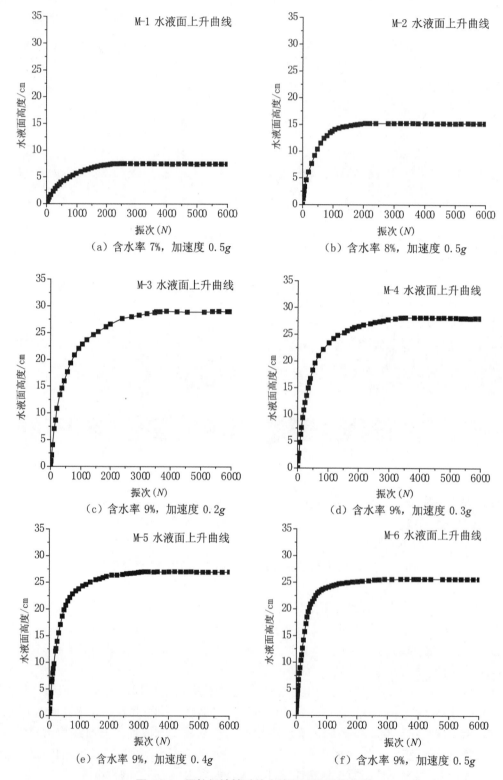

图 4.24　原粒径铁精矿的水液面迁移时间曲线

含水率为 7% 的铁精矿在加速度为 0.5g 的情况下，水液面高度为 7.5 cm，未达到铁精矿表面，流态化不会发生，水液面达到最终高度的临界振次为 2200 次；含水率为 8% 的铁精矿在加速度为 0.5g 的情况下，水液面高度为 15.5 cm，未达到铁精矿表面，流态化不会发生，水液面达到最终高度的临界振次为 2000 次；含水率为 9% 的铁精矿在加速度为 0.2g、0.3g、0.4g、0.5g 的情况下，水液面高度均达到铁精矿顶部表面低洼处，产生了流态化现象，流态化临界振次分别为 3600 次、3300 次、3000 次、2900 次。

水液面曲线上升规律与宏观试验现象较为一致。振动前期，铁精矿沉降量大，体积压缩迅速，孔隙间的水分被挤出并聚集形成水液面上升；振动后期，铁精矿体积压缩量减少，水液面上升趋势放缓，含水率较低的铁精矿水液面高度不再变化，而含水率较高的铁精矿水液面继续上升直至铁精矿顶部表面。

由此可见，铁精矿内初始水分含量对铁精矿流态化形成的影响很大。含水率为 8% 的铁精矿在加速度低于 0.5g 时仍不会发生流态化现象；而含水率为 9% 的铁精矿在 0.2g～0.5g 加速度时均发生流态化现象，其在不同加速度下发生流态化的振动次数基本一致，且相同振动次数下水液面上升高度基本相同。另外，加速度的增大使含水率较高的铁精矿水液面上升至顶部表面的临界振次缩短。

原粒径铁精矿的水液面上升规律表明：水分的迁移始终贯穿整个铁精矿的流态化过程，铁精矿矿体内水分含量的多少直接影响水液面能否上升至铁精矿顶部表面，决定流态化现象的形成。动力离心模型试验中，原粒径铁精矿在接近实际重力场条件下流态化形成的含水率临界值为 9%。

3. 分层含水率变化

试验通过测定振动结束后铁精矿内的分层含水率，探究散装原粒径铁精矿在振动过程中产生的水分迁移规律。试验完成后，用虹吸管将已发生流态化的原粒径铁精矿表面析出水吸出并称重，测定析出水量占总水量的百分比；再测定铁精矿的最大和最小沉降量，并沿模型高度方向分 7 层卸样，在每层矿 3 条测线位置多次取样测定铁精矿的含水率平均值。测线 1、2、3 位置见图 4.25 所示。

图 4.26 为试验完成后 M-1、M-2、M-3、M-4、M-5、M-6 这 6 组原粒径铁精矿的分层含水率平均值沿模型高度方向的变化情况，以研究动荷载下水分在原粒径铁精矿矿体内部的迁移规律。横坐标为含水率值，纵坐标表示原粒径铁精矿测点的位置高度。

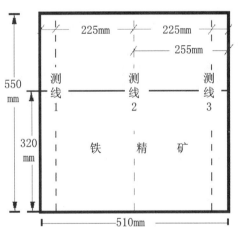

图 4.25　动力离心试验的分层含水率测线布置图

试验完成后，原粒径铁精矿内部的含水率分布发生变化，水分发生迁移。未形成流态化的铁精矿，沿模型高度方向，含水率向下递增、水分向下迁移。已形成流态化的铁精矿，沿模型高度方向，中上层铁精矿的含水率向上递增，水分向上迁移，同时，底部含水率与振动前相比有所提升，这是因为动力离心条件下，矿体埋深较大，底层水分很难迁移至表层。

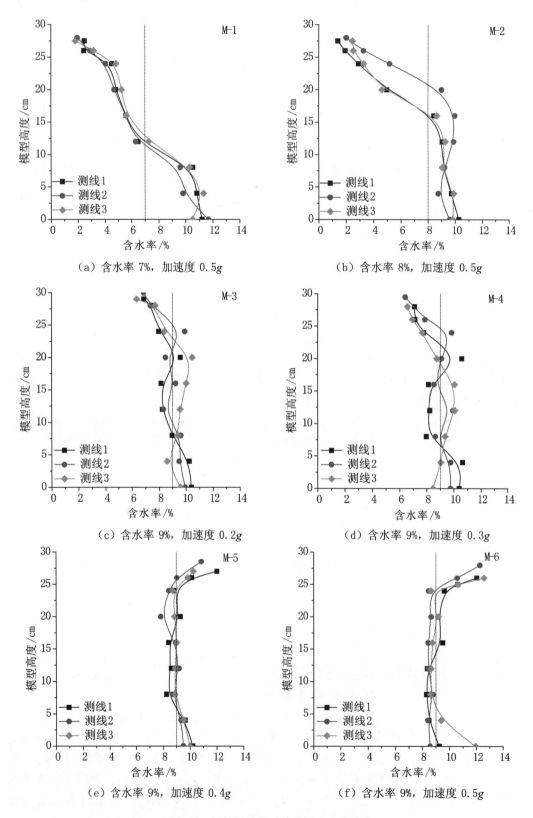

（a）含水率 7%，加速度 0.5g

（b）含水率 8%，加速度 0.5g

（c）含水率 9%，加速度 0.2g

（d）含水率 9%，加速度 0.3g

（e）含水率 9%，加速度 0.4g

（f）含水率 9%，加速度 0.5g

图 4.26　原粒径铁精矿的分层含水率变化

需注意的是，动力离心模型试验中，离心机振动系统停止施加动荷载至离心机转速为零约 120 s，该时间内水分在自重应力作用下会发生向下迁移，以渗透系数为 0.005 cm/s 估算，水分向下渗透 0.6 cm，因此试验后测得铁精矿内分层含水率分布与振动停止后分层含水率分布已发生了改变，铁精矿表层水分有所减小。

含水率为 7%、含水率为 8% 的原粒径铁精矿在加速度为 0.5g 时均未发生流态化，铁精矿内部的含水率沿模型高度方向向下递增，水分向模型底部迁移。含水率为 7% 的铁精矿在模型高度 0～7.5 cm 范围内的含水率约在 11% 左右，含水率为 8% 的铁精矿在模型高度 0～15 cm 范围内的含水率约在 10.5% 左右，这与其水液面上升的最终高度保持一致。这说明动力离心试验条件下，铁精矿未形成流态化现象时，矿体内部的水分在振动过程中向底部发生了迁移。

含水率为 9% 的铁精矿在加速度为 0.2g、0.3g、0.4g、0.5g 均发生了流态化现象。在模型高度为 0～7.5 cm 范围内，含水率值沿高度方向呈"向下递增"的趋势。在模型高度为 7.5～25 cm 范围内，当加速度为 0.2g、0.3g 时铁精矿含水率值分布不均匀，同一条测线上的含水率值随模型高度变化而波动较大；当加速度为 0.4g、0.5g 时铁精矿含水率值分布较为均匀，约等于 9% 左右；在模型高度大于 25 cm 范围内，含水率值沿高度方向呈"向上急剧递增"的趋势，递增速率随加速度增大而加剧。这说明动力离心试验条件下，原粒径铁精矿发生流态化现象时，铁精矿内部的水分由底层向表层逐层发生迁移。

形成流态化的原粒径铁精矿的水分迁移规律呈"逐层向上迁移"趋势。在振动过程中，铁精矿孔隙间水分首先在重力作用下向下迁移，水分汇集成片后在动荷载作用下趋于向矿体表层逐层析出。然而，离心条件下铁精矿模型高度相当于实际重力场下 8 m，矿体底层的水分很难迁移至上表层。

动力离心试验中原粒径铁精矿的含水率变化规律表明，原粒径铁精矿形成流态化现象时矿体内的含水率分布发生改变，矿体内水分发生迁移。离心条件下，矿体模型厚度较大，形成流态化的原粒径铁精矿，水分逐层向矿体上表层析出，而矿体底层的水分仍很难迁移至矿体表层。当铁精矿内部水分含量充足时，在动荷载作用下，矿体内水分能够迁移至铁精矿上表面，形成流态化现象。

4. 孔隙水压力规律

为了研究原粒径铁精矿流态化形成过程中孔隙水压力的变化规律，在铁精矿中布置了 2 个孔隙水压力传感器，测点位置见图 4.25。测点 1 的位置距离模型底部 20 cm、埋深 12 cm，测点 2 的位置距离模型底部 10 cm、埋深 23 cm。

图 4.27 为动力离心模型试验过程中原粒径铁精矿的孔隙水压力变化曲线。孔隙水压力变化曲线表明：动力离心机模型试验中，在某临界振次前，原粒径铁精矿中孔隙水压力呈现出随振次增加而缓慢增长、略有波动的变化规律；达到该振次后，孔隙水压力呈现出保持在峰值上下波动的规律。同时，随着含水率的增加，原粒径铁精矿的孔隙水压力峰值有明显提升；在相同含水率下，随着加速度的增大，孔隙水压力峰值稍有提高，达到孔隙水压力峰值时的临界振次减小；在相同含水率、相同加速度情况下，接近底层的孔隙水压力（测点 1）均大于接近表层的孔隙水压力（测点 2）。

含水率为 7% 和含水率为 8% 的原粒径铁精矿由于饱和度小，孔隙间气体体积较大，孔隙水压力在振动初期上升较为缓慢，呈现"缓慢增加，反复波动"的现象。含水率为

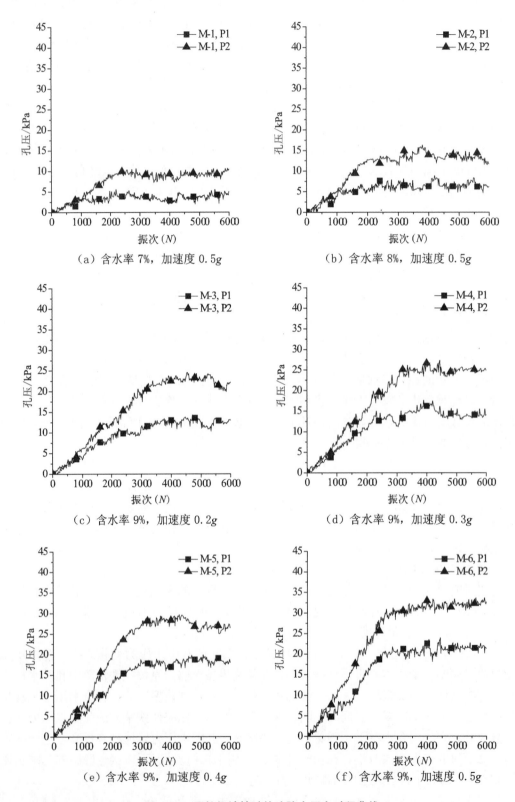

图 4.27 原粒径铁精矿的孔隙水压力时程曲线

7％的原粒径铁精矿孔隙水压力达到峰值的临界振次约为 2500 次，测点 1、测点 2 处孔隙水压力峰值分别为 4 kPa、10 kPa。含水率为 8％的原粒径铁精矿在约至 2200 振次后，测点 1、测点 2 处孔隙水压力分别保持在 6 kPa、14 kPa 的峰值上下波动。这主要是因为在原粒径铁精矿动力离心试验中，虽然利用羧甲基纤维素钠水溶液作为孔隙流体，经离心机模型试验放大后，渗透系数理论值为 5.03×10^{-3} cm/s，渗透系数并未放大，但是原粒径铁精矿颗粒粒径较大，铁精矿内孔隙体积相对较大，孔隙水压力仍容易消散。

含水率为 9％的原粒径铁精矿孔隙水压力曲线呈现"初期缓慢增长、反复波动；后期保持峰值上下波动"的变化规律。当加速度为 0.2g 时，测点 1、测点 2 处孔隙水压力峰值分别为 13 kPa、24 kPa，临界振次约为 3800 次左右；当加速度为 0.3g 时，测点 1、测点 2 处孔隙水压力峰值分别为 15 kPa、27 kPa，临界振次约为 3500 次左右；当加速度为 0.4g 时，测点 1、测点 2 处孔隙水压力峰值分别为 17 kPa、28 kPa，临界振次约为 3200 次左右；当加速度为 0.5g 时，测点 1、测点 2 处孔隙水压力峰值分别为 20 kPa、30 kPa，临界振次约为 2900 次左右。可见，含水率为 9％的原粒径铁精矿的孔隙水压力随加速度的增加，孔压峰值增大、临界振次减小；对比含水率为 8％的原粒径铁精矿，其孔隙水压力峰值有明显提升。

原粒径铁精矿的孔隙水压力曲线的临界振次与水液面上升至矿体顶部表面时的振动次数基本一致，略有滞后。借鉴 Parcher[1] 分析雨水入渗引起孔隙水压力升高三个因素：①静水压力；②雨水渗透；③土体剪缩。本文认为：由铁精矿未饱和，试验所测孔压力还包括了水分迁移产生的静水压力和渗透压力，故孔压上升与水液面上升密切相关，但孔压上升规律具一定的滞后性。

振动初始（约 0～100 振次），铁精矿体积压缩迅速，孔隙水受挤压而产生超孔压，同时，水分被挤出后发生迁移，水分迁移产生渗透压力也导致孔隙水压力上升，这时矿体底部水液面刚刚形成，还没有产生静水压力。因此，该阶段孔隙水压力变化主要由动孔压包括铁精矿剪缩和渗透压力引起的。

振动前期（约 100～3000 振次），随振动次数的增加，铁精矿体积继续压缩，孔隙间水分被挤出后继续发生迁移，水液面不断上升。该阶段孔隙水压力主要包括动孔隙水压力和静水压力，其中，动孔隙水压力包括由矿体剪缩产生的超孔压和由水分迁移产生的渗透压力。

振动后期（约 3000～6000 振次），铁精矿体积压缩量小，未流态化的原粒径铁精矿水液面上升至一定高度后不再变化，孔隙水压力与静水压力有关。发生流态化的原粒径铁精矿水分达到矿体上表面后，水分继续向矿体上表面析出，直到析出水量稳定，该过程铁精矿的孔隙水压力与静水压力和动孔压有关，其中，动孔孔隙水压力主要是由水分迁移产生的渗透压力。

动力离心试验条件下，原粒径铁精矿孔隙水压力上升主要由静水压力和动孔隙水压力引起的，其中，动孔压包括由矿体剪缩产生的超孔压和由水分迁移产生的渗透压力。此外，当铁精矿含水率超过临界值时，孔隙水压力峰值增长明显。

---

①Parcher J. A critical evaluation of procedures used to analyse the stability of slopes [D]. University of Arkansas, 1968.

4.3.2.2 缩粒径铁精矿宏观演化规律

1. 宏观试验现象

在 F-1、F-2、F-3、F-4、F-5、F-6、F-7、F-8 这 8 组原粒径铁精矿流态化试验中共有 4 组试验产生流态化现象。当密实度为 0.33 时，含水率为 8% 的铁精矿在加速度为 0.5g 时没有发生流态化；含水率为 9% 在加速度为 0.2g、0.3g、0.4g 时未发生流态化现象，在加速度为 0.5g 时可发生流态化现象；含水率为 10% 的铁精矿在加速度为 0.2g、0.3g、0.4g 时均可发生流态化现象。

图 4.28、图 4.29 为 F-7 组试验缩粒径铁精矿流态化演化过程的宏观试验现象（含水率为 10%，加速度为 0.3g）。动力离心模型试验中，缩粒径铁精矿流态化形成的演化过程为水液面形成、水液面上升和流态化形成三个阶段。

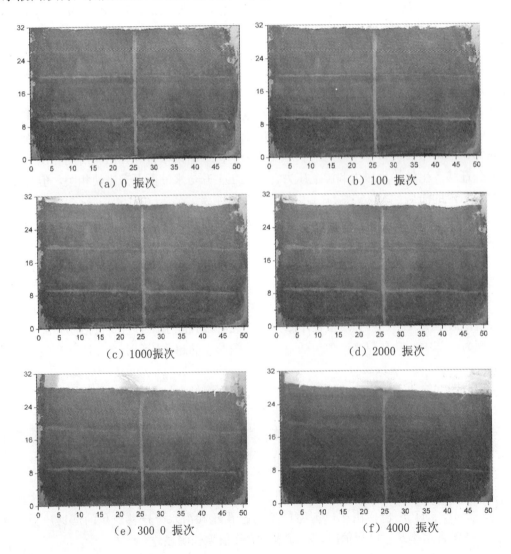

(a) 0 振次

(b) 100 振次

（c) 1000振次

(d) 2000 振次

（e) 300 0 振次

（f) 4000 振次

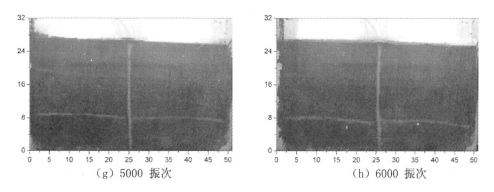

（g）5000 振次　　　　　　　（h）6000 振次

图 4.28　F-7 组试验缩粒径铁精矿形成流态化模型试验的侧面观测图片

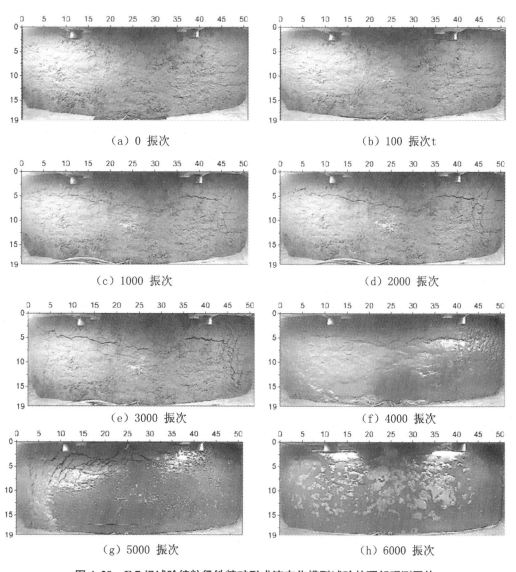

（a）0 振次　　　　　　　　　（b）100 振次t

（c）1000 振次　　　　　　　（d）2000 振次

（e）3000 振次　　　　　　　（f）4000 振次

（g）5000 振次　　　　　　　（h）6000 振次

图 4.29　F-7 组试验缩粒径铁精矿形成流态化模型试验的顶部观测图片

振动初始（约 0～100 振次），缩粒径铁精矿表面沉降均匀，体积略有减小，孔隙体积压缩量很小，见图 4.28（a）～（b）。从顶部观测图片（图 4.29（a）～（b））观测到铁精矿顶部沉降不明显。这可能是由于缩粒径铁精矿颗粒细小，颗粒间内聚力较大，骨架结构相对不易破坏，颗粒间自由水在重力作用下的向下迁移，水分在模型底部聚集形成水液面。

振动前期（约 100～3000 振次），缩粒径铁精矿表面沉降均匀，铁精矿体积继续压缩，约至 3000 振次时约有 4 cm 沉降值，水液面向矿体顶部迁移，见图 4.28（c）～（e）。从顶部采集图片（图 4.29（c）～（e））观测到铁精矿顶部沉降明显，出现纵横裂纹，随着动荷载的持续，纵横裂纹数目增多，裂纹深度和宽度增大。这是因为，该阶段内缩粒径铁精矿颗粒间水分在重力作用下不断向下迁移；同时，水液面以下的铁精矿由于水分的润滑作用，颗粒错动加速，进一步促使水分从孔隙间析出，水液面持续上升。

振动后期（约 3000～6000 振次），在水液面上升至矿体表面前，铁精矿顶部表面沉降均匀，沉降量较小。当水液面上升至表面后，铁精矿迅速沉降，沉降量约 2 cm，并明显观测到缩粒径铁精矿表层矿水混合物呈流体状在动荷载作用下往复振荡，振动停止后，铁精矿顶部表面有一层厚度约为 0.8 cm 的水清液，见图 4.28（f）～（h）。从顶部观测到（图 4.29（f）～（h）），当水分析出至缩粒径铁精矿顶部表面时，模型箱右侧的铁精矿由于水分含量较多呈粘稠流态，拉动模型箱左侧的铁精矿，使模型箱左侧的铁精矿出现众多拉裂缝，当水分继续析出并蔓延至左侧区域时，模型箱内的缩粒径铁精矿均呈黏稠流体状来回流动。这是因为，该阶段水分增加使表层铁精矿颗粒间作用力降低，黏聚力降低，抗剪强度减弱，在动荷载作用下，表层矿水混合物呈流体状往复振荡，形成流态化现象。F-5、F-6、F-7、F-8 这 4 组试验，流态化形成的临界振次分别约为 4200 次、3750 次、3500 次、3300 次，试验结束后测量析出水量占铁精矿总水量的百分比分别为 1.65%、3.09%、4.33%、6.54%。

缩粒径铁精矿发生流态化的演化历程与原粒径铁精矿相似。在振动过程中，铁精矿体积压缩，水液面上升至矿体顶部表面时，表层矿水混合物往复荷载下像流体一样往复振荡，形成流态化现象。这是因为铁精矿受动荷载作用，矿体体积压缩，颗粒间水分从颗粒表面剥离，在重力作用向下迁移，并在不断聚集形成局部连续水体，其表现为形成水液面上升；随着水液面的上升，铁精矿含水量增加，饱和度增大，使较大铁精矿颗粒表面形成润滑剂，使摩擦阻力降低，而使较小铁精矿颗粒间作用力减弱，黏聚力降低，从而降低铁精矿的抗剪强度，导致表层矿水混合物在水平往复荷载下像流体一样流动，形成流态化。

2. 水液面上升曲线

动力离心试验中，缩粒径铁精矿表面沉降相对均匀。F-1、F-2、F-3、F-4 这 4 组试验未发生流态化，水液面最终高度由最终振次确定；F-5、F-6、F-7、F-8 这 4 组试验均发生了流态化，水液面最终高度由水液面上升至矿体顶部表面时的临界振次确定。图 4.30 为缩粒径铁精矿的水液面上升曲线。

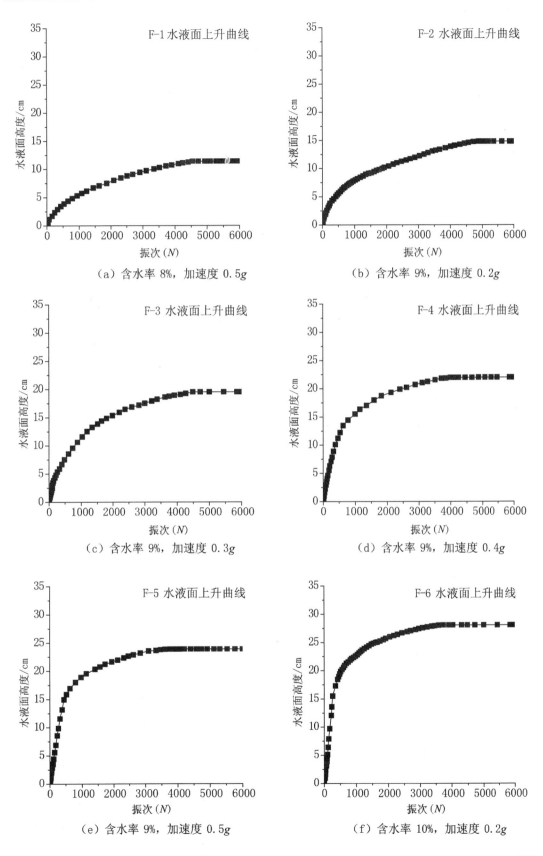

（a）含水率 8%，加速度 0.5g

（b）含水率 9%，加速度 0.2g

（c）含水率 9%，加速度 0.3g

（d）含水率 9%，加速度 0.4g

（e）含水率 9%，加速度 0.5g

（f）含水率 10%，加速度 0.2g

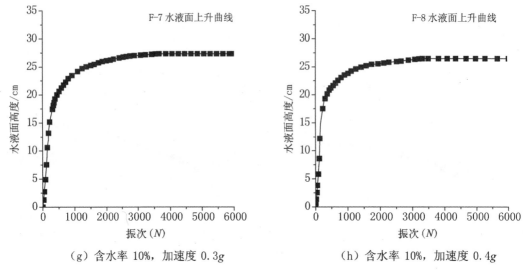

（g）含水率 10%，加速度 0.3g   （h）含水率 10%，加速度 0.4g

图 4.30　缩粒径铁精矿的水液面迁移时间曲线

动力离心条件下，缩粒径铁精矿的水液面上升曲线特点是水液面上升变化相对缓慢。未发生流态化的缩粒径铁精矿水液面上升至最终高度的临界振次基本在 4000 次以上，已发生流态化的缩粒径铁精矿的临界振次基本在 3300 次以上。

相同含水率条件下，随着加速度的增加，缩粒径铁精矿的水液面上升曲线的变化趋势加快，水液面上升至最终位置的临界振次减小，最终位置的高度增大。当含水率为 9％时，加速度为 0.2g、0.3g、0.4g 的缩粒径铁精矿的水液面上升至最终位置的临界振次分别为 4860 次、4520 次、4000 次，水液面最终高度分别为 14.8 cm、19.5 cm、22.0 cm，加速度为 0.5g 的缩粒径铁精矿在 4200N 时发生流态化现象。当含水率为 10％时，缩粒径铁精矿的水液面均上升至矿体表面，随着加速度的增大，水液面上升至矿体表面的临界振次减小。

相同加速度条件下，当加速度分别为 0.2g、0.3g、0.4g 时，随着含水率的增大，水液面上升曲线变化明显，含水率为 9％的缩粒径铁精矿的水液面均未上升至矿体顶部表面，而含水率为 10％的缩粒径铁精矿的水液面分别在 3740 次、3480 次、3300 次内上升至矿体顶部表面，且随加速度由 0.2g 增至 0.4g，含水率为 9％和含水率为 10％的缩粒径铁精矿的水液面上升曲线的差异减弱；加速度为 0.5g 时，含水率为 8％的缩粒径铁精矿的水液面高度为 11.4 cm，未上升至矿体表面，而含水率为 9％的缩粒径铁精矿的水液面在 4200 次内到达矿体表面。

动力离心条件下，含水率为 9％的缩粒径铁精矿在低于 0.5g 加速度作用下不会发生流态化现象，而含水率为 10％的缩粒径铁精矿在 0.2g～0.4g 加速度时均发生流态化现象。随着加速度的增大，未发生流态化的缩粒径铁精矿水液面的最终高度增加，水液面上升至最终高度的临界振次减小，发生流态化的缩粒径铁精矿水液面上升至矿体表面的临界振次减小。

缩粒径铁精矿的水液面曲线上升规律与宏观试验现象较为一致，水分的迁移始终贯穿整个缩粒径铁精矿的流态化过程。振动前期，矿体表面沉降均匀，体积压缩量大，水液面上升相对迅速；随着矿体体积进一步压缩，铁精矿颗粒接触紧密、粒间作用力增强，孔隙间水分析出速率减缓，水液面上升曲线出现拐点；振动后期，含水率较低的缩粒径铁精矿水液面高度不再变化，而含水率较高的缩粒径铁精矿水液面继续上升直至模型顶部表面。

缩粒径铁精矿的水液面上升规律表明：动力离心条件下，初始水分含量和加速度对缩粒径铁精矿流态化形成均有影响，其中含水率对缩粒径铁精矿流态化形成的影响更为重要。缩粒径铁精矿发生流态化的含水率临界值在 9%～10% 之间。

3. 分层含水率变化

图 4.31 为试验完成后 F-1、F-2、F-3、F-4、F-5、F-6、F-7、F-8 这 8 组缩粒径铁精矿的分层含水率沿模型高度方向的变化情况，以研究动荷载下水分在缩粒径铁精矿内部的迁移规律。横坐标为含水率值，纵坐标表示缩粒径铁精矿测点的位置高度。测线 1、2、3 的位置见图 4.25 所示。

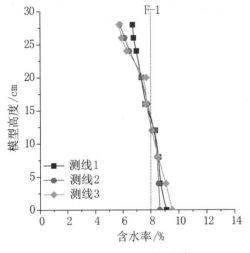

（a）含水率 8%，加速度 0.5g

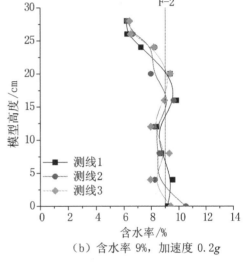

（b）含水率 9%，加速度 0.2g

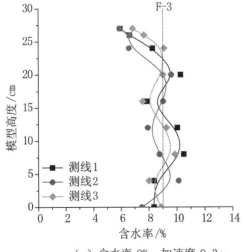

（c）含水率 9%，加速度 0.3g

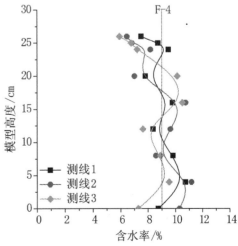

（d）含水率 9%，加速度 0.4g

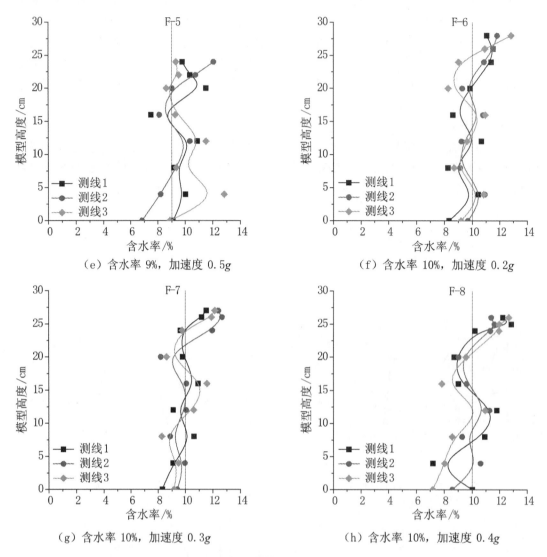

（e）含水率9%，加速度0.5g

（f）含水率10%，加速度0.2g

（g）含水率10%，加速度0.3g

（h）含水率10%，加速度0.4g

图4.31　缩粒径铁精矿的分层含水率变化

　　振动停止后，测得缩粒径铁精矿内的含水率分布发生改变，水分发生迁移，水分迁移呈"相邻层间迁移"的趋势。从图中可以看出，当含水率大于8％时，对于模型中下部的缩粒径铁精矿，分层含水率值以原含水率值为对称轴分布在两侧，水分在各相邻层间相互迁移。对于模型中上部，未形成流态化的缩粒径铁精矿，顶部含水率较低，水分由顶部向下迁移至相邻层；形成流态化的铁精矿，顶部含水率较高，水分由相邻层向上迁移至顶部。另外，相同含水率下，缩粒径铁精矿分层含水率值分布变化随加速度增大而波动加剧。

　　含水率为8％的缩粒径铁精矿在加速度为0.5g时未发生流态化。分层含水率值沿模型高度方向向下线性递增，顶部含水率平均值约为6.5％，底部含水率平均值约为9.5％。这说明含水率为8％的缩粒径铁精矿水分向下发生迁移。

含水率为 9％的缩粒径铁精矿，当加速度为 0.2g、0.3g、0.4g 时未形成流态化，当加速度为 0.5g 时形成流态化现象。对于模型高度 20 cm 以上的缩粒径铁精矿，未形成流态化时含水率沿模型高度方向向下递增，顶部含水率在 6％左右，形成流态化时含水率沿模型高度方向上递增，顶部含水率为 9％～12％。对于模型高度 0～20 cm 范围内的缩粒径铁精矿，分层含水率值在 9％上下波动，最大波动幅值约为 1.5％左右，底部含水率平均值随加速度增大而减小，加速度为 0.2g、0.3g、0.4g、0.5g 时底部含水率平均值分别为 9.5％、9％、8.5％、8％。

含水率为 10％的缩粒径铁精矿在加速度为 0.2g、0.3g、0.4g 时均发生了流态化现象。对于模型高度 20 cm 以上的缩粒径铁精矿，分层含水率沿模型高度方向向上递增，水分由顶部相邻层向上迁移，顶部含水率平均值在 12％以上。对于模型高度为 0～20 cm 的缩粒径铁精矿，分层含水率值在 10％附近波动，最大波动幅值约为 2％左右，底部含水率平均值随加速度增大而递减，分别为 9.5％、9％、8.5％。这说明缩粒径铁精矿内水分在相邻层间发生迁移，可能是因为缩粒径铁精矿细颗粒含量较多，细小颗粒阻碍了水体的自由流动。

动力离心条件下，缩粒径铁精矿的分层含水率变化规律表明：在动荷载作用下，缩粒径铁精矿内水分在各个相邻层间迁移，部分水分迁移至铁精矿表面后造成顶部铁精矿饱和度增加、抗剪强度降低，形成流态化现象。缩粒径铁精矿形成流态化现象时矿体内含水率分布发生改变，矿体内水分发生迁移。

4. 孔隙水压力规律

图 4.32 为缩粒径铁精矿动力离心模型试验过程中孔隙水压力曲线，各测点在缩粒径铁精矿内的位置见图 4.16 所示。

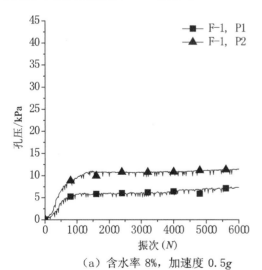

（a）含水率 8%，加速度 0.5g

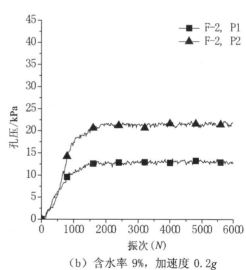

（b）含水率 9%，加速度 0.2g

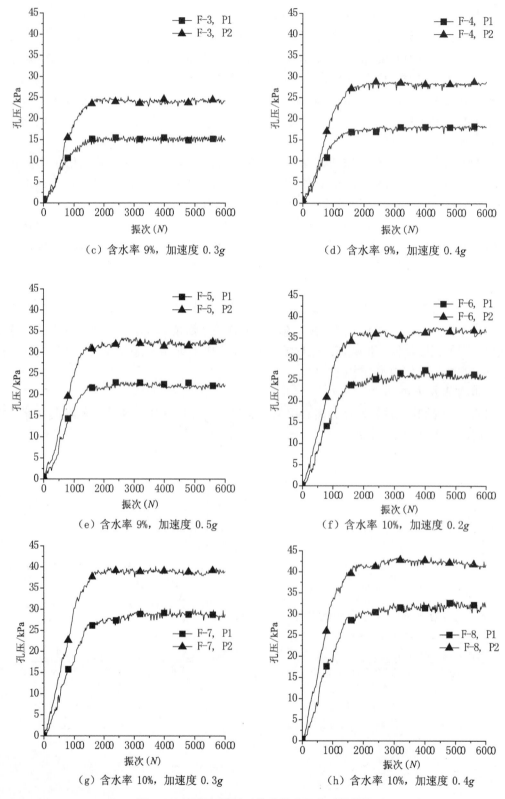

（c）含水率 9%，加速度 0.3g （d）含水率 9%，加速度 0.4g

（e）含水率 9%，加速度 0.5g （f）含水率 10%，加速度 0.2g

（g）含水率 10%，加速度 0.3g （h）含水率 10%，加速度 0.4g

图 4.32　缩粒径铁精矿的孔隙水压力时程曲线

含水率为 8% 的缩粒径铁精矿，在加速度为 0.5g 时，孔隙水压力增长幅值较小、发展缓慢，P1、P2 观测点的孔隙水压力达到峰值时临界振次分别约为 1000 次、1500 次，最大值分别为 4 kPa、10.5 kPa。

含水率为 9% 的缩粒径铁精矿，当加速度为 0.2g 时，P1、P2 测点处孔压峰值分别约为 12.5 kPa、21.5 kPa，临界振次约为 1800 次；当加速度为 0.3g 时，P1、P2 测点处孔压峰值分别约为 15 kPa、25 kPa，临界振次约为 1900 次；当加速度为 0.4g 时，P1、P2 测点处孔压峰值分别约为 18 kPa、29 kPa，临界振次约为 2000 次；当加速度为 0.5g 时，P1、P2 测点处孔压峰值分别约为 22.5 kPa、32 kPa，临界振次约为 2100 次。

含水率为 10% 的缩粒径铁精矿，当加速度为 0.2g 时，P1、P2 测点处孔压峰值分别为 25.5 kPa、36 kPa，临界振次约为 1800 次；当加速度为 0.3g 时，P1、P2 测点处孔压峰值分别为 29 kPa、38.5 kPa，临界振次约为 1600 次；当加速度为 0.4g 时，P1、P2 测点处孔压峰值分别为 31 kPa、43 kPa，临界振次约为 1500 次。

振动初始（约 0～100 振次），缩粒径铁精矿体积压缩量很小，矿体内应力变化小，孔隙间自由水受重力作用向下迁移。该阶段缩粒径铁精矿孔隙水压力变化仅与渗透压力有关。由于缩粒径铁精矿颗粒粒径小，当含水率较低时，毛细现象严重，空气阻力阻碍水分迁移，故孔压上升略有延迟。

振动前期（约 100～3000 振次），缩粒径铁精矿体积压缩，矿体内应力发生改变，水分迁移形成水液面上升。对于水液面之下的铁精矿，由于孔隙体积减小，导致颗粒间距缩小，粒间作用力增大，同时，矿体饱和度增大，孔隙气体积减小，故孔隙水压力不易消散，孔压上升相对迅速。另外，由于缩粒径铁精矿的水分迁移呈"相邻层间迁移"的趋势，测点处孔隙水压力达到峰值后趋于稳定，而水液面继续上升。该阶段缩粒径铁精矿孔隙水压力上升与静水压力和动孔压有关，其中动孔压包括矿体剪缩产生的超孔压和由水分迁移产生的渗透压力。

振动后期（约 3000～6000 振次），缩粒径铁精矿体积压缩量小，模型中下部矿体骨架趋于稳定，孔隙水压力保持稳定。这是因为缩粒径铁精矿的细颗粒含量较多，细颗粒阻碍了水体流动，使得矿体内孔压消散较慢，矿体内部能够维持较高的孔隙水压力。该阶段缩粒径铁精矿的孔隙水压力与静水压力和动孔压有关，其中动孔压主要包括由水分迁移产生的渗透压力。

缩粒径铁精矿的孔隙水压力规律为：孔隙水压力主要包括静水压力和动孔压，孔压上升相对迅速。孔隙水压力曲线的临界振次小于水液面上升曲线的临界振次。当含水率较低时，由于毛细现象严重，孔压上升略有延迟。

4.3.2.3　两种试样的试验对比分析

1. 结果对比

（1）宏观试验现象

原粒径铁精矿振动初始体积压缩迅速，振动过程中随着孔隙体积压缩、水液面迅速上升，顶部表面沉降不均匀。水液面上升至顶部时，造成顶部铁精矿饱和度增加、抗剪强度降低，呈流动趋势，水液面继续上升后，铁精矿上表面形成一层矿水混合物和一层红色水清液。

缩粒径铁精矿振动初始体积压缩量小，振动过程中水液面上升相对缓慢，顶部表面沉降均匀。水液面上升至顶部时，水分含量较多的铁精矿呈黏稠流态振荡，拉动其余铁精矿运动，水液面继续上升后，铁精矿顶部形成一层像流体一样的矿水混合物，在水平动荷载作用下往复振荡。

（2）水液面上升曲线

原粒径铁精矿水液面上升迅速，动荷载下细颗粒填充粗颗粒间孔隙，促使孔隙体积进一步减小、水分被挤出，促使水液面高度上升。含水率为7%、8%的铁精矿水液面最终高度为7.5 cm、15.5 cm，未形成流态化；含水率为9%的铁精矿在加速度为0.2g、0.3g、0.4g、0.5g时，水液面上升至上表面的临界振次分别为3600次、3300次、3000次、2900次。

缩粒径铁精矿水液面上升相对缓慢，缩小5倍粒径的缩粒径铁精矿由于颗粒太小，毛细现象严重，空气阻力阻碍水分上升。含水率为8%的铁精矿在加速度为0.5g时水液面最终高度为11.4 cm，含水率为9%的铁精矿在加速度为0.2g、0.3g、0.4g时水液面最终高度分别为14.8 cm、19.5 cm、22.0 cm，未形成流态化；而含水率为9%的铁精矿在加速度为0.5g时水液面上升至上表面的临界振次为4200次，含水率为10%的铁精矿在加速度为0.2g、0.3g、0.4g时水液面上升至上表面的临界振次分别为3740次、3480次、3300次。

（3）分层含水率变化

未形成流态化的原粒径铁精矿的水分迁移规律呈"从表层向底层迁移"趋势，沿模型高度方向，分层含水率值向下递增、水分向下迁移；形成流态化的原粒径铁精矿的水分迁移规律呈"从底层向表层逐层迁移"趋势，沿模型高度方向，中上层铁精矿含水率值向上递增，中层含水率保持稳定。

未形成流态化的缩粒径铁精矿顶部含水率平均值较低，水分由顶部向下迁移至相邻层，而模型高度中下部的分层含水率值以原含水率值为对称轴分布在两侧，水分在各相邻层间相互迁移；形成流态化的缩粒径铁精矿表层含水率平均值较高，水分由相邻层向上迁移至上表层，而模型高度中下部的分层含水率值同样以原含水率值为对称轴分布在两侧，水分在各相邻层间相互迁移。

（4）孔隙水压力规律

原粒径铁精矿孔隙水压力曲线上升缓慢且波动剧烈，孔隙水压力曲线的临界振次与水液面上升曲线的临界振次基本一致。当含水率超过临界值，孔隙水压力峰值增长明显。原粒径铁精矿颗粒粒径较大，矿体内孔隙体积相对较大，孔隙水压力容易消散。

缩粒径铁精矿振动初始，孔隙水压力上升略有延迟，振动前期，孔隙水压力发展迅速，且孔隙水压力曲线的临界振次小于水液面上升曲线的临界振次。由于缩粒径铁精矿内小粒径颗粒含量较多，细小颗粒阻碍了水体的自由流动，使得矿体内孔压消散较慢，矿体内部能够维持较高的孔隙水压力。

2. 讨论与建议

上海出入境检验检疫局利用流盘实验法，测得原粒径铁精矿和缩粒径铁精矿的流动水分点FMP分别为9.02%、9.78%，适运水分点TML分别为8.1%、8.8%。

这一结果与动力离心试验所得结论较为一致。原粒径铁精矿含水率为8%时在加速度0.5g下未发生流态化现象，而含水率为9%时在加速度0.2g下即可发生流态化现象，动力离心条件下原粒径铁精矿发生流态化的含水率为9%，与流盘试验测得流动水分点FMP为9.02%一致。缩粒径铁精矿含水率为9%时仅在加速度为0.5g时发生流态化现象，而含水率为 10% 时在加速度 0.2g 时即可发生流态化现象，动力离心条件下缩粒径铁精矿发生流态化的临界水分点在 9%～10% 间，与流盘试验测得流动水分点 FMP 为 9.78% 较为一致。缩粒径铁精矿试验结果与室内振动台模型试验较为吻合。

上述结果说明，动力离心条件下，采用缩小 5 倍粒径的铁精矿材料模拟散装铁精矿材料，从理论上满足了振动时间比尺和渗流时间比尺保持一致的要求，能够较好地再现室内模型试验结果，但是由于颗粒粒径太小，改变了原矿体的物理性质，导致铁精矿的流动水分点升高。借鉴徐光明等[1]研究成果，对于砂土材料，过多缩制原型土颗粒粒径会造成模型土料与原型土料在性质上的明显差异，且当模型结构物与土颗粒粒径之比大于 23 时，试验结果不会受粒径效应所影响。这一结论对本试验所用散装铁精矿材料仍然适用。

综上所述，在针对本文铁精矿的动力离心试验中，为使振动时间比尺和渗流时间比尺保持一致，采用铁精矿颗粒粒径不变和羧甲基纤维素钠水溶液作为孔隙流体的方法更为可行，以研究接近实际重力场下铁精矿的流态化演化规律。

4.3.3　流态化细观规律

为了进一步研究动荷载下铁精流态化的形成机理，在试验矿体的局部区域进行细观观测，从细观尺度探讨铁精矿发生流态化的形成机理。

根据 4.3.2.3 两种试样的试验对比分析可知，动力离心条件下，采用羧甲基纤维素钠水溶液作为孔隙流体和原粒径铁精矿材料作为试验材料的方法所得的试验结果更为接近实际。同时，对缩小 5 倍粒径的铁精矿材料进行细观观测所得细观图片不甚理想。因此，根据原粒径铁精矿的动力离心模型试验宏观观测结果，本试验选取原粒径铁精矿矿体中间部位进行细观观测，细观观测区域距模型底部高度 15.0 cm（见图 4.33），细观观测区域的面积为 6.0 mm×8.0mm。

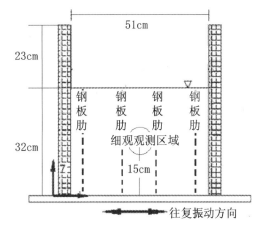

图 4.33　细观观测区域在矿体的位置

4.3.3.1　水分迁移规律

根据 4.3.2 流态化宏观演化规律研究结果可知，动力离心条件下，水分迁移是导致散装铁精矿流态化形成的关键。图 4.34 为 M-4 组原粒径铁精矿（含水率为 9%、加速度为 0.3g）细观观测区域的细观图片，图中坐标单位为 mm。

振动初始，铁精矿矿体内不同颗粒粒径均匀分布，矿体相对比较松散，颗粒间孔隙体积比较大，细观区域内可以明显的观测到水分均匀分布在铁精矿颗粒间，矿体内存在较多气泡，见图 4.34（a）；约至 100 振次时，铁精矿矿体被压缩，颗粒间孔隙减小，细观区域内可明显观测到水分受重力作用向下迁移，矿体内气泡体积被压缩，部分颗粒表层包裹水膜面积增大，见图 4.34（b）。

---

①徐光明，章为民．离心模型中的粒径效应和边界效应研究［J］．岩土工程学报，1996，18（3）：80－86．

振动前期，铁精矿体积进一步压缩，颗粒间孔隙体积进一步缩小，促使孔隙间水分被挤出，矿体内细颗粒含量减少而粗颗粒含量增多。约至 500 振次时，细观区域内可明显观测到矿体内水分含量增多，部分颗粒表面包裹水膜汇集成片，水分在动荷载作用下趋于向矿体表层迁移，见图 4.34 (c)；约至 1000 振次时，水分迁移流速加快，水分迁移更加显著，矿体中流动的孔隙水对颗粒产生渗透力，渗透力导致一部分颗粒骨架咬合相对较弱的细颗粒随水流一起移动，矿体中细颗粒流失后形成了孔隙流体的流动通道，见图 4.34 (d)；约至 1500 振次时，细观观测区域内水分含量进一步增多，矿体接近于饱和状态，由宏观试验结果可知试验进行到 1500 振次时，该区域已处于水液面之下，见图 4.34 (e)；约至 2000 振次时，增多的水分在铁精矿颗粒表面形成润滑剂，使颗粒间作用力减弱，颗粒在动荷载作用下更容易发生错动，矿体骨架进一步压缩，细观观测区域内铁精矿颗粒间剩余水分含量减少，见图 4.34 (f)。

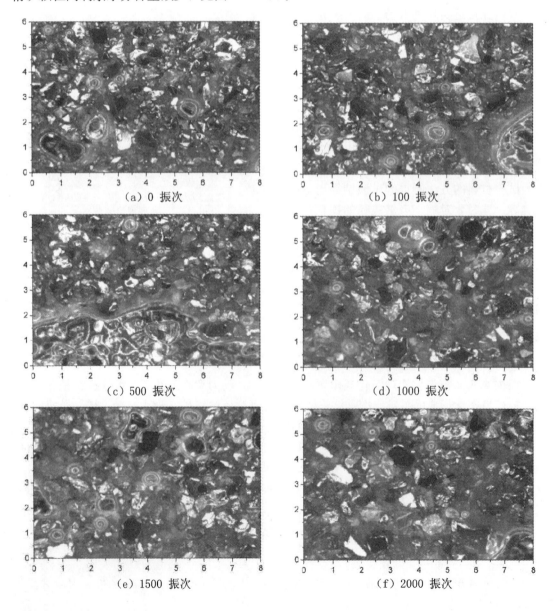

(a) 0 振次   (b) 100 振次

(c) 500 振次   (d) 1000 振次

(e) 1500 振次   (f) 2000 振次

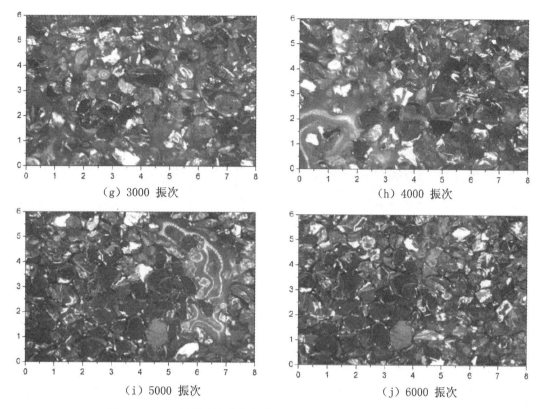

（g）3000 振次　　　　　　　　　　（h）4000 振次

（i）5000 振次　　　　　　　　　　（j）6000 振次

图 4.34　M-4 铁精矿流态化水分迁移细观图片（坐标单位：mm）

振动后期，由于水分在迁移过程中带动细颗粒运动，细颗粒迁移过程中不断粗颗粒骨架之间的孔隙体积，阻塞了孔隙流体的流动通道，降低孔隙流体在矿体中的渗流速度。在 3000～4000 振次时，细观区域内可观测到水分迁移量减小，迁移速率降低，见图 4.34（g）和图 4.34（h）；在 5000～6000 振次，铁精矿细颗粒嵌合在粗颗粒骨架间，矿体孔隙体积很小，颗粒间剩余水分含量少，见图 4.34（i）和图 4.34（j）。

原粒径铁精矿的水分迁移细观规律表明：动荷载使铁精矿孔隙体积减小，孔隙间水分被挤出受重力作用向下迁移；水分不断汇集后形成流通水体，在动荷载作用下趋于向矿体表层析出；流动的孔隙水带动细颗粒移动，细颗粒流失后矿体中形成孔隙水的流动通道，更加利于孔隙间水分迁移；细颗粒迁移过中不断填充粗颗粒间孔隙，进一步促使水分析出；当水分析出至铁精矿层时，使矿体饱和度增加、抗剪强度降低，表层铁精矿在动荷载作用下往复运动，形成流态化现象。

4.3.3.2　颗粒细观运动

图 4.35 为试验 M-4 细观观测区域内铁精矿颗粒运动的细观照片。

振动初始，铁精矿受水平动荷载作用，颗粒不断错动，在重力作用下向下迁移。细观观测区域内的标志颗粒 A 主要发生竖向沉降，但沉降位移相对较大。颗粒骨架之间的孔隙体积减小，见图 4.35（a）、（b）。

振动前期，颗粒间出现错动，不断调整位置，细观观测区域内的标志颗粒 A 的竖向位移增大，同时标志颗粒 A 发生了水平位移，且水平位移增加量大于竖向位移；同时由于孔隙体积不断压缩，孔隙间水分不断继续被挤出并发生迁移，部分细颗粒随水迁移，不断填充粗颗粒骨架之间的孔隙体积，细观观测区域内粗颗粒比例增大，见图 4.35（c）、（d）。

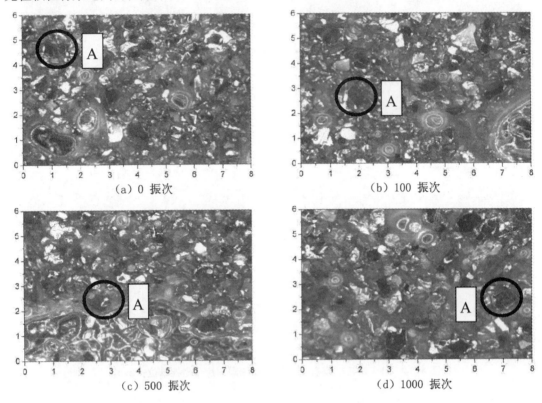

（a）0 振次   （b）100 振次

（c）500 振次   （d）1000 振次

图 4.35　M-4 铁精矿颗粒的细观运动过程（坐标单位：mm）

随着振动次数的增加，由于细观观测区域内水分含量增多，该区域内铁精矿矿体趋于饱和，增加的水分使颗粒间作用力降低，促使颗粒运动更加剧烈，且细观观测区域面积较小，标志颗粒 A 已运动出观测区域。

振动后期，由于铁精矿细颗粒填充粗颗粒间孔隙，使矿体更加密实，阻碍了水分的流动通道，水分迁移量逐渐减小，颗粒位移量减小，颗粒仅发生略微平移和转动；细观观测区域内的粗颗粒含量明显增加，矿体孔隙体积很小，铁精矿颗粒与颗粒之间嵌合紧密，参见图 4.34（j）。

原粒径铁精矿的颗粒运动细观规律表明：水平振动荷载下，铁精矿矿体骨架压缩，颗粒不断错动；振动初期，标志颗粒以竖向位移为主，随着振动次数的增加，标志颗粒发生竖向运动和水平运动，且水平位移大于竖向位移；振动后期，颗粒仅发生微弱平动和转动；细颗粒随水分迁移过程中不断填充粗颗粒骨架间孔隙；细观观测区域铁精矿饱和度增加时，颗粒运动更加剧烈。

4.3.3.3　细观组构分析

采用自主开发的可视化细观测试系统和细观结构分析软件 Geodip①，计算分析原粒径铁精矿细观观测区域的颗粒长轴定向、面积孔隙率和颗粒接触数等细观组构特征，从细观

---

①余荣传. 基于数字图像技术的砂土模型试验细观结构参数测量 [D]. 上海：同济大学硕士论文，2006.

角度分析原粒径铁精矿形成流态化的力学特性。

（1）颗粒长轴定向

图 4.36 为原粒径铁精矿流态化离心机试验过程中细观观测区域内颗粒长轴方向玫瑰图，它反映颗粒长轴方向的角度频数分布。

在振动前，细观区域内铁精矿颗粒的长轴方向分布相对比较均匀，长轴方向在 55°～65°、85°～95° 和 125°～145° 之间的铁精矿颗粒较多，见图 4.36（a）。

约至 100 振次时，细观观测区内铁精矿颗粒的长轴方向主要集中在 45°、90° 和 135° 方向，此时颗粒受水平剪切力作用发生错动，颗粒长轴方向分布偏向于水平方向发展，见图 4.36（b）。在振次约至 500N 时，细观观测区内铁精矿颗粒的长轴方向主要集中在 15°、90° 和 145°，见图 4.36（c），这主要是因为颗粒在孔隙水渗流作用下发生了平移和转动，颗粒长轴偏于向竖直和水平方向发展。

约至 1000 振次时，细观观测区内铁精矿颗粒的长轴方向主要集中在 55°～65° 和 125°～135° 之间，见图 4.36（d）；约至 1500 振次时，铁精矿颗粒长轴方向主要集中在 85°～95° 和 145°～155° 之间，见图 4.36（e）；约至 2000 振次时，铁精矿颗粒长轴方向主要集中在 25°～35° 和 115°～125° 之间，见图 4.36（f）；这主要是因为铁精矿水液面已上升至细观观测区域位置，区域内水分含量多，铁精矿颗粒受水分渗流力、水平剪应力和重力共同作用，同时水分趋于向上迁移，因此颗粒长轴方向的竖向分量较大。

约至 3000 振次之后，细观观测区内铁精矿颗粒的长轴方向主要集中在 5°、175° 和 85°～95° 之间，见图 4.36（g）～（i）。这主要是因为孔隙间水分析出后，孔隙体积减小，颗粒之间接触紧密，颗粒仍受水平剪切力作用，颗粒位置微弱调整，长轴方向逐渐定向于水平方向和竖直方向。

原粒径铁精矿的颗粒长轴变化规律表明：在原粒径铁精矿动力离心模型试验过程中，颗粒长轴方向由初始的均匀分布逐渐偏向于竖直和水平方向的定向分布，长轴方向变化经历了 2 个阶段。

（2）面积孔隙率

由于细观拍摄图片是二维观测图片，因此选用面积孔隙率作为考察铁精矿孔隙性的指标，面积孔隙率定义为孔隙面积与分析区域面积的比值。分别选择了细观观测区域在 0～6000 振次内每隔 200 振次截取细观图片进行分析面积孔隙率。

图 4.37 为原粒径铁精矿细观观测区域内的面积孔隙率变化曲线。振次为 0～2000 时，铁精矿体积压缩迅速，颗粒在动荷载作用下发生错动，而水液面的上升使细观观测区域内铁精矿饱和度增加、颗粒间作用力减弱，促使颗粒之间错动更加剧烈，矿体细观观测区域的面积孔隙率出现大幅度下降，面积孔隙率下降了近 15%，减小至 0.355；振次为 2000～4000 时，铁精矿颗粒在水平剪应力作用下仍相互错动，不断调整位置，细颗粒仍不断填充粗颗粒之间的孔隙，细观观测区域的面积孔隙率依然是下降，细观观测点的面积孔隙率下降了 6.4%，减小至 0.332；振次为 4000～6000 时，铁精矿颗粒仅出现稍许平动和转动，颗粒之间嵌合紧密，细观观测区域的面积孔隙率下降幅度很小，面积孔隙率下降了 1.8%，当振次至 6000 时，面积孔隙率减小至 0.326。

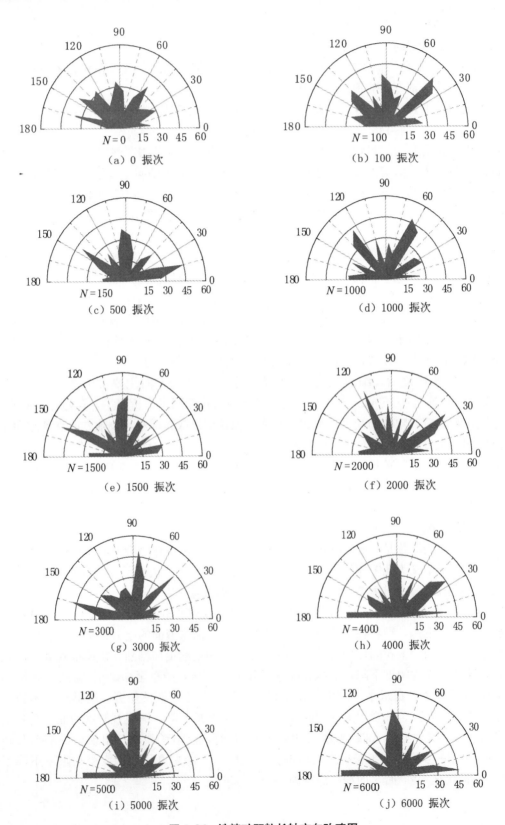

图 4.36 铁精矿颗粒长轴方向玫瑰图

原粒径铁精矿的细观面积孔隙率变化表明：在动荷载作用下铁精矿颗粒发生错动，细颗粒随水流迁移并填充粗颗粒之间的孔隙，面积孔隙率随之逐渐减小；同时，细观观测区内水分的增多促使铁精矿颗粒间错动更加剧烈。

（3）颗粒接触数

颗粒接触数是指颗粒与周围铁精矿颗粒接触的平均数目，其变化规律是颗粒受力变化的间接反映，用以分析颗粒运动、颗粒的重新排列规律等。分别选择了细观观测区域在 0～6000 振次内每隔 200 振次截取细观图片进行分析颗粒接触数。

图 4.38 为原粒径铁精矿细观观测区域内颗粒接触数曲线。振次为 0～2000 时，铁精矿在动荷载下矿体体积迅速压缩，颗粒间错动显著，同时孔隙间水分迁移亦带动细颗粒运动，细观观测区内水分的增多亦促使颗粒间错动更加显著，故颗粒接触数增加幅度较大，细观观测区域的颗粒接触数由 2.64 增加

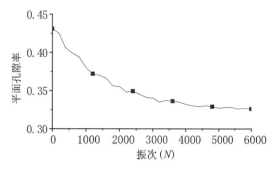

图 4.37　M-4 组铁精矿平面孔隙率曲线

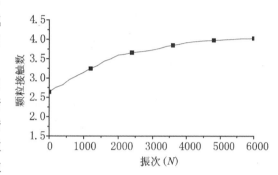

图 4.38　M-4 组铁精矿颗粒接触数曲线

至 3.60，增加了近 50%。在振动 2000～4000 内，细观观测区域的颗粒接触数增加幅度变小，颗粒接触数由 3.60 增加至 3.92，增加了约 8.8%。振次为 4000～6000 时，颗粒接触数的增加幅度继续减小，颗粒接触数增加了约 2.8%，当试验进行到 6000 振次时，颗粒接触数增加到 4.03。

原粒径铁精矿的细观颗粒接触数变化表明：铁精矿颗粒在水平剪应力作用和水流作用下发生错动，不断调整颗粒位置，粗颗粒间孔隙逐渐由细颗粒填充，颗粒间孔隙体积减小，颗粒接触数逐渐增大。

4.3.4　流态化形成机理

动力离心模型试验中，由于铁精矿采用自然沉积分层压实制样，且在施加动荷载前试样需经历 2min 左右的离心预压阶段，振动开始前铁精矿颗粒之间接触较为紧密，见图 4.39 所示。此时铁精矿矿体内的含水率值分布均匀，孔隙间水分均匀附着在颗粒表面。

振动开始后，水平动荷载作用下铁精矿内周期性的剪切应力使铁精矿颗粒之间比较容易发生错动，颗粒之间不断调整位置，孔隙体积减小，颗粒孔隙间水分被挤出并在重力作用下向下迁移。

水分迁移过程中，由于铁精矿颗粒粒径不同，其水力性质也有所不同，铁精矿中的细颗粒在孔隙水流作用下平行于水流方向移动，细颗粒的流失形成孔隙水的流动通道，有利于孔隙间水分的迁移；细颗粒迁移过程中不断填充粗颗粒间孔隙，进一步促使铁精矿颗粒间孔隙体积减小，促使孔隙间水分析出；水分不断迁移，汇集成片，在动荷载下趋于向矿体表层析出，其宏观表现为水液面上升。

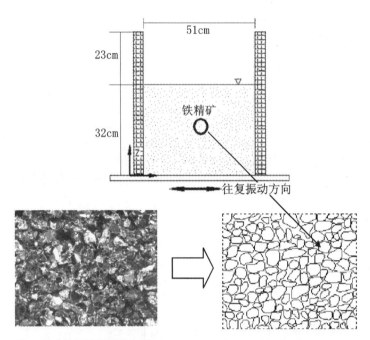

图 4.39 动力离心条件下铁精矿在振动前的示意图

当水液面恰好上升至铁精矿某高度时，该区域内铁精矿接近于饱和，孔隙间充满水分，孔隙气体被封闭且以气泡的形式存在于孔隙水中，部分气体也逐渐溶解入孔隙水里，矿体的抗剪强度降低，铁精矿颗粒在竖向重力、水平动荷载和水流作用下错动，颗粒位置不断调整。

对于埋深较大的铁精矿颗粒，动荷载作用使水分从颗粒表面不断被剥离并发生迁移，孔隙间水分逐渐减少，颗粒间孔隙体积进一步减小。然而，由于矿体内自重应力很大，当孔隙间水分被析出后，矿体内剪应力促使颗粒间的接触力和接触数逐渐重新恢复，颗粒之间嵌合紧密，形成新的密实结构。

对于表层的铁精矿颗粒，水液面不断升高使该区域内铁精矿水分含量不断增多，增多的水分首先使铁精矿颗粒间作用力减弱、抗剪强度降低，导致矿体易于滑动；水分持续析出使细小颗粒随水流迁移至铁精矿表层，并在铁精矿表层形成一层矿水混合物，呈流体状态在动荷载下往复流动；而水分继续迁移会在铁精矿顶面之上形成一层水清液。

此时，铁精矿试样自上而下大致分为三层：水层、矿水混合层和铁精矿层，见图4.40。铁精矿层结构稳定，而矿水混合层在动荷载下呈流动状态来回振荡，形成流态化现象。

动力离心模型试验条件下，水分的迁移是导致铁精矿发生流态化现象的主要原因，而矿体内初始水分含量的多少直接决定了水分能否迁移至铁精矿顶部表面，并影响铁精矿是否发生流态化现象。

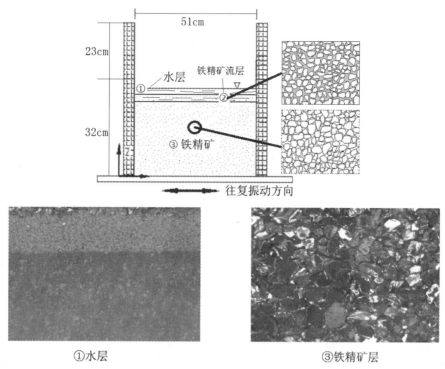

①水层　　　　　　　　　　　　③铁精矿层

图 4.40　动力离心条件下铁精矿发生流态化后的示意图

4.3.5　影响因素分析

动力离心机模型试验进行了 7 组影响因素探索试验，含水率变量为 7％、8％、9％三种，加速度变量为 0.2g、0.3g、0.4g、0.5g 四种，密实度变量为 0.33 和 0.82 两种，最大振动时间为 100 min，试验方案见表 4.5。

散装铁精矿在实际海运过程中形成流态化现象的影响因素很多，本节主要通过分析水液面上升曲线，从水分迁移规律角度探讨含水率、加速度、密实度等对铁精矿流态化形成的影响。

4.3.5.1　含水率

图 4.41 为动力离心机模型试验条件下，当加速度为 0.5g 时，不同含水率时铁精矿的水液面上升曲线。

当加速度为 0.5g 时，含水率为 7％、8％的铁精矿的水液面最终高度分别为 7.5 cm、15.5 cm，液面上升曲线拐点的临界振次分别约为 2200 次、2000 次，未形成流态化现象；含水率为 9％的铁精矿的水液面高度达到铁精矿上表面时的临界振次约为 2900 振次，可发生流态化现象。

根据铁精矿室内模型试验结果，含水率为

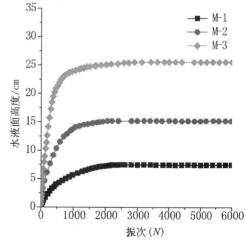

图 4.41　加速度为 0.5g 时含水率对铁精矿流态化形成的影响（动力离心模型试验）

171

7%、8%的铁精矿在加速度为0.5g时都未发生流态化现象，故更不可能在加速度小于0.5g时发生流态化现象；而含水率为9%的铁精矿在加速度为0.2g、0.3g、0.4g时水液面达到铁精矿上表面的临界振次分别约为3600次、3300次、3000次，发生流态化现象。

动力离心模型试验条件下，不同加速度时，铁精矿发生流态化的临界含水率值见表4.6所示。在加速度为0.2g～0.5g时，含水率是影响铁精矿流态化形成的关键因素，铁精矿形成流态化的临界含水率为8%，含水率临界值不受加速度变化的影响。而加速度在不大于0.5g时对散装铁精矿流态化形成基本无影响。

表4.6 不同加速度时铁精矿形成流态化的临界含水率值（动力离心模型试验）

加速度	0.2g	0.3g	0.4g	0.5g
临界含水率	9%	9%	9%	9%

参考 Leon A. van Paassen 针对另一种加拿大铁精矿的流盘试验结果，其流盘试验测得 TML 为8.3%。图4.42为含水率低于 TML 和高于 TML 时，加拿大铁精矿经过流盘试验台振动后的试样图片。当含水率低于 TML 时，铁精矿试样出现裂纹，试样表现为破裂、崩塌；当含水率高于 TML 时，流盘盘面有流失的水迹，铁精矿试样表现为瘫软，滑塌，并具有流动趋势。

（a）含水率低于TML 　　　　　　　（b）含水率高于TML

图4.42 加拿大铁精矿的流盘试验结果

在海运过程中，船舶随海浪而产生颠簸振动，铁精矿体积被压缩，孔隙体积减小，孔隙间气体被排除，当铁精矿的含水率较大时，铁精矿内初始水分含量多，颗粒间孔隙体积储存不了多余的水分，水分被挤出并逐渐汇集成连续水体，形成水液面上升。铁精矿体内水分含量越多，水液面位置越高，当水液面到达铁精矿上表面时，流态化现象发生。

综上分析，含水率是影响铁精矿流态化的关键因素，当铁精矿含水率超过临界值时，即使在较小加速度的作用下，铁精矿的水液面仍会达到上表面，形成流态化现象。根据实测资料，5.7万吨级散货船在5舱均匀装载时，舱内铁精矿的横向加速度幅值范围为0.15g～0.42g。建议在实际航运中，考虑天气等不可测因素，控制散装铁精矿的含水率低于8%。

4.3.5.2 加速度

图4.43是动力离心模型试验条件下，含水率为9%时，铁精矿在加速度为0.2g、0.3g、0.4g、0.5g时的水液面上升曲线。

当铁精矿含水率为9%时，铁精矿在加速度为0.2g～0.5g时均发生了流态化现象，随着加速度的增大，铁精矿水液面上升曲线的曲率增大，即水液面上升曲线拐点的临界振次减小。动力离心试验条件下，加速度对铁精矿流态化形成的影响减弱，含水率对铁精矿流态化形成的影响增强；当含水率超过临界值时，即使在 $0.2g$ 加速度下亦会发生流态化现象。

动力离心模型试验条件下，不同初始含水率时，铁精矿不形成流态化现象的临界加速度值不同。含水率为 7%、8% 的铁精矿在加速度不大于 $0.5g$ 时均不发生流态化现象，临界加速度为 $0.5g$；而含水率不低于 9% 的铁精矿在加速度不低于 $0.2g$ 时均会形成流态化现象，临界加速度低于 $0.2g$。

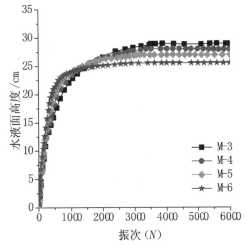

图 4.43　含水率为 9% 时加速度对铁精矿流态化形成的影响

对比室内小型振动台模型试验，动力离心试验条件下铁精矿更容易形成流态化。在 $0.2g\sim0.5g$ 内，相对于室内模型试验条件下铁精矿形成流态化的临界含水率受加速度的影响；动力离心试验条件下加速度对铁精矿流态化形成基本无影响，铁精矿能否形成流态化由含水率是否超过临界值确定。

4.3.5.3　密实度

图 4.44 为动力离心模型试验条件下，试验 M-6 与 M-7 的水液面上升对比曲线，这两组试验含水率（9%）、加速度（0.5g）和频率（1 Hz）相同，而密实度分别为 0.33 和 0.82。密实度为 0.33 的铁精矿水液面上升曲线拐点的临界振次小于 1000 振次，水液面上升至矿体上表面的临界振次约为 2900 次，而密实度为 0.82 的铁精矿水液面上升至矿体上表面的临界振次约为 5120 次。故密实度能够影响铁精矿流态化历时，但并不能阻止流态化现象的发生。

对比图 3.34 和图 4.44 可以发现，不论在室内模型试验条件下还是动力离心模型试验条件下，增大密实度均不能阻止铁精矿流态化的发生，但能延长铁精矿形成流态化的演化时程。

综上所述，含水率是影响散装铁精矿在实际重力场条件下流态化形成的关键因素。在实际航运中，船舶受航运过程中风浪等天气的影响，加速度很难预先确定；由于铁精矿装样时采用抓斗机进行装载，密实度不易人为控制；而含水率可在船舶载运出港前进行检测，建议铁精矿装载前，宜控制其含水率在 8% 以下。

4.3.6　室内与离心模型试验对比

通过对比散装铁精矿的室内振动台模型试验和动力离心机模型试验，分析铁精矿形成流

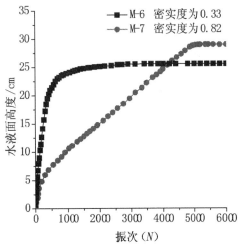

图 4.44　相同含水率和加速度时，密实度对铁精矿流态化形成的影响

态化的两种试验结果（下文所述"铁精矿"均指原粒径铁精矿）。

1. 形成流态化的含水率临界值

离心模型试验测得铁精矿发生流态化现象的含水率临界值为9%。即含水率为7%、8%的铁精矿在加速度为0.5g时仍未发生流态化现象，而含水率为9%的铁精矿在加速度为0.2g、0.3g、0.4g、0.5g时均可发生流态化现象。

室内模型试验测得铁精矿发生流态化现象的含水率临界值为9%~10%。即含水率为9%的铁精矿仅在加速度为0.5g时发生流态化现象，而含水率为10%的铁精矿在加速度大于0.3g时发生流态化现象。

相对于室内模型试验中铁精矿形成流态化的含水率临界值受加速度的影响；动力离心试验条件下，铁精矿能否形成流态化由含水率是否超过临界值确定。

2. 流态化宏观试验现象

室内模型试验与离心机模型试验中，皆可观测到在振动过程中铁精矿矿体体积被压缩，孔隙间水分在底部汇集形成水液面并逐步上升，铁精矿矿体表面沉降不均匀。当水液面上升至铁精矿表层时，水分的增多造成表层铁精矿饱和度增加、抗剪强度降低，表层铁精矿呈流动趋势。水液面继续上升后，铁精矿顶部表层之上形成一层红色的水清液。

离心模型试验中的铁精矿发生流态化现象时，矿体自上而下大致分为水清液层、矿水混合层和铁精矿层三层，铁精矿层结构稳定，矿水混合层在动荷载下呈流动状态来回振荡，形成流态化现象；而室内模型试验中的铁精矿仅在水液面恰好上升至矿体顶层表面时，出现矿水混合物呈流动状随动荷载来回振荡，随着水液面的继续升高，该流动层厚度逐渐减小。

离心机模型试验顶部观测到铁精矿上表面未出现纵横裂纹；而室内模型试验中的铁精矿上表面出现纵横裂纹。这是因为离心机模型试验中32 cm高的铁精矿经过25g加速度换算后，相当于堆载高度为8 m的铁精矿散货，在0.5g加速度下，模型箱振幅经过离心加速度换算后的值仅为12.5 cm，振幅相对较小。

然而，在水液面上升过程中，由于离心机振动系统的水平振幅值较小，离心模型试验的铁精矿未形成室内模型试验中的矿体滑动现象，在实际海运过程中，船舶晃动剧烈，水平摆幅较大，矿体容易出现滑动现象。

3. 水液面上升曲线

室内模型试验与离心机模型试验中，铁精矿水液面上升曲线规律大致相同。振动前期，铁精矿体积压缩迅速，孔隙间水分被挤出并聚集形成水液面上升，随着振动时间的推移，水液面上升趋势放缓；含水率值较低的铁精矿水液面高度不再变化，而含水率值较高的铁精矿水液面继续上升直至铁精矿上表面。

离心机模型试验中，含水率为7%、8%的铁精矿在加速度为0.5g时，水液面最终高度分别为7.5 cm、15.5 cm，未形成流态化；含水率为9%的铁精矿在加速度为0.2g、0.3g、0.4g、0.5g时，水液面上升至铁精矿上表面的临界振次分别为3600振次、3300次、3000次、2900次。

室内模型试验中，含水率为8%的铁精矿在加速度为0.3g、0.4g、0.5g时，水液面最终高度分别为4.0 cm、4.5 cm、5.0 cm，未形成流态化现象。含水率为9%的铁精矿在加速度为0.3g、0.4g时，水液面最终高度分别为9.0 cm、11.4 cm；在加速度为0.5g时，水液面上升至铁精矿上表面的临界振次是 134 次。含水率为 10％的铁精矿在加速度为 0.2g 时，水液面最终高度为 8.2 cm，未形成流态化现象；加速度为 0.3g、0.4g、0.5g 时，水液面上升至铁精矿上表面的临界振次分别为 83 次、61 次、51 次。

离心机模型试验的铁精矿水液面上升相对缓慢，而室内模型试验的铁精矿水液面上升迅速。相同含水率相同加速度时，离心机模型试验的铁精矿水液面最终高度相对室内模型试验的较高。

4. 分层含水率变化

室内模型试验与离心机模型试验中，振动停止后，测得铁精矿内分层含水率分布均发生了改变，说明水分均发生了迁移。未形成流态化铁精矿分层含水率值沿模型高度方向向下递增、水分向下迁移。离心机模型试验中的水分迁移规律更加接近实际情况。

离心机模型试验中，形成流态化的铁精矿分层含水率沿模型高度方向，中上层铁精矿的含水率向上递增，中部含水率值基本相同，而底部含水率与振动前相比有所提升，这说明动力离心条件下，形成流态化的铁精矿水分呈由底层向表层逐层迁移的趋势，然而由于矿体埋深较大，底层水分很难迁移至表层。

室内模型试验中，形成流态化的铁精矿分层含水率沿模型高度方向向上递增，矿体内部水分分布呈由底层向表层迁移的规律；试验后，测得底层铁精矿含水率平均值基本保持一致，约在 9％左右。

5. 孔隙水压力规律

室内模型试验与离心机模型试验中，铁精矿孔隙水压力均发展缓慢且波动剧烈。试验所测的孔隙水压力包括了静水压力和动孔压，其中，动孔压包括由水分迁移产生的渗透压力和由矿体剪缩产生的超孔压。孔隙水压力上升与水液面上升密切相关，孔隙水压力曲线的临界振次与水液面上升曲线的临界振次基本一致。同时，由于试样非饱和，孔隙水压力的上升规律具一定的滞后性。

离心机模型试验的孔隙水压力发展相对缓慢且峰值较大，接近底层的孔隙水压力均大于接近表层的孔隙水压力。室内模型试验的孔隙水压力发展相对迅速且波动剧烈，接近底层的孔隙水压力值很低。

6. 水分迁移细观规律

室内模型试验与离心机模型试验中，铁精矿内水分迁移细观规律基本一致。离心机模型试验中，细观观测区域内可明显观测到孔隙间水分在重力作用和动荷载作用下的迁移，水分迁移速率明显比室内模型试验快；振动停止后细观区域内铁精矿颗粒间的孔隙体积比室内模型试验小，颗粒之间嵌合更为紧密；离心模型试验中铁精矿孔隙中水分更多地被挤出，更容易形成水液面上升，故离心机模型试验测得含水率临界值相对于室内模型试验较小，与流盘试验结果一致。

综上所述，离心机模型试验中铁精矿水分迁移规律比室内模型试验更接近实际情况，但是由于离心机模型箱振幅较小，未能观测到室内模型试验中矿体滑动现象。铁精矿发生流态化现象的主要原因是水分迁移，水分迁移至铁精矿上表层时，表层矿水混合物呈流体状态在动荷载作用下往复振荡。

4.4　本章小结

本章利用同济大学动力离心机系统，进行了 14 组不同含水率、加速度、密实度的铁精矿在接近实际重力场条件下流态化形成的动力离心模型试验，研究了铁精矿流态化形成的析出水演化历程，分析了各因素对流态化形成的影响，从细观层面分析了铁精矿流态化的水分迁移和细颗粒迁移细观规律，旨在揭示接近实际重力场下铁精矿流态化形成的宏细观机理，本章还探讨了两种试样对铁精矿形成流态化现象的影响，得出以下主要结论：

（1）离心机模型试验中铁精矿水分迁移规律比室内模型试验更接近实际情况。在离心机模型试验中，铁精矿矿体高度相当于实际情况下 8 m，水分呈底层向表层逐层迁移的趋势，而矿体底层水分很难迁移至表层；另外，由于离心机振动系统振幅较小，在水液面上升过程中铁精矿未出现室内模型试验中的矿体滑动现象，而在实际海运中，船舶晃动剧烈，矿体容易出现滑动现象。

（2）水分迁移是造成散装铁精矿在接近实际重力场下发生流态化的关键。铁精矿内水分在动荷载下趋于向矿体表层析出，其宏观表现为水液面上升，当水液面上升至铁精矿表面时，形成流态化现象。铁精矿矿体内初始水分含量的多少直接影响水液面上升最终高度，影响铁精矿流态化现象的形成。

（3）水分迁移导致矿体中细颗粒随水迁移。细颗粒流失形成孔隙水流动通道，有利于孔隙水分的迁移；细颗粒不断填充下方粗颗粒间孔隙，进一步促使铁精矿颗粒间孔隙体积减小，促使孔隙水分析出。对于埋深较大的铁精矿，当孔隙水分被析出后，颗粒间孔隙体积进一步减小，颗粒之间的接触力和接触数逐不断增大，颗粒间嵌合紧密，形成密实结构；而对于表层铁精矿，水分迁移使微小颗粒从矿体骨架中脱离出来随水迁移至铁精矿表层，过多的水分与表层铁精矿混合形成矿水混合层，在动荷载下易于流动。

（4）动力离心模型试验中散装铁精矿流态化形成的机理是：由动荷载产生的水平剪应力使铁精矿颗粒不断错动，颗粒间孔隙体积变小；水分被挤出，在重力作用下向下迁移；水分不断汇集成片，形成局部流通水体；水分携带细颗粒在动荷载作用下趋于向矿体表层迁移，使表层铁精矿细颗粒含量增加；水分持续析出使表层铁精矿颗粒间作用力减弱，抗剪强度降低；表层铁精矿与水混合形成矿水混合层，矿水混合层在动荷载下呈流体状来回振荡，形成流态化现象。

（5）含水率是影响散装铁精矿在接近实际重力场条件下流态化形成的关键因素且临界值为 8%。加速度在不大于 0.5 g 时对散装铁精矿流态化形成基本无影响，铁精矿能否形成流态化由含水率是否超过 8% 决定。增大密实度均不能阻止铁精矿流态化的发生，但能延长铁精矿形成流态化的演化时程。

（6）孔隙水压力曲线反映了铁精矿形成流态化的水分迁移规律。动力离心试验条件下，铁精矿孔隙水压力变化规律与水液面上升曲线一致。水分迁移产生的静水压力和渗透压力以及矿体剪缩产生的超孔压是导致铁精矿孔隙水压力上升的原因之一。孔隙水压力的变化受矿体内初始水分含量的影响，当铁精矿内初始水分含量增大时，孔隙水压力峰值增长明显。

（7）振动过程中，铁精矿颗粒长轴方向经历了均匀分布和定向分布 2 个阶段。这是因为颗粒受孔隙水流、水平动荷载和重力共同作用，颗粒长轴方向逐渐偏向于竖向和水平向方向，其中竖向分量较大。孔隙水析出后，孔隙体积减小，颗粒之间接触紧密，颗粒仍受水平剪切力作用，颗粒位置微微调整，长轴方向逐渐定向于水平方向和竖直方向。

（8）对试验所用铁精矿材料，采用羧甲基纤维素钠水溶液作为孔隙流体的研究方法更为可行。离心模型试验测得原粒径铁精矿的含水率临界值为 9%，与流盘试验测得流动水分点 FMP 为 9.02%一致；采用缩小 5 倍粒径的铁精矿材料模拟散装铁精矿材料，从理论上满足了振动时间比和渗流时间比保持一致，能够较好地与室内模型试验结果吻合，但由于颗粒粒径太小，改变了原矿体物理性质，导致铁精矿流动水分点 FMP 由 9.02%升高至 9.78%。

　　本章通过离心机模型试验重现了实际重力场条件下铁精矿的真实动力响应，解决了小型振动台试验无法达到原型应力场的问题，通过和室内小型振动台的试验结果的对比，对精粉矿流态化机理有了更准确的认识，是建立流态化风险评估体系和预警模型的理论基础。

第5章 散装精粉矿流态化数值模拟

5.1 引言

铁精矿的主要运输方式是散装海洋运输，由于其自身含水率加上人为喷水等因素往往导致海运时流态化风险增高。流态化的形成，会引起船体倾斜，最终导致沉船事故，造成海上生命财产重大损失[①]。

流态化是指船运过程中遇到风浪产生摇摆和振动，甚至仅由于船舶振动，使得精粉矿发生水分渗出矿体表面，形成自由液面的现象。其形成机理和演化过程比较复杂，通过宏观或连续角度进行研究可能会遇到瓶颈。之前的章节中，已经介绍了对散装矿产品流态化的试验研究，而结合数值模拟等研究手段，可以从细观和非连续的角度出发进行流态化演化过程的研究，为揭示船运矿产品流态化形成机理提供新的研究方法和研究思路。

散装矿产品在振动过程中的颗粒运动与流态化变形性状，难以用基于传统的连续体小变形假设的有限元法数值模拟技术来精确表述。对于散装矿产品在动荷载作用下颗粒之间发生错动，体积减小、超孔压上升整个过程的模拟，有限元法往往也显得力不从心。而在岩土工程研究中占有重要地位的离散单元法，作为一种先进的数值方法和模拟技术，为模拟实际静力和动力问题并探索颗粒介质未知的细观行为提供了一个强大而灵活的环境。

离散元方法允许振动荷载引起的应力波通过颗粒介质的接触进行转播，允许颗粒在重力和外加荷载作用下发生平移、滑移和旋转，以及允许模型单元之间原接触发生分离和新接触形成，因此可以有效模拟动应力作用下的大变形问题，可以实时观察颗粒介质的运动情况及其组构变化和发展，从而使有效处理颗粒介质的动力破碎、冲击密实和地震反应分析等动力学问题成为可能。

Gallagher 等[②]讨论了粒子均匀度、粒径、相对密度等可能对 FMP 产生的影响，但并未做深入的分析；周健等[③④]通过室内振动台试验研究了铁精矿流态化析出水的演化历程，

①王洪亮，董庆如. 船舶载运易流态化货物的风险和对策 [J]. 中国海事，2011，34 （4）：48—50.

②Gallagher B, Stogsdill S, Stephenson R W. Influence of Ore Physical Properties on the Transportable Moisture Limit for Barged Materials [J]. Iron Ores, 2005,

③周健，简琦薇，吴晓红，等. 散装铁精矿流态化特性的模型试验研究 [J]. 岩石力学与工程学报，2013，32 （12）：2536-2543.

④周健，简琦薇，张姣，等. 循环荷载下铁精矿动力特性试验研究 [J]. 岩土工程学报，2013，35 （12）：2346-2352.

从宏观角度探讨了不同因素对铁精矿流态化特性的影响，发现含水率是影响铁精矿流态化的关键因素。Valentino R 和 Barla G 等[1]通过室内小模型试验和 DEM 相结合的方法，对斜面上干砂颗粒的流动进行了分析。Tang CL 和 Hu JC 等[2]利用二维离散元程序（PFC2D）模拟了由地震引起的土体滑动，分析过程中考虑了颗粒间的黏结作用。胡明鉴和汪稔等[3]采用 PFC2D 分析降雨作用下松散碎屑物质流动过程及其与土体含水率的关系。Toyoshi、Takuya 和 Wada、Yoshitaka 等[4]基于 Koshizuka 等提出的固液流仿真多尺度 DEM-MPS 方法，修改了拉普拉斯模型和有效截断半径算法，修改后的模型可以直接处理小颗粒和大颗粒。Fabio V De Blasio[5] 通过在 DEM 颗粒间增加吸引力来模拟黏性力，基于分子动力学计算方法提出了一种黏性物质流动动力特性的数值模拟方法。陈小亮[6]采用离散元法对地下结构物周围砂土层液化进行了数值模拟研究。

目前国内外对于铁精矿流态化力学特性的研究较少，采用离散元方法对流态化进行数值模拟更是鲜见。本章在前期研究的基础之上，通过数值模拟方法与室内动三轴试验、室内小型振动台模型试验、离心机试验等结果的验证对比，得到散装矿产品在波浪荷载作用下的动力响应过程，研究散装矿产品颗粒在波浪荷载作用下流态化形成过程中的宏观响应和细观组构变化特征。本章还利用数值方法对实际船运状态进行了模拟，深入分析波浪荷载作用下船运散装矿产品发生流态化的内在机理。

5.2　数值方法的选择与改进

5.2.1　数值方法的选择

目前，工程界常用的数值模拟手段包括有限元方法、有限差分法以及离散元方法等，针对不同的使用背景，它们都有自己的优势和不足。

散装（精）粉矿流态化过程，属于大变形问题。矿粉作为一种散粒体介质，使用基于小变形连续体假设的有限元方法不能精确模拟它的运动与破坏。对于矿粉在动力荷载的作用下发生流态化的模拟，有限元方法由于只能处理连续体、小变形问题，在此便显得力不从心。

本章选择三维颗粒流（PFC^{3D}）离散单元法作为数值模拟分析的手段，是基于这种方法允许颗粒发生平移、滑移和旋转，并且允许颗粒之间发生接触分离和形成新接触，适用于模拟离散颗粒组合体在动态条件下的变形及破坏过程，因而可以有效模拟流态化这种大变形问题，还可以实时观察散装（精）粉矿流态化过程中颗粒的运动状况及其细观组构的变化和发展。

---

①Valentino R，Barla G，Montrasio L. Experimental Analysis and Micromechanical Modelling of Dry Granular Flow and Impacts in Laboratory Flume Tests［J］. Rock Mechanics & Rock Engineering，2007，41（1）：153-177.

②Tang C L，Hu J C，Lin M L，等. The Tsaoling landslide triggered by the Chi-Chi earthquake，Taiwan：Insights from a discrete element simulation［J］. Engineering Geology，2009，（106）：1-19.

③胡明鉴，汪稔，陈中学，等. 泥石流启动过程 PFC 数值模拟［J］. 岩土力学，2010，31.

④Kikuchi M，Wada Y，Toyoshi T. Solid-Liquid Flows Simulation for Debris Avalanche Analysis［J］. Key Engineering Materials，2011，462-463，855-860.

⑤De Blasio F. Preliminary Discrete Particle Model in a Computer Simulation of Cohesive Debris Flows［J］. Geotech Geol Eng，2012，30（1）：269-276.

⑥陈小亮. 地下结构物周围砂土层液化宏细观机理研究［D］. 上海：同济大学，2011.

5.2.2 PFC³ᴰ简介

三维颗粒流程序（PFC³ᴰ）是一种由 Cundal[1] 提出的，基于散体介质理论的数值模拟程序，通过模拟圆形颗粒介质的运动及其相互作用来研究颗粒介质的运动及其特性，解决复杂变形和大变形模式下的实际问题。作为一种基于离散元方法的数值模拟程序，它在模拟具有离散特性的砂土与大变形破坏等问题上，表现出了极大的优越性。

PFC³ᴰ既可直接模拟圆颗粒的运动与相互作用，也可以通过任意颗粒与其直接相邻的颗粒组合形成任意形状忽略内部作用的组合体来模拟块体结构问题。PFC³ᴰ把真实的颗粒抽象为颗粒单元，通过对试样颗粒单元的几何性状、接触本构、边界条件和若干应力平衡状态的分析计算，进行迭代，使数值模拟的试样的宏观力学特性逼近真实材料的力学特性以达到数值求解的准确。PFC³ᴰ的接触本构可用下列单元模拟：

(1) 线弹性或 Hertz-Mindlin 模型；

(2) 滑动模型；

(3) 点接触与平行接触两种连接类型。

PFC³ᴰ可以定义重力和移动墙（即约束颗粒模型范围的边界），墙可用任意数量的线段或平面来定义，墙与墙之间可用任意连接方式，墙也可以定义任意的线速度或角速度。因此，PFC³ᴰ成为模拟固体力学以及颗粒流问题的一种有效手段，其在对散体介质的应力、应变问题的研究方面具有显著的优越性。

5.2.3 模拟方法的改进

作为一种液态物质，水在与土相互作用时表现出了表面张力的影响，为了模拟水的表面张力，本章在建模时采取了给颗粒设定黏聚力的方法；考虑到水的不可压缩性，对水颗粒设置一定的法向刚度进行模拟；为了模拟水不能受剪应力的性质，将水颗粒之间的切向刚度设为 0。通过不断调整与尝试，发现当水颗粒大小比土颗粒小一个数量级时，模拟的效果较好。经过多次尝试和改进，发现当水颗粒的粒径范围在 1mm 以下时，黏聚力取值 5～8N 比较合适，此时数值模拟中水颗粒可以较好模拟水在土体中的渗透迁移现象。

5.2.3.1 改进思路

通过查阅 PFC³ᴰ自述文档，确认 PFC³ᴰ如上节所述，其自带三种接触模型，并没有自带模块可以进行非饱和土的水土相互作用的模拟。考虑到流体与固体的相互作用，从微观尺度来观察，其也满足牛顿力学定律，理论上将水进行离散模拟存在可行性。所以本章将尝试一种全新的模拟方法：利用微小颗粒来模拟水团。在矿粉颗粒间的孔隙中生成水颗粒，同时在矿粉颗粒间采用接触黏结模型和滑动模型近似模拟非饱和状态下的基质吸力，以此考虑铁精矿流态化形成过程中的非饱和状态，在这基础之上研究流态化的细观机理。

5.2.3.2 改进过程

为了得到合适的水颗粒模型并验证其在各种模拟应用中的可靠性，本课题进行了大量的前期模拟和验证工作，其主要包含两大部分：室内小型振动台模型试验的前期数值模拟和水平模型槽的数值模拟。

---

[1]Cundall P A. A computer model for simulating progressive, large－scale movements in blocky rock systems ［J］. Procintsympon Rock Fracture, 1971，11-18.

室内小型振动台模型试验具体见第三章，试验内容是把含水的矿粉颗粒填充至模型箱中，将模型箱安置在振动台上，在振动台往复运动的作用下，矿粉内的水除了下渗趋势，还将向上迁移，在矿粉表面形成水层，呈现流态化现象。

振动台试验的初始状态如图 5.1 所示，根据其建立的数值模型如图 5.2 所示。

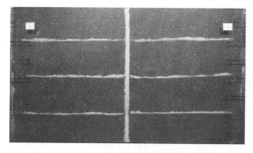

图 5.1　振动台模型试验

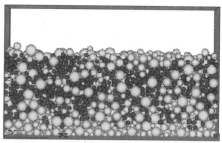

图 5.2　振动台模型试验的数值模型

图 5.3　水平模型槽数值模型

数值模拟的颗粒参数选择见表 5.1，为了获得最合适的水颗粒参数，对振动台试验的数值模拟，共计尝试了四种粒径、三种黏聚力共 12 组试验，具体数据见表 5.1。

表 5.1　振动台试验颗粒参数选择

土颗粒					墙		
粒径 /mm	摩擦系数	密度 /kg/m³	法向刚度 /N/m	切向刚度 /N/m	法向刚度 /N/m	切向刚度 /N/m	摩擦系数 /底板
10～30	0.5	2700	1.0E+06	1.0E+06	1.0E+08	1.0E+08	20
水颗粒							
粒径 /mm	摩擦系数	密度 /kg/m³	法向刚度 /N/m	切向刚度 /N/m	法向黏聚力 /N	切向黏聚力 /N	
2～5	0.3	1000	1.0E+05	0	3	3	
2～5	0.3	1000	1.0E+05	0	6	6	
2～5	0.3	1000	1.0E+05	0	9	9	
5～8	0.3	1000	1.0E+05	0	3	3	
5～8	0.3	1000	1.0E+05	0	6	6	
5～8	0.3	1000	1.0E+05	0	9	9	
8～11	0.3	1000	1.0E+05	0	3	3	
8～11	0.3	1000	1.0E+05	0	6	6	
8～11	0.3	1000	1.0E+05	0	9	9	
11～14	0.3	1000	1.0E+05	0	3	3	
11～14	0.3	1000	1.0E+05	0	6	6	
11～14	0.3	1000	1.0E+05	0	9	9	

通过对振动台模型试验的数值模拟，可以基本确定最适粒径和最适黏聚力的范围，在此之后将建立水平模型槽，在其上进行含水土堆的数值模拟，以验证水的渗透特性。

5.2.3.3 改进成果

在室内小型振动台模型试验中，模型箱在往复振动的作用下，矿粉产生表面沉降，矿粉中的水分向上迁移析出。在对振动台试验的模拟中，主要目的是利用PFC^{3D}采用小颗粒模拟水，观察数值模拟中水的运动趋势并与实际情况相对比，以验证水颗粒参数选择的正确性以及这种方法的可行性。

在前期试验模拟的结果中，水颗粒在模型槽（墙体）往复振动的作用下，除了下渗带的趋势外，产生了明显的向上迁移现象，最终在土颗粒表层形成了水颗粒薄膜，这与实际情况符合得很好，说明小颗粒模拟水在PFC^{3D}中具有一定可行性。

除了对振动台试验进行模拟，本课题还对水平模型槽进行了建模测试，如图 5.3 所示，通过施加重力、赋予水颗粒水平初速度，来对水在土体中的运动进行模拟。在水平模型槽模拟试验中，水颗粒在重力作用下的下渗，在水平力的作用下在土颗粒中运动并导致土堆破坏，与模拟预期现象符合良好。

通过不断调整与尝试，发现当水颗粒大小比土颗粒小至少一个数量级时，模拟的效果较好，并且水颗粒的相对大小越小，结果与实际的符合程度越高，但是考虑到颗粒的总数量会极大地影响到计算效率，所以具体的水颗粒粒径大小还需要综合各种因素确定。另外，作为一种液态物质，水在与土相互作用时表现出了表面张力的影响，为了模拟水的表面张力，本课题在建模时采取了给颗粒设定黏聚力的方法，经过多次尝试和改进，当水颗粒的粒径范围在 $1 \sim 10$ mm 时，黏聚力取值 $5 \sim 8$ N 比较合适，此时数值模拟中水的性质与实际情况比较符合。

经过试算、研究和最终的验证，确定了一套合适的颗粒参数取值方案，如表 5.2 所示，在此参数下，水颗粒模拟的各种结果都能与实际现象符合得很好。

表 5.2 水颗粒参数选取

水颗粒						
粒径 /mm	摩擦系数	密度 /kg/m³	法向刚度 /N/m	切向刚度 /N/m	法向黏聚力 /N	切向黏聚力 /N
$1 \sim 10$	$0.3 \sim 0.6$	1000	1.0E+05	0	6	6

5.2.4 小结

通过对比各种数值模拟手段，并结合本课题的研究特点，本章最终选择基于散体介质理论的三维颗粒流程序（PFC^{3D}）来对散装（精）粉矿的流态化进行数值模拟。相对于其他方法，三维颗粒流程序不仅在大变形破坏问题的模拟上具有无可比拟的优势，而且由于矿粉、砂的散粒体特性，三维颗粒流程序对于分析散装（精）粉矿流态化的宏细观机理极为有利。

为了真实反映散装（精）粉矿的流态化特性，本课题创新性地采用小颗粒来模拟水，而没有采用程序自带的流固耦合模块，通过大量试算与调整，验证了利用PFC^{3D}并采用小颗粒模拟水，在本课题的研究中存在可行性。

5.3 动三轴试验的数值模拟研究

5.3.1 数值模型的建立

在PFC³D中，黏结型本构模型反映颗粒间的接触所能承担的法向和切向应力的能力。主要有接触黏结模型（Contact-bond model）和平行黏结模型（Parallel-bond model）。两者的主要区别是前者黏结直接施加在接触点上，接触上的黏结只能传递荷载，不能传递弯矩。后者黏结作用是施加在类似于圆盘的有限区域上，接触间可以传递弯矩。考虑到镍矿在装样过程中为非饱和状态，并在振动过程中逐渐向饱和状态过渡，这种非饱和状态可以通过施加适当的黏结以考虑基质吸力的存在。本章将采用接触黏结模型来近似模拟这种非饱和土特性。接触黏结模型的存在导致滑移模型失效，只有当法向黏结和切向黏结断裂后，滑移模型才能开始作用。即模型从接触黏结模型向滑移模型转换，以近似模拟镍矿砂从非饱和状态到饱和状态过渡的过程。

首先采用圆柱墙体模拟动三轴模型侧壁，圆柱墙体的上端和底端采用广义墙模拟。在圆柱墙体和上下墙体围成的区域内按指定孔隙率和放大系数生成镍矿颗粒试样，颗粒共4266个，试样直径为40mm，高度为80mm，与室内动三轴试样尺寸一致。然后为颗粒设置一定的细观参数（密度、摩擦系数、切向刚度、法向刚度等），由于镍矿砂具有一定的黏聚力，因此还要在颗粒间设置一定的接触黏结强度来模拟黏聚力。为了模拟动三轴试样的柔性约束，将圆柱侧壁的刚度设为颗粒刚度的十分之一。上下墙体刚度与颗粒刚度一致，模拟刚性加载。最后通过循环获取数值试样的初始状态。动三轴数值模拟试样如图5.4所示。

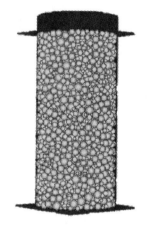

图5.4 动三轴数值模拟模型示意图

5.3.2 数值模拟的步骤

为了再现动三轴试验过程中矿粉的变形、孔压等一系列宏细观量的变化规律，将数值模拟程序划分为制样和压缩模拟两个步骤，PFC³D数值模拟步骤如下。

（1）制样

先生成动三轴模型侧壁（圆柱墙体），然后在模型指定范围内生成矿粉颗粒试样，以孔隙率为控制指标放大初始生成的颗粒并设定颗粒的各项物理参数，为了模拟动三轴试样的柔性约束，将圆柱侧壁的刚度设为颗粒刚度的十分之一。上下墙体刚度与颗粒刚度一致，模拟刚性加载。让矿粉颗粒在自重及相互作用下沉积达到初始平衡状态。图5.5为试样的平均不平衡力与数值计算步数的关系曲线，当系统的最大

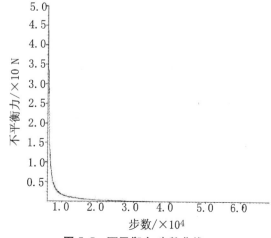

图5.5 不平衡力-步数曲线

不平衡力与平均不平衡力之比小于1‰时，认为系统达到初始平衡。矿粉颗粒达到平衡后，进行循环加载模拟动三轴试验。

（2）模拟

本试验模拟含水率为30%的工况。利用PFC³D内置的伺服机制控制圆柱墙体的速度来对内部颗粒施加一定的围压，大小为100 kPa，在整个试验过程中保持围压不变。对顶部墙体施加正弦循环轴向速度来模拟动三轴试验中的动荷载，频率为1 Hz。当试样的轴向应变达到5%时，认为试样破坏，停止加载。正弦荷载曲线如图5.6所示。设置输出和量测函数提取和分析矿粉在动三轴试验过程中的运动形态，以及矿粉颗粒的应变变化曲线、孔压变化曲线等，确定合适的矿粉参数。

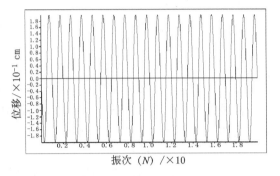

图5.6　动三轴数值模拟荷载—时间曲线

5.2.3　数值模拟结果与分析

通过不断调整细观参数使得数值模拟结果在趋势上与室内动三轴试验趋于一致。得到动三轴数值模拟试验的动应变变化曲线与动孔压变化曲线，如图5.7、图5.8所示。

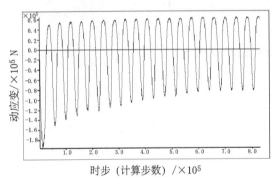

图5.7　动三轴数值模拟动应变变化曲线

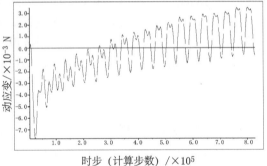

图5.8　动三轴数值模拟动孔压变化曲线

从图5.8中可以看出，随着振动的增加，试样内的动孔压呈现出增大的趋势，在一定振次后趋于稳定。

通过与室内动三轴试验的结果对比可知，颗粒流数值模拟动三轴试验的动孔压、动应变等变化趋势与室内动三轴试验基本一致，所以颗粒流数值模拟具有一定的可信度，结果具有参考价值。通过不断调试，最终确定出符合镍矿砂特性的数值模拟的细观参数如表5.3所示。

表5.3　基本计算参数

基本参数	法向刚度	切向刚度	密度	颗粒半径/m	放大系数	摩擦系数	接触法向强度/N	接触切向强度/N
镍矿颗粒	1e8	1e8	2750	0.05, 0.1	1.6	1	1e3	1e3
水颗粒	1e5	1e5	1000	0.005, 0.006	1.6	0	5	5
侧墙体	1e7	1e7				0.1		
上下墙体	1e8	1e8				1		

5.3.4　小结

本章通过颗粒流程序（PFC³ᴰ）与室内动三轴试验结果的验证对比建立了矿砂动三轴细观模型，确定出符合矿砂特性的细观参数，模拟了循环动荷载作用下矿砂的宏细观力学特性。得出以下结论：

对室内动三轴试验进行数值模拟。通过不断调整细观参数，得到能反映矿砂宏观基本力学特征的细观参数。数值模拟能够较好地反映动应变、动孔压对矿砂动强度影响的一般规律，接触黏结模型的选取也能够正确地反映细颗粒对试样动强度的影响规律。

5.4　室内振动台试验的数值模拟研究

5.4.1　模型试验参数

试验使用自主设计的室内小型振动台，通过模型箱的往复运动来模拟波浪荷载的作用，试验中采用 1 Hz 作为激振频率。矿粉模型长度为 66 cm，宽度为 32 cm，高度为40 cm，试验相似比为 1∶25，模拟 5.7 万吨级散货船均匀装舱时的铁精矿堆载高度，表5.4 给出了在该相似比下，基于 π 定律得出的其他物理参量的相似比。在铁精矿装箱过程中，高度方向每隔 10 cm 设置一层横向标志砂，并在铁精矿中部设置一层竖向标志砂，振动台模型箱及铁精矿模型的正面图如图 5.9 所示。

表 5.4　模型相似关系及其相似比

试验参数		量纲	相似比（模型/原型）
基本	线性尺寸		1/25
	加速度		1
土体	密度		1
	颗粒	1	1
动力特征	速度		1/5
	振动时间		1/5
	振动频率		5
	动孔压		1/25

图 5.9　模型箱示意图

试验所用铁精矿产自加拿大，由上海出入境检验检疫局提供。试样颗粒级配曲线见图

5.10。试样颗粒大小属于粉砂范畴。颗粒级配为颗粒直径大于 0.5 mm 的占 7.2%，0.25～0.50 mm 的占 32.6%，0.10～0.25 mm 的占 48.3%。试样基本物理指标见表 5.5，其他参数如下：渗透系数 $k=5.03\times10^{-3}$ cm/s，颗粒相对密度 $G_s=4.95$，干密度 $\rho_d=2.72$ g/cm³，休止角为 34.5°，平均粒径 $D_{50}=0.20$ mm。

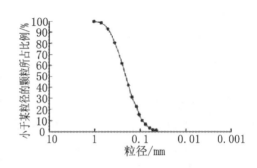

图 5.10　铁精矿级配曲线

试验研究了含水率和加速度对铁精矿流态化的影响。结果见之前章节，在此不再赘述。

表 5.5　铁精矿试样的物理参数

2.44	1.13	34.5	3.12	2.56	0.33	0.93	0.59

根据模型试验结果，选取比较有代表性的含水率为 10%、加速度为 0.3g 条件下的试验进行数值模拟研究，并将数值模拟结果与试验结果进行对比验证分析，以期从细观的角度去研究铁精矿流态化的机理。

5.4.2　数值模型的建立

依据前文所述铁精矿流态化室内振动台模型试验建模并进行分析。在建模过程中即考虑矿粉中水的分布，以及初始的非饱和状态。通过简化颗粒流数值模型，分析在动力荷载作用下水颗粒运动情况、矿粉颗粒细观组构等变化规律，从细观角度揭示铁精矿流态化形成的内在机理。

数值模拟模型箱由六面刚性墙组成，数值模型的边界尺寸与振动台模型箱尺寸一致，为 660 mm（长）×320 mm（宽）×600 mm（高）。底面墙体摩擦系数与矿粉颗粒相同，取值为 0.5；其他四面墙体（前、后、左、右）模拟模型箱的玻璃前壁和侧壁，摩擦系数取值为 0，忽略墙体对颗粒运动的影响，墙体的细观参数见表 5.6。

然后在模型箱内生成高度为 400 mm 的铁精矿颗粒（黄色），为了更直观的观察到振动过程中的水分迁移现象，同时体现铁精矿振动时的非饱和特性，采用微小颗粒（蓝色）模拟水团，水颗粒之间的接触采用接触黏结模型。水颗粒生成区域为铁精矿颗粒的孔隙区域，为了有效地减少运算时间，同时考虑到底部矿砂含水率较低且对流态化现象影响不大，水颗粒仅在土体高度 0.1～0.4 m 的范围内生成。如图 5.11 所示。

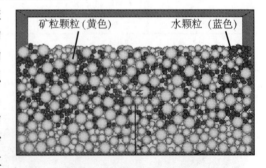

图 5.11　振动台流态化数值模拟模型图（蓝色为水颗粒，黄色为矿粉颗粒）

在进行数值建模时，PFC³ᴰ还不能达到让颗粒的所有特性与实际矿粉颗粒相一致。合理的方法是在不影响数值模拟结果的前提下，减少数值模型中颗粒的数量，具体的方式有两种：一种是保持数值模拟试样的外观尺寸与室内模型试样相近，适当放大数值模拟试样颗粒的平均粒径，来减少生成的颗粒数量；第二种方式是让数值模拟试样颗粒的平均粒径与室内试样保持一致，适当缩小数值模拟试样的外观尺寸，来减少生成的颗粒数量，本章采用第一种方法。数值试验中土颗粒的粒径取值范围为 $0.8\sim1.8$ mm，利用 PFC^{3D}内置函数按均匀分布粒径生成试样，试样的平均粒径 $D_{50}=1.3$ mm，以密实度来控制颗粒生成数量。据已有研究表明[1]，当模型尺寸与颗粒的平均粒径之比不小于 30 时，可忽略模型中颗粒粒径的尺寸效应[2]。本章建模采用的模型尺寸与颗粒的平均粒径之比远远大于 30，因此可以忽略尺寸效应。

在颗粒流数值模拟中体现非饱和特性，是数值模拟中的一个技术难题。本章在室内模型试验和前期数值模拟成果的基础上[3][4]，进一步考虑非饱和特性，采用微小颗粒模拟水颗粒的方法，通过调整参数，使得水颗粒可以近似模拟水的不可压缩性，不可受剪性和水的表面张力，在矿粉颗粒形成的孔隙中生成水颗粒，并通过设置矿粉颗粒间的接触黏结模型和滑移模型来近似模拟基质吸力，以此来模拟非饱和特性。铁精矿颗粒和水颗粒的细观计算参数列于表 5.6。

表 5.6　材料的计算参数

矿粉颗粒						墙		
粒径/mm	摩擦系数	密度/kg/m³	法向刚度/N/m	切向刚度/N/m	法向刚度/N/m	切向刚度/N/m	摩擦系数/底板	
$0.8\sim1.8$	0.5	4780	1.0E+08	1.0E+08	1.0E+08	1.0E+08	0.5	
水颗粒								
粒径/mm	密度/kg/m³	法向刚度/N/m	切向刚度/N/m	法向黏聚力/N	切向黏聚力/N			
$0.2\sim0.4$	1000	1.0E+05	0	6	6			

5.4.3　数值模拟的步骤

为了再现铁精矿流态化过程中矿粉和水的位移场、速度场、应力场等一系列宏细观量的变化规律，将数值模拟程序划分为制样和振动模拟两个步骤，PFC^{3D}数值模拟步骤如下。

（1）制样

先生成模型箱，然后在模型箱指定范围内生成矿粉颗粒，让矿粉颗粒在自重作用下沉积达到初始平衡状态。图 5.12 为试样的平均不平衡力曲线，当系统的最大不平衡力与平均不平衡力之比小于 1‰时，认为系统达到初始平衡。矿粉颗粒达到平衡后，在孔

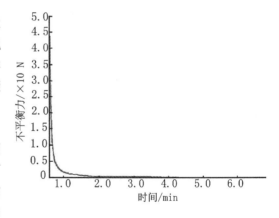

图 5.12　不平衡力—时间曲线

①陈小亮. 地下结构物周围砂土层液化宏细观机理研究 [D]. 上海：同济大学，2011.

②Gallagher B, Stogsdill S, Stephenson R W. Influence of Ore Physical Properties on the Transportable Moisture Limit for Barged Materials [J]. Iron Ores, 2005.

③陈小亮. 地下结构物周围砂土层液化宏细观机理研究 [D]. 上海：同济大学，2011.

④简琦薇. 散装铁精矿流态化形成的宏细观机理研究 [D]. 上海：同济大学，2014.

隙中生成水颗粒,并为水颗粒设定黏聚力等参数。

(2) 振动模拟

本试验模拟含水率为 10% 的工况。对底部和侧面墙体施加正弦循环的水平速度来模拟振动台试验中的动荷载。根据振动台室内模型试验,设定振动频率为 1 Hz,振幅为 6 cm(模拟加速度 0.3 g)[12],振动次数为 600 次。振动台的正弦荷载曲线如图 5.13 所示。设置输出和量测函数提取和分析铁精矿在振动过程中的运动形态,以及矿粉颗粒和水颗粒的位移矢量分布图、速度矢量分布图,研究流态化的演化过程。

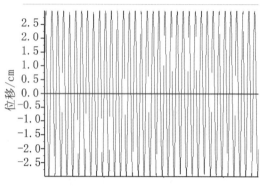

图 5.13　0.3g 时加速度振型曲线

5.4.4　数值模拟结果与分析

由不同振次下,铁精矿颗粒分布图(图 5.14)可知,在振动初始阶段,矿粉总体发生沉降,且在顶部最先发生破坏,不再呈水平分布,而是向模型箱的一侧倾斜,此时水分停留在矿粉内部,有部分水分向下迁移,水液面并没有析出矿粉表面,如图 5.14 (b) 所示。随着振动次数的增加,分散分布的水颗粒在振动作用下相互连接成片,并逐步上升,矿粉表面也逐渐趋于平整,如图 5.14 (c) 所示。在振动后期,水液面上升至矿粉表面,形成自由液面,流态化现象形成,如图 5.14 (d)所示。

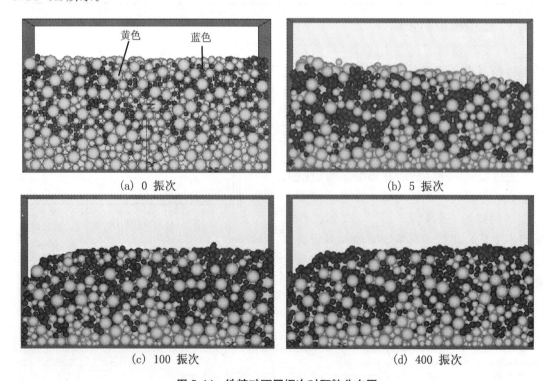

(a) 0 振次　　　　　　　　　　(b) 5 振次

(c) 100 振次　　　　　　　　　　(d) 400 振次

图 5.14　铁精矿不同振次时颗粒分布图

在数值模拟中，随着振动次数的增加，可以观察到明显的水颗粒迁移和自由液面的形成，这种流态化演化形式与室内模型试验的流态化形态（图 5.15）非常相似。

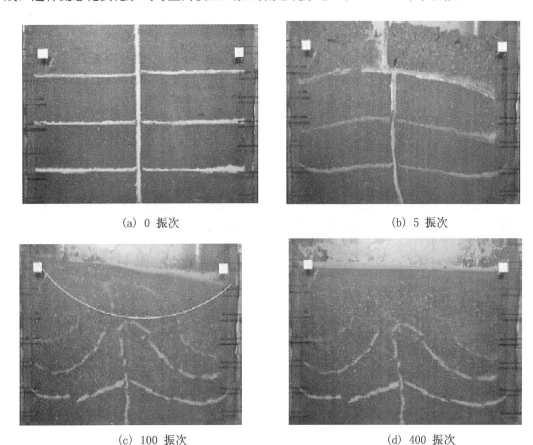

(a) 0 振次　　　　　　　　　　(b) 5 振次

(c) 100 振次　　　　　　　　　(d) 400 振次

图 5.15　铁精矿流态化试验现象

图 5.16、图 5.17 分别是铁精矿颗粒的竖向位移—时间曲线和颗粒接触力分布图。

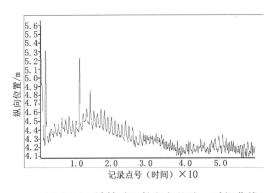

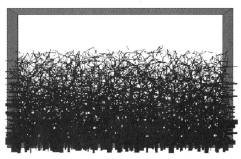

图 5.16　铁精矿颗粒竖向位移—时间曲线　　　　**图 5.17　铁精矿颗粒接触力分布图**

由图 5.16 可以看出，随着振动时间的增长，矿粉颗粒的竖向位移呈逐渐下降并趋于稳定的趋势。结合室内模型试验现象进行分析，在振动初期，矿粉颗粒间孔隙较大，由于水分的存在，矿粉整体比较松散，此时水分受重力影响向下迁移。随着振动的继续，矿粉逐渐向下沉降密实，最终趋于稳定。此时颗粒间的孔隙变小，水分被挤出，并不断向上运动，直到最后析出表层，形成自由液面。由图 5.17 可以看出，随着深度的增加，颗粒之间的接触力逐渐增大，而在矿粉中部和顶部，接触力较小。这也说明了随着振动的增加，矿粉颗粒逐渐密实，上部颗粒会向下运动，颗粒间的孔隙减小，接触力增大。而在矿粉上部及表面处，由于有大量的水分存在，使得矿粉颗粒间接触很少或没有接触，因此接触力较小。矿粉颗粒接触力的分布情况与室内振动台模型试验结果相符。

通过离散元数值模拟发现，数值模拟结果与模型试验的流态化过程基本吻合，从图 5.14 和图 5.15 的对比可以发现：

（1）在开始振动时，上部土体受到重力及振动密实的作用，产生表层沉降现象，尤其是在靠近侧壁的土体沉降量较大。

（2）与室内试验相同，数值模拟中矿粉的变形沿试样高度也基本呈线性变化，即距离表层越近的地方，矿粉的变形量越大；由于试样底部的颗粒与底部墙体摩擦力的作用，使得底部颗粒的运动受到限制，矿粉的变形较小。

（3）矿粉在振动过程中的流态化演化过程，表现为矿粉颗粒的压缩和水分的向上迁移，数值模拟和室内模型试验结果基本一致。

以上分析表明，基于离散元法的 PFC³ᴰ 对于模拟铁精矿在动力荷载作用下发生流态化现象具有可行性，模拟结果能真实的再现流态化的全过程，这也是传统的有限元法不可比拟的。同时也说明本章采用微小颗粒模拟水颗粒的方法，通过调整参数，模拟非饱和特性的研究手段具有可行性，可以进行更加深入的研究与改进。

图 5.18 为数值模拟振动过程中水颗粒的位移矢量分布情况。从图中可以看到，在振动初期。下部水颗粒受重力和矿粉颗粒下沉的影响向下运动，但向下运动的趋势较小。上部水颗粒则表现出明显的向上运动的现象，且向上运动明显。尤其在靠近模型箱两侧的水颗粒，向上的位移最大。前者在宏观上的表现为矿粉整体的沉降，而后者则引起水液面的上升。随着振动次数的增加，在振动后期，水颗粒的位移主要集中在矿粉表面，且主要表现为水平运动，而矿粉内部的水颗粒位移较小。这表明此时已形成流态化，矿粉表面为自由液面，随着振动而水平运动。

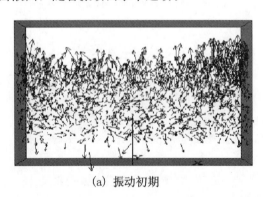 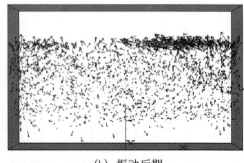

(a) 振动初期　　　　　　　　　　　　(b) 振动后期

图 5.18　水颗粒位移矢量分布图

数值模型中采用接触黏结模型近似考虑颗粒在非饱和状态下的基质吸力。由于矿粉颗粒间存在黏结力，使得颗粒间保持相对稳定状态。只有振动引起的水颗粒运动克服这种颗粒间的黏结力时，矿粉由非饱和状态逐渐转变为饱和状态时，才可能产生滑动破坏。由于水颗粒在矿粉中的迁移运动，导致矿粉颗粒间的基质吸力减小，颗粒从下往上逐步由非饱和状态转变为饱和状态，在这个过程中颗粒间相互碰撞和摩擦，颗粒速度矢量不断变化。图 5.19 为振动某时刻矿粉颗粒的速度矢量分布图。从图中可以看出，矿粉颗粒在振动过程中的运动主要集中在上部，呈现出圆弧状分布，且主要为水平运动，具有很明显的流态化特征。这与室内振动台模型试验中矿粉的滑动破坏面分布基本一致，上部含水率较高，呈饱和状态，矿粉随振动台表现为水平剪切运动。

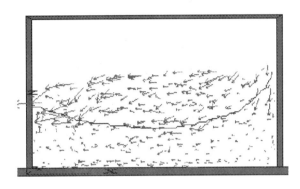 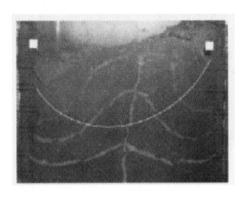

图 5.19　铁精矿颗粒速度矢量分布图

由室内模型试验结果可知，在振动过程中，铁精矿颗粒骨架被压缩、孔隙体积减小；同时细颗粒通过粗颗粒间孔隙向下运动、填充下部孔隙，使得下部孔隙中水分被挤出，上部粗颗粒发生结构重组，孔隙变小，形成致密的粗颗粒骨架[①]。

表 5.7　细颗粒含量和平面孔隙率变化

	10% 试验前	0.3g 试验后
粗颗粒含量	0.19	0.33
细颗粒含量	0.36	0.32
平面孔隙率	0.45	0.35

在数值模拟中，观测粒径小于 1.0mm 的矿粉颗粒的位移情况，如图 5.20 所示。由图中可以看出，在振动过程中，粒径较小的细颗粒呈现出明显的向下运动的趋势，而且越靠近箱底处，细颗粒越多。这说明颗粒的运动规律主要表现为：细颗粒向下运动，填充下部孔隙，上部粗颗粒结构重组，形成致密的粗颗粒骨架，这一细观上的颗粒运动过程反应在宏观上就是滑动面从下往上迁移。同时，结合水颗粒的位移分析可以看出，引起水分液面迁移的另一原因是细颗粒的运动，表现为细颗粒向下运动，填充下部孔隙，孔隙中水分被挤出，引起水液面上升。

以上分析说明，在对动荷载条件下铁精矿流态化的数值模拟中，除了能较准确再现模型试验的真实流态化现象，还能从细观角度验证了试验所得的结果，体现了该方法的可行

---

①周健，白彪天，李宁，等. 散装铁精矿流态化宏细观机理［J］. 同济大学学报：自然科学版，2015，43（4）.

性和优越性。

5.4.5 小结

本节利用三维颗粒流程序（PFC³ᴰ），对室内振动台模型试验进行了数值模拟，研究了铁精矿流态化过程中宏观试验现象、位移场变化以及水颗粒和细颗粒的细观运动规律，结合宏细观规律，揭示了铁精矿流态化的内在机理，主要有以下结论：

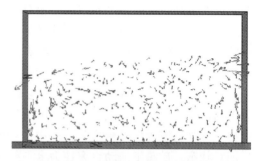

图 5.20　细颗粒位移矢量分布图

（1）铁精矿流态化的演化过程包括矿粉压密、上层矿粉滑动，细颗粒迁移、水液面上升和自由液面的形成；

（2）水液面上升是铁精矿发生流态化的主要原因。水液面上升引起表层铁精矿强度降低，形成滑动面，导致铁精矿发生流态化；

（3）引起水液面上升的主要原因是铁精矿的水分和细颗粒的迁移。其细观运动规律主要表现为：分散于颗粒间的水团聚集形成水体，沿着颗粒间孔隙向上流动；上部细颗粒向下迁移，填充下部粗颗粒孔隙，上部粗颗粒骨架结构重新排列。

对铁精矿流态化进行离散元数值模拟，可以得到详细的矿粉破坏形态、颗粒运动、位移、速度分布规律等宏细观结果，是研究矿粉流态化宏细观机理有利的辅助手段。但是由于计算机的计算效率，采用颗粒放大和缩小模型尺寸的方法，对数值模型进行简化，使得数值模拟具有一定的局限性，这还需要对数值模型进行进一步优化与调整。

5.5　离心机试验的数值模拟研究

5.5.1　离心机试验参数

室内模型试验无法达到原型重力场中的应力条件，利用离心机能真实模拟原型重力场应力条件，再现原型在实际重力条件下的真实动力响应[①]。为了更深入地揭示船载散装铁精矿在实际海运过程中的流态化形成机理，课题组在室内小型振动台模型试验基础上，进行了散装铁精矿的动力离心机模型试验。

试验采用两种不同铁精矿试样，进行了 14 组不同含水率、加速度、密实度下的铁精矿动力离心机模型试验。宏观方面，研究了铁精矿流态化形成的析出水演化历程、水液面上升规律、孔隙水压力变化规律和试验前后分层含水率分布；细观方面，分析了铁精矿流态化形成演化过程中的水分迁移和颗粒运动细观规律、以及颗粒细观组构变化特征。基于水分迁移规律，通过比较水液面上升曲线，探讨了各因素对散装铁精矿在实际重力场条件下流态化形成的影响，确定了关键影响因素和流态化临界范围。

试验使用同济大学土工离心机（图 5.21），通过离心加速度来模拟实际应力条件，通过激振器的激振模拟波浪荷载的作用（图 5.22），试验中采用 25 Hz 作为激振频率，离心加速度为 25g。矿粉模型长度为 51 cm，宽度为 45 cm，高度为 55 cm，试验相似比为 1：25，具体见表 5.8，其中 $N=25$。

---

①王年春，章为民. 混凝土面板堆石坝动态离心模型试验研究 [J]. 岩土工程学报，2003，25（4）：504-507.

图 5.21　同济大学 TLJ-150 复合型土工离心机　　图 5.22　激振器机械系统实体图

表 5.8　离心模型试验中的相似比

	物理量	量纲	符号	相似常数（模型/原型）
几何尺寸	长度 l	L	C_l	$1/N$
	位移 μ	L	C_μ	$1/N$
	土颗粒尺寸 d	L	C_d	$1/N$
荷载	集中力 P	MLT^{-2}	C_p	$1/N^2$
动力特性	重力加速度 g	LT^{-2}	C_g	N
	加速度 a	LT^{-2}	C_a	N
	速度 v	LT^{-1}	C_v	1
	振动时间 t_1	T	C_{t_1}	$1/N$
	振动频率 f	T^{-1}	C_f	N
材料特性	密度 ρ	ML^{-3}	C_ρ	1
	粘聚力 c	$ML^{-1}T^{-2}$	C_c	1
	内摩擦角 φ	1	C_φ	1
	弹性模量 E	$ML^{-1}T^{-2}$	C_E	1
	泊松比 υ	1	C_υ	1
	阻尼比 ξ	1	C_ξ	1
	应变 ε	1	C_ε	1
	应力 σ	$ML^{-1}T^{-2}$	C_σ	1
	抗弯刚度 EI	$ML^{-1}L^{-2}$	C_{EI}	$1/N^4$
	抗压刚度 EA	MLT^{-2}	C_{EA}	$1/N^2$
渗透特性	动力粘滞性 μ	$ML^{-1}T^{-1}$	C_μ	1
	渗透系数 k	LT^{-1}	C_k	N
	时间 t_2（渗透）	T	C_{t_2}	$1/N^2$

　　试验所用铁精矿为自行制备，采用两种粒径的铁精矿进行平行试验，第一种铁精矿参数：颗粒比重为 $= 4.95$ g/cm³；铁精矿的最大干密度 $= 3.12$ g/cm³ 和最小干密度 $= 2.56$ g/cm³，设计干密度为 2.72 g/cm³。第二种铁精矿：颗粒比重为 $= 4.78$ g/cm³；最大干密度 $= 2.84$ g/cm³ 和最小干密度 $= 2.47$ g/cm³；设计干密度为 2.58 g/cm³。其颗粒级配见图 5.23。

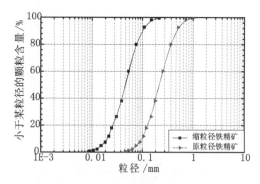

图 5.23 两种铁精矿级配曲线

根据模型试验结果，选取比较有代表性的含水率为 10%，加速度为 0.3g 条件下的试验进行数值模拟研究，并将数值模拟结果与试验结果进行对比验证分析，以期从细观的角度去研究铁精矿流态化的机理。

5.5.2 数值模型的建立

依据前文所述铁精矿流态化动力离心机模型试验研究建模并进行分析。在建模过程中即考虑矿粉中水的分布，以及初始的非饱和状态，并设置重力参数真实模拟原型重力场应力条件，再现原型在实际重力条件下的真实动力响应。通过简化颗粒流数值模型，分析在实际应力状态时，动力荷载作用下水颗粒运动情况、矿粉颗粒细观组构等变化规律，从细观角度揭示船运铁精矿流态化形成的内在机理。

数值模拟模型箱由六面刚性墙组成，数值模型的边界尺寸与振动台模型箱尺寸一致，为 510 mm（长）×450 mm（宽）×550 mm（高）。底面墙体摩擦系数与矿粉颗粒相同，取值为 0.5；其他四面墙体（前、后、左、右）模拟模型箱的玻璃前壁和侧壁，摩擦系数取值为 0，忽略墙体对颗粒运动的影响，墙体的细观参数见表 5.9。

然后在模型箱内生成高度为 400 mm 的铁精矿颗粒（黄色），为了更直观的观察到振动过程中的水分迁移现象，同时体现铁精矿振动时的非饱和特性，采用微小颗粒（蓝色）模拟水团，水颗粒之间的接触采用接触黏结模型。水颗粒生成区域为铁精矿颗粒的孔隙区域，为了有效地减少运算时间，同时考虑到底部矿砂含水率较低且对流态化现象影响不大，水颗粒仅在土体高度 0.1～0.4m 的范围内生成。如图 5.24 所示。

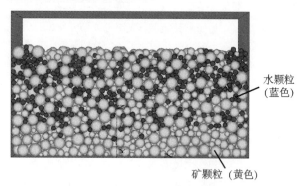

水颗粒（蓝色）

矿颗粒（黄色）

图 5.24 离心机数值模拟模型图（蓝色为水颗粒，黄色为矿粉颗粒）

在进行数值建模时，PFC³ᴰ 还不能达到让颗粒的所有特性与实际矿粉颗粒相一致。合理的方法是在不影响数值模拟结果的前提下，减少数值模型中颗粒的数量，具体的方式有两种：一种是保持数值模拟试样的外观尺寸与室内模型试样相近，适当放大数值模拟试样颗粒的平均粒径，来减少生成的颗粒数量；第二种方式是让数值模拟试样颗粒的平均粒径与室内试样保持一致，适当缩小数值模拟试样的外观尺寸，来减少生成的颗粒数量，本章采用第一种方法。数值试验中土颗粒的粒径取值范围为 0.4～1.2mm，利用 PFC³ᴰ 内置函数按均匀分布粒径生成试样，试样的平均粒径 D50＝0.8 mm，以密实度来控制颗粒生成数量。据已有研究表明①，当模型尺寸与颗粒的平均粒径之比不小于 30 时，可忽略模型中

①陈小亮. 地下结构物周围砂土层液化宏细观机理研究 [D]. 上海：同济大学，2011.

颗粒粒径的尺寸效应[1]。本章建模采用的模型尺寸与颗粒的平均粒径之比远远大于30，因此可以忽略尺寸效应。

在颗粒流数值模拟中体现非饱和特性，是数值模拟中的一个技术难题。本节同上一节，依然在室内模型试验和前期数值模拟成果的基础上[2][3]，进一步考虑非饱和特性，采用微小颗粒模拟水颗粒的方法，通过调整参数，使得水颗粒可以近似模拟水的不可压缩性，不可受剪性和水的表面张力，在矿粉颗粒形成的孔隙中生成水颗粒，并通过设置矿粉颗粒间的接触粘结模型和滑移模型来近似模拟基质吸力，以此来模拟非饱和特性。铁精矿颗粒和水颗粒的细观计算参数列于表5.9。

表 5.9　材料计算参数

矿粉颗粒				墙				
粒径 /mm	摩擦 系数	密度 /kg/m³	法向刚度 /N/m	切向刚度 /N/m	法向刚度 /N/m	切向刚度 /N/m	摩擦系数 /底板	
0.4~1.2	0.5	4780	1.0E+08	1.0E+08	1.0E+08	1.0E+08	0.5	
水颗粒								
粒径 /mm	密度 /kg/m³	法向刚度 /N/m	切向刚度 /N/m	法向黏聚力 /N	切向黏聚力 /N			
0.01~0.012	1000	1.0E+05	0	6	6			

5.5.3　数值模拟的步骤

为了模拟铁精矿在离心机试验中发生流态化时的矿粉和水的位移场、速度场、应力场等一系列宏细观量的变化规律，将数值模拟程序划分为制样和振动模拟两个步骤，PFC³ᴰ数值模拟步骤如下。

（1）制样

先生成模型箱，然后在模型箱指定范围内生成矿粉颗粒，让矿粉颗粒在自重作用下沉积达到初始平衡状态。图5.25为试样的平均不平衡力曲线，当系统的最大不平衡力与平均不平衡力之比小于1‰时，认为系统达到初始平衡。矿粉颗粒达到平衡后，在孔隙中生成水颗粒，并为水颗粒设定黏聚力等参数，设定重力加速度为25g以模拟离心机中的应力状态。

（2）摇摆模拟

本试验模拟含水率为10%的工况。对整个容器施加正弦循环的水平速度来模拟

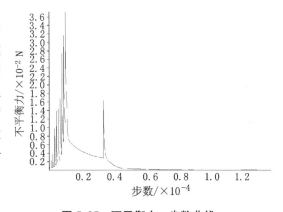

图 5.25　不平衡力-步数曲线

①Gallagher B, Stogsdill S, Stephenson R W. Influence of Ore Physical Properties on the Transportable Moisture Limit for Barged Materials [J]. Iron Ores, 2005.

②陈小亮. 地下结构物周围砂土层液化宏细观机理研究 [D]. 上海：同济大学, 2011.

③简琦薇. 散装铁精矿流态化形成的宏细观机理研究 [D]. 上海：同济大学, 2014.

离心机中激振器的动荷载。为简化数值模型提高模拟效率，设定摆动频率为固定值 25 Hz，振幅为 4 cm，振动次数为 600 次。激振器的正弦荷载曲线如图 5.26 所示。设置输出和量测函数提取和分析铁精矿在振动过程中的运动形态，以及矿粉颗粒和水颗粒的位移矢量分布图、速度矢量分布图，研究流态化的演化过程。

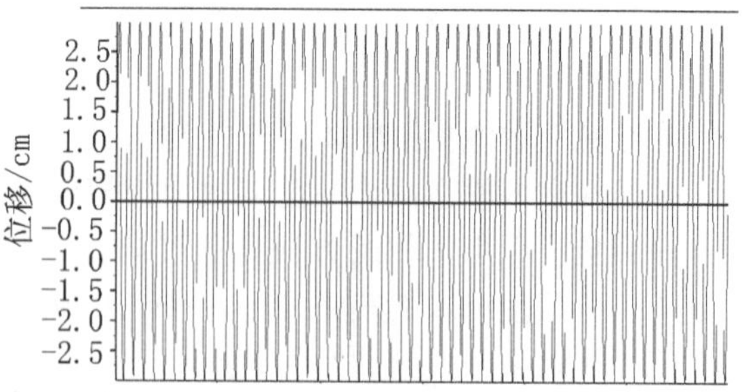

图 5.26　0.3g 时加速度振型曲线

5.5.4　数值模拟结果与分析

由于重力加速度达到了 25g，铁精矿的运动规律与室内振动台试验的数值模拟结果有明显不同，矿粉颗粒的运动不再那么活跃，但对比各个阶段仍能找到其规律。在动力水平往复荷载作用下，铁精矿体积减小、孔隙体积被压缩、孔隙间水分汇集，随着振动次数的增加，水分逐渐聚集形成水液面，水液面逐渐上升，当水液面上升至铁精矿表面时，流态化现象形成。

由铁精矿颗粒分布图（图 5.27）可知，在振动初始阶段，矿粉总体发生沉降，矿粉颗粒的运动趋势为向下，此时水分停留在矿粉内部，有部分水分向下迁移，水液面并没有析出矿粉表面，如图 5.27（b）所示。随着振动次数的增加，由于动力离心试验中振幅较小，铁精矿顶部并没有出现明显破坏，分散分布的水颗粒在振动作用下缓慢运动，有逐步上升的趋势，矿粉表面趋于平整，如图 5.27（c）所示。在振动后期，水液面继续上升趋势，部分水颗粒运动至矿粉表面，并从表面析出，流态化现象形成，如图 5.27（d）所示。

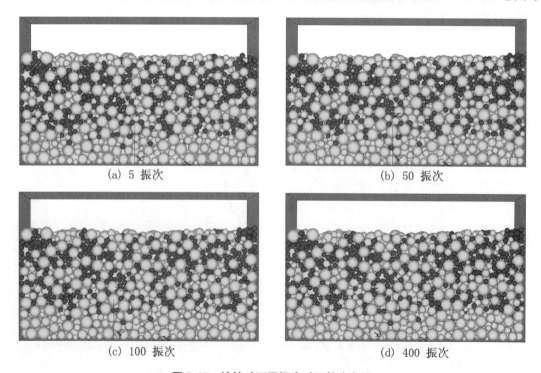

(a) 5 振次　　　　　　　　(b) 50 振次

(c) 100 振次　　　　　　　(d) 400 振次

图 5.27　铁精矿不同振次时颗粒分布图

由于计算效率的限制，并没有进行更多振次的数值模拟，但根据 600 振次模拟反映出的客观规律不难推断，其与离心机试验的规律具有一致性。

在数值模拟中，随着振动次数的增加，可以观察到明显的水颗粒向上迁移趋势，虽然没有像振动台数值模拟一样出现连续页面，但这种现象与离心机试验的流态化形态（图5.28）非常相似。

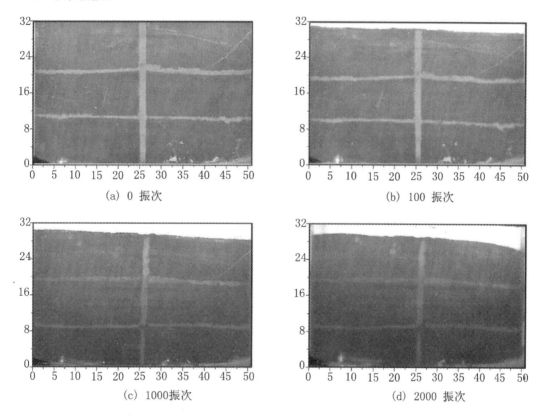

(a) 0 振次　　　　　　　　　　　　　(b) 100 振次

(c) 1000振次　　　　　　　　　　　　(d) 2000 振次

图 5.28　离心机试验观测图

图 5.29、图 5.30、图 5.17 分别是铁精矿颗粒的竖向位移—时间曲线和颗粒接触力分布图。

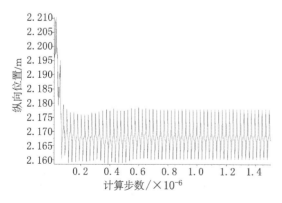

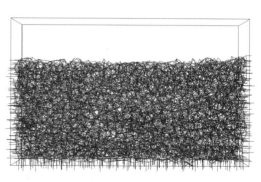

图 5.29　铁精矿颗粒竖向位移—时间曲线　　**图 5.30　铁精矿颗粒接触力分布图**

由图 5.29 图 5.16 可以看出，随着振动时间的增长，矿粉颗粒的竖向位移呈逐渐下降并趋于稳定的趋势。结合室内小型振动台模型试验以及离心机试验的现象进行分析，在振动初期，矿粉颗粒间孔隙较大，由于水分的存在，矿粉整体比较松散，此时水分受重力影响向下迁移。随着振动的继续，矿粉逐渐向下沉降密实，孔隙率逐渐减小，最终趋于稳定。此时由于颗粒间的孔隙变小，水分被挤出，并随着振动不断向上运动，直到最后析出表层，形成自由液面。由图 5.30 可以看出，随着深度的增加，颗粒之间的接触力逐渐增大的规律在本次模拟中现象并不明显，分析认为是因为重力加速度达到 $25g$，整体受力都非常大，所以其深度差异相对较小。在矿粉顶部和中部，仍然能观察到接触力较小。这也说明了随着振动的增加，矿粉颗粒逐渐密实，上部颗粒会向下运动，颗粒间的孔隙减小，接触力增大。而在矿粉上部及表面处，由于水分的存在，使得矿粉颗粒间接触减少，密实度相对较低，因此接触力相对较小。矿粉颗粒接触力的分布情况与离心机试验结果相符。

通过离散元数值模拟发现，数值模拟结果与离心机试验的流态化过程基本吻合，从图 5.27 和图 5.28 的对比可以发现：

（1）在开始振动时，上部土体受到重力及振动密实的作用，产生表层沉降现象，水、土均呈向下运动的趋势。

（2）数值模拟中矿粉的变形沿试样高度也基本呈线性变化，即距离表层越近的地方，矿粉的变形量越大；由于试样底部的颗粒与底部墙体摩擦力的作用，使得底部颗粒的运动受到限制，矿粉的变形较小。

（3）在振动台模型试验中，水分迁移规律呈"逐层向上迁移"趋势。而在离心机试验的振动过程中，铁精矿孔隙间水分首先在重力作用下向下迁移，水分汇集成片后在动荷载作用下趋于向矿体表层逐层析出，由于离心机试验的数值模拟重力加速度很大，水分向上迁移的趋势没有振动台数值模拟明显，水分较难迁移到顶层，与离心机试验结果一致。

以上分析表明，基于离散元法的 PFC^{3D}，使用小颗粒模拟水来拟合非饱和特性，对于模拟离心机试验中铁精矿在动力荷载作用下发生流态化现象同样具有可行性，模拟结果能真实的再现水在矿粉中的运行规律。

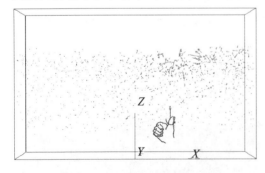

图 5.31　水颗粒位移矢量分布图

图 5.31 为数值模拟后期水颗粒的位移矢量分布情况。从图中可以看到，在振动后期，水颗粒整体呈现向上迁移趋势，位移主要集中在矿粉表面，表面水颗粒主要表现为水平运动，而矿粉内部的水颗粒位移较小。这表明此时已形成流态化，矿粉表面有一定自由液面，随着振动而水平运动。

与振动台模型试验的数值模拟一样，本模型中采用接触黏结模型近似考虑颗粒在非饱和状态下的基质吸力。由于矿粉颗粒间存在黏结力，使得颗粒间保持相对稳定状态。只有振动引起的水颗粒运动克服这种颗粒间的黏结力时，矿粉由非饱和状态逐渐转变为饱和状态时，才可能产生滑动破坏。

由于水颗粒在矿粉中的迁移运动，导致矿粉颗粒间的基质吸力减小，颗粒从下往上逐步由非饱和状态转变为饱和状态，在这个过程中颗粒间相互碰撞和摩擦，颗粒速度矢量不

断变化。图 5.32 为振动最终时刻矿粉颗粒的
速度矢量分布图。从图中可以看出,矿粉颗粒
在振动过程中的运动主要集中在上部,运动分
布与水颗粒一致,右上部与水颗粒一致运动剧
烈,说明了流、固体间在运动过程中强烈的相
互作用,而对于其它部分,整体呈现出圆弧状
分布,且主要为水平运动,已经开始出现流态
化特征。这与离心机试验现象一致,也能与室
内振动台模型试验中矿粉的滑动破坏面分布相
类比,整体来看,矿粉上部含水率较高,矿粉
随振动台表现为水平剪切运动。

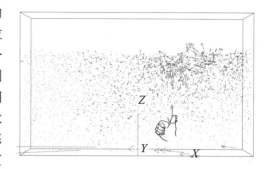

图 5.32 铁精矿速度矢量分布图

　　由离心机试验结果可知,在振动过程中,铁精矿颗粒骨架被压缩、孔隙体积减小;同
时细颗粒通过粗颗粒间孔隙向下运动、填充下部孔隙,使得下部孔隙中水分被挤出,上部
粗颗粒发生结构重组,孔隙变小,形成致密的粗颗粒骨架[①]。

图 5.33 细颗粒位移矢量分布图

　　观测粒径小于 1.0 mm 的矿粉颗粒在数值
模拟结束时的位移矢量分布情况,如图 5.33
所示。由图中可以看出,在振动过程中,粒径
较小的细颗粒呈现出明显上部向上,下部向下
运动的趋势。结合离心机试验分析认为,在振
动中期(相对于离心机试验)水分迁移流速加
快,水分迁移更加显著,矿体中流动的孔隙水
对颗粒产生渗透力,渗透力导致一部分颗粒骨
架咬合相对较弱的细颗粒随水流一起移动,矿
体中细颗粒流失后形成了孔隙流体的流动通

道,由此可以解释上部细颗粒向上运动的趋势。而细颗粒向下运动,则是在重力的作用下
向下填充下部孔隙,形成致密的粗颗粒骨架。即引起水分液面迁移的原因是一方面是细颗
粒的运动,表现为细颗粒向下运动,填充下部孔隙,孔隙中水分被挤出,引起水液面上
升,而水分的向上迁移也会带走上部矿粉中的细颗粒,进一步加大迁移速度。

5.5.5 小结

　　本节利用三维颗粒流程序(PFC[3D]),对离心机模型试验进行了数值模拟,研究了铁精
矿流态化过程中宏观试验现象、位移场变化以及水颗粒和细颗粒的细观运动规律,结合宏
细观规律,揭示了铁精矿流态化的内在机理,主要有以下结论。

　　(1) 与振动台模型试验及其数值模拟结果一致,铁精矿流态化的演化过程包括矿粉压
密、上层矿粉滑动,细颗粒迁移、水液面上升和自由液面的形成,而离心机模型试验中铁
精矿水分迁移规律比室内模型试验更接近实际情况,由于离心机振动系统振幅较小,在水
液面上升过程中铁精矿未出现室内模型试验中的矿体滑动现象,这些差别通过数值模拟也
得到了反映;

①周健,白彪天,李宁,等. 散装铁精矿流态化宏细观机理 [J]. 同济大学学报:自然科学版,2015,43 (4).

（2）水分迁移是造成散装铁精矿在接近实际重力场下发生流态化的关键因素，铁精矿内水分在动荷载下趋于向矿体表层析出，其宏观表现为水液面上升，当水液面上升至铁精矿表面时，形成流态化现象；

（3）水分迁移导致矿体中细颗粒随水迁移。细颗粒流失形成孔隙水流动通道，有利于孔隙水分的迁移；细颗粒不断填充下方粗颗粒间孔隙，进一步促使铁精矿颗粒间孔隙体积减小，促使孔隙水分析出；

（4）铁精矿的水分和细颗粒的迁移会加速水分的向上迁移过程。其细观运动规律主要表现为：分散于颗粒间的水团聚集形成水体，沿着颗粒间孔隙向上流动；上部细颗粒向下迁移，填充下部粗颗粒孔隙，上部粗颗粒骨架结构重新排列。

对铁精矿流态化的离心机试验进行离散元数值模拟，可以得到详细的矿粉破坏形态、颗粒运动、位移、速度分布规律等宏细观结果，对离心机试验的结果起到了验证和强调的作用。

5.6　船运实际状态的数值模拟研究

本章前述部分针对各模型试验进行了数值模拟，分析了试验条件下矿粉发生流态化的宏细观机理，本节将基于实际船运状态，尝试对实际运输过程中遭遇大风浪的情况下矿粉发生流态化情形的模拟，深入理解船运散装矿粉的流态化问题。

5.6.1　模型的建立

依据本章前述部分的模拟经验，在建模过程中即考虑矿粉中水的分布，以及初始的非饱和状态，并设置数值模型容器的运动方式为绕下侧转轴的往复摇摆，再现实际船运过程中在遭遇风浪时的真实动力响应。通过简化颗粒流数值模型，分析在实际应力状态时，动力荷载作用下水颗粒运动情况、矿粉颗粒细观组构等变化规律，从细观角度揭示船运铁精矿流态化形成的内在机理。

数值模拟模型箱由六面刚性墙组成，数值模型的边界尺寸与振动台模型箱尺寸一致，为 1000 mm（长）×320 mm（宽）×600 mm（高）。底面墙体摩擦系数与矿粉颗粒相同，取值为 0.5；其他四面墙体（前、后、左、右）模拟模型箱的玻璃前壁和侧壁，摩擦系数取值为 0，忽略墙体对颗粒运动的影响，墙体的细观参数见表 5.9。

然后在模型箱内生成高度为 450 mm 的铁精矿颗粒（黄色），为了更直观的观察到振动过程中的水分迁移现象，同时体现铁精矿振动时的非饱和特性，采用微小颗粒（蓝色）模拟水团，水颗粒之间的接触采用接触粘结模型。水颗粒生成区域为铁精矿颗粒的孔隙区域，为了有效地减少运算时间，同时考虑到底部矿砂含水率较低且对流态化现象影响不大，水颗粒仅在土体高度 0.1～0.45 m 的范围内生成。如图 5.34 所示。

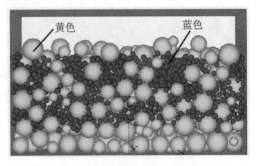

图 5.34　数值模拟模型图（蓝色为水颗粒，黄色为矿粉颗粒）

在进行数值建模时，PFC^{3D} 还不能达到让颗粒的所有特性与实际矿粉颗粒相一致。合理的方法是在不影响数值模拟结果的前提下，减少数值模型中颗粒的数量，具体的方式有两种：一种是保持数值模拟试样的外观尺寸与室内模型试样相近，适当放大数值模拟试样颗粒的平均粒径，来减少生成的颗粒数量；第二种方式是让数值模拟试样颗粒的平均粒径与室内试样保持一致，适当缩小数值模拟试样的外观尺寸，来减少生成的颗粒数量，本章采用第一种方法。数值试验中土颗粒的粒径取值范围为 2～5 mm，利用 PFC^{3D} 内置函数按均匀分布粒径生成试样，试样的平均粒径 D50＝3.5 mm，以密实度来控制颗粒生成数量。据已有研究表明[1]，当模型尺寸与颗粒的平均粒径之比不小于 30 时，可忽略模型中颗粒粒径的尺寸效应[2]。本章建模采用的模型尺寸与颗粒的平均粒径之比远远大于 30，因此可以忽略尺寸效应。

在颗粒流数值模拟中体现非饱和特性，是数值模拟中的一个技术难题。本节同上一节，依然在室内模型试验和前期数值模拟成果的基础上[3][4]，进一步考虑非饱和特性，采用微小颗粒模拟水颗粒的方法，通过调整参数，使得水颗粒可以近似模拟水的不可压缩性，不可受剪性和水的表面张力，在矿粉颗粒形成的孔隙中生成水颗粒，并通过设置矿粉颗粒间的接触粘结模型和滑移模型来近似模拟基质吸力，以此来模拟非饱和特性。铁精矿颗粒和水颗粒的细观计算参数列于表 5.10。

表 5.10　材料的计算参数

矿粉颗粒					墙		
粒径/mm	摩擦系数	密度/kg/m^3	法向刚度/N/m	切向刚度/N/m	法向刚度/N/m	切向刚度/N/m	摩擦系数（底板）
2～5	0.5	4780	1.0E＋08	1.0E＋08	1.0E＋08	1.0E＋08	0.5

水颗粒					
粒径/mm	密度/kg/m^3	法向刚度/N/m	切向刚度/N/m	法向黏聚力/N	切向黏聚力/N
1.1～1.3	1000	1.0E＋05	0	6	6

5.6.2　数值模拟的步骤

为了模拟铁精矿在船运实际状况下发生流态化过程中矿粉和水的位移场、速度场、应力场等一系列宏细观量的变化规律，将数值模拟程序划分为制样和摇摆模拟两个步骤，PFC^{3D} 数值模拟步骤如下。

（1）制样

先生成模型箱，然后在模型箱指定范围内生成矿粉颗粒，让矿粉颗粒在自重作用下沉积达到初始平衡状态。图 5.35 为试样的平均不平衡力曲线，当系统的最大不

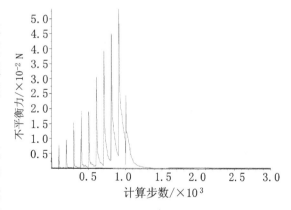

图 5.35　不平衡力－步数曲线

①陈小亮. 地下结构物周围砂土层液化宏细观机理研究 [D]. 上海：同济大学，2011.

②Gallagher B, Stogsdill S, Stephenson R W. Influence of Ore Physical Properties on the Transportable Moisture Limit for Barged Materials [J]. Iron Ores, 2005.

③陈小亮. 地下结构物周围砂土层液化宏细观机理研究 [D]. 上海：同济大学，2011.

④简琦薇. 散装铁精矿流态化形成的宏细观机理研究 [D]. 上海：同济大学，2014.

平衡力与平均不平衡力之比小于1‰时，认为系统达到初始平衡。矿粉颗粒达到平衡后，在孔隙中生成水颗粒，并为水颗粒设定黏聚力等参数。

（2）摇摆模拟

本试验模拟含水率为10%的工况。对整个容器施加正弦循环的往复摇摆（每侧约30°，见图5.36）来模拟船运实际中遭遇风浪的动荷载。为简化数值模型提高模拟效率，设定摆动频率为固定值0.5 Hz，振幅为6 cm，振动次数为600次。振动台的正弦荷载曲线如图5.37所示。设置输出和量测函数提取和分析铁精矿在振动过程中的运动形态，以及矿粉颗粒和水颗粒的位移矢量分布图、速度矢量分布图，研究流态化的演化过程。

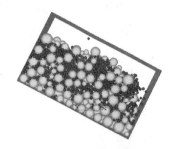

图 5.36　数值模型最大摆幅位置示意图

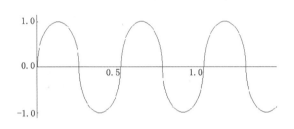

图 5.37　振型一时间曲线

5.6.3　数值模拟结果与分析

由不同振次下，铁精矿颗粒分布图（图5.38）可知，在振动初始阶段，矿粉整体松散，孔隙率较大，发生总体发生沉降，且在顶部最先发生破坏，随着模型箱摆动向一侧倾斜，此时水分停留在矿粉内部，有部分水分向下迁移，矿粉表面有一些水颗粒，如图5.38（b）所示。随着振动次数的增加，分散分布的水颗粒在振动作用下相互连接成片，向下的水分在底部形成水液面后逐步上升，矿粉堆上部可观测到破坏，如图5.38（c）所示。在振动后期，底部趋于稳定，水液面上升至矿粉表面，大量水颗粒从表面析出，形成自由液面，流态化现象形成，如图5.38（d）所示。

图5.39、图5.41分别是某铁精矿颗粒的竖向位移-时间曲线和颗粒接触力分布图，图5.40是某水颗粒的竖向位移-时间曲线。由图5.39可以看出，随着振动时间的增长，矿粉颗粒的竖向位移呈逐渐下降并趋于稳定的趋势。结合相关试验现象进行分析，在振动初期，矿粉颗粒间孔隙较大，由于水分的存在，矿粉整体比较松散，此时水分受重力影响向下迁移，矿粉本身也在动荷载作用下密实。随着振动的继续，矿粉继续向下沉降密实，最终趋于稳定。此时颗粒间的孔隙变小，水分被挤出，并不断向上运动，直到最后析出表层，形成自由液面震荡运动，如图5.40所示。由图5.41可以看出，随着深度的增加，颗粒之间的接触力在底部、边侧较大，分别承受重力和侧壁运动的被动压力，而在矿粉中部和顶部，接触力较小。这也说明了随着振动的增加，矿粉颗粒逐渐密实，上部颗粒会向下运动，颗粒间的孔隙减小，接触力增大。而在矿粉上部及表面处，由于有大量的水分存在，使得矿粉颗粒间接触很少或没有接触，因此接触力较小。矿粉颗粒接触力的分布情况与各试验结果以及实际经验相符。

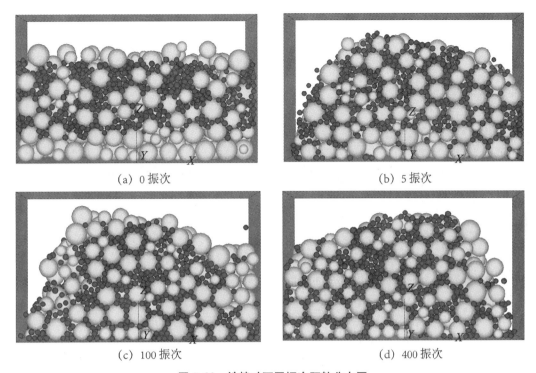

(a) 0 振次　　　　　　　　　　　　　　(b) 5 振次

(c) 100 振次　　　　　　　　　　　　　(d) 400 振次

图 5.38　铁精矿不同振次颗粒分布图

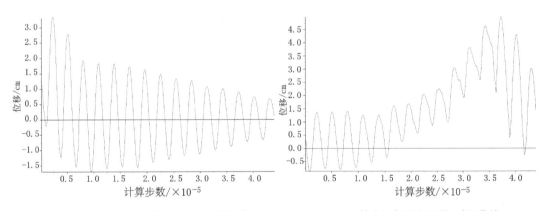

图 5.39　某矿粉颗粒竖向位置-时间曲线　　　图 5.40　某水颗粒竖向位置-时间曲线

通过离散元对实际情况的模拟，可以发现数值模拟的结果和期望符合较好，且所得结论与前期模型试验、离心机试验结论相吻合。

图 5.42 为模拟结束时矿粉的最终位移矢量图，由于此时模型箱正在顺时针转动（同图 5.41、图 5.38（d）），所以左侧矿粉颗粒除了向左运动的趋势外，还有受挤压向上运动的趋势，而右上部的矿粉颗粒，因受到表面水的运动影响而有向左上侧爬升的趋势，说明矿粉表面已经出现流态化现象。总体而言，矿粉颗粒在这个阶段依然呈现向下运动密实的趋势。

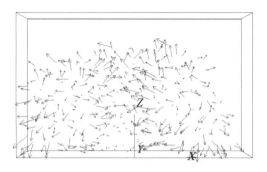

图 5.41　铁精矿颗粒接触力分布图　　　　图 5.42　矿粉位移矢量图

5.6.4　小结

本节利用三维颗粒流程序（PFC^{3D}），综合之前对振动台及离心机试验的数值模拟经验，对船运散装矿粉实际进行了数值模拟，研究了铁精矿在实际动荷载作用下发生流态化过程中的宏观现象、位移场变化以及水颗粒和细颗粒的细观运动规律，结合宏细观规律，揭示了铁精矿在实际船运状态下发生流态化的内在机理，主要有以下结论：

（1）水分迁移是导致散装铁精矿流态化形成的主要原因。水分受动荷载作用趋于向矿体表层析出，其宏观表现为水液面上升。当水液面上升至矿体顶部表面时，持续析出的水分使表层铁精矿形成矿水混合物，形成流态化现象；

（2）结合对模型试验的数值模拟，尝试对实际情况进行建模分析的方法是可行的，本节使用三维颗粒流程序（PFC^{3D}）对船运实际进行分析的结果与预期符合得很好。

5.7　本章小结

本章利用三维颗粒流程序（PFC^{3D}），对之前进行的室内小型振动台模型试验、离心机试验等做了进一步探索与验证，并在过程中不断积累经验，对船运散装矿粉在海上遇到波浪荷载的情况进行了仿真模拟，得到了与预期相符的结果。通过本章研究探索，验证了以下结论：

动荷载下散装铁精矿流态化形成机理是：振动过程中，动荷载产生水平剪应力使铁精矿颗粒不断错动，孔隙体积减小，孔隙间水分被挤出；水分首先在重力作用下迁移，不断汇集成片；然后水分在动荷载作用下沿孔隙水流动通道发生迁移，趋于向矿体表层析出；同时，细颗粒随水迁移至矿体表层，导致表层铁精矿细粒含量增多；水分持续析出使表层铁精矿饱和度增大，颗粒粒间作用力减小，抗剪强度减弱；表层铁精矿形成矿水混合物在动荷载作用下易于流动，表层矿水混合物来回震荡，形成流态化现象。

同时也验证了动力离心模型试验中铁精矿的水分迁移规律比室内模型试验更接近实际海运情况。室内模型试验中，铁精矿矿体厚度小，水分能够由底层迁移至顶层，在动力离心模型试验中，矿体高度相当于实际海运中铁精矿散货的堆载深度为 8m，矿体下层水分很难迁移至表层。

最后，本章利用离散元方法对课题进行了成功的探索与验证，说明了离散元方法对于解决散粒体、大变形问题非常适用，以后可以更多地开展相关研究。

第6章 海运安全风险预警模型及预防措施

6.1 引言

　　散装矿产品流态化而造成的海运事故层出不穷，给海上运输的生命和财产安全带来了巨大的威胁。国内外对散装矿产品流态化的研究已从流动水分点（Flow Misture Point）的测定方法开始，逐步到散装矿产品流态化形成的机理及流态化特性的影响因素研究，而尚未提出一种能够对船运散装矿产品的流态化作出有效预警的方法，用以减少船运散装矿产品流态化事故的发生。

　　本章拟采用散装矿产品的流动水分点测定方法——流盘试验法，来研究矿粉自身颗粒组成对流态化的影响，并结合已有的散装矿产品的室内小型振动台模型试验所取得的研究成果，对比两种试验方法的特点分析了细粒含量、含水率和加速度等因素对散装矿产品流态化特性和形成的影响，即分析得到的海运过程中不同种类的典型矿产品在波浪荷载作用下发生流态化的各个影响因素，然后利用层次分析法，建立散装矿产品的流态化风险预警模型，并以此为基础提出船运散装矿产品流态化风险预警方法。通过本课题的研究，能让人们对海运矿粉的流态化现象有更深刻和正确的认识，并通过课题最后得到的流态化风险预警方法为不同种类的典型矿产品在一定海运条件下发生流态化做出风险预判评估，控制和减少矿产品的海运事故发生，减少国家的生命财产损失。

6.2 主要研究内容

　　本章的研究主要通过对比散装矿产品的流盘试验方法和已有的散装矿产品室内模型试验方法，并结合两者的试验研究结论和成果，然后在层次分析法的基础上，构建船运散装矿产品流态化风险预测模型，建立船运散装矿产品流态化风险预警方法。

　　（1）流盘试验

　　流盘试验相对室内模型具有操作方便、工作量少等优点，且在散装矿产品流动水分点（FMP）的测定上应用广泛、经验较为丰富。利用流盘试验的诸多优点，对现有不同产地的萤石粉和铁精矿的多组矿产品样本进行流盘试验，分析散装矿产品的矿粉颗粒组成对其流动水分点（FMP）的影响，并将主要的试验数据作为建立散装矿产品流态化风险预警模型所需的数据样本。

　　（2）散装矿产品的室内模型试验

　　基于前期利用室内小型振动台等模型试验方法对铁精矿、萤石粉和镍矿的试验研究，分析各个影响因素对散装矿产品流态化形成的影响，找出最主要的影响因素。室内模型试验中的试验数据是散装矿产品流态化风险预警模型建立所需的重要基础。

（3）提出船运散装矿产品流态化风险预警方法

利用散装矿产品的流盘试验和室内模型试验所得到的研究结论和试验数据，基于层次分析法建立船运散装矿产品流态化风险预警模型，提出船运散装矿产品流态化风险预警的方法。

本章采用的技术路线如图 6.1 所示

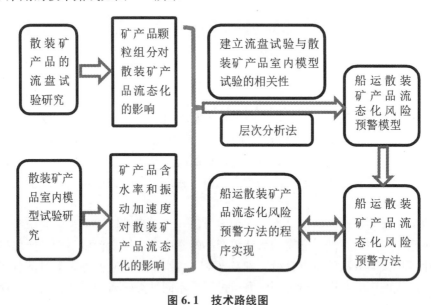

图 6.1　技术路线图

6.3　风险预警的数学模型

风险预警中"警"指的就是警情，是指风险主体发展过程中可能导致风险的情况。"预警"一词来源于军事，它是指通过一定手段和方法得到的信息来了解敌人的动向并预测敌人的进攻情况，并把这种可能的情况的威胁程度报告给指挥部门，以提前采取应对措施。预警系统的研究已经深入到现代经济生活的方方面面，成为一项重要的抵御风险的事前管理方法[1]。

6.3.1　风险预警方法概述

目前国内外在风险预警系统领域的研究主要集中在宏观经济风险预警系统、金融风险预警系统、企业日常经营风险预警系统和各种灾害预警系统等方面。风险预警及数学建模的方法很多，较为普遍采用的有蒙特卡洛方法、决策树法、层次分析法、多元逻辑回归（Logit）模型法和人工神经网络（ANN）模型法等等。

（1）蒙特卡洛法

蒙特卡洛法是根据统计抽样理论，通过对随机变量函数的概率模拟、统计试验来进行

①方先明. 预警管理系统剖析 [J]. 经济管理，2003，13）：30-34.

近似求解的方法①。随着概率模型的出现，蒙特卡洛法早在 17 世纪就已被人提出。进入 20 实际中后期，随着计算能力出色的电子计算机的出现和迅速发展，人们开始意识到应该广泛和系统地应用随机抽样试验来解决数学和物理问题，并且把蒙特卡洛方法当作计算数学的一个新的重要分支②，蒙特卡洛方法被应用到许多领域的研究分析中，例如电力系统可靠性的评估、煤炭投资风险分析、油气储量估算、工程结构可靠性分析等。

由于随机变量函数的概率模拟、统计试验是蒙特卡洛法的预测评估的基础，因此其对统计样本的数量有较高的要求。

（2）决策树法

决策树法是直观运用概率分析的一种图解方法。决策树是模拟树木枝条生长过程，以出发点开始不断分枝来表示所分析问题的各种可能性，并以各分枝的期望值中的最大值作为选择的依据③。决策树法是数据挖掘系统中常用的方法之一，比较成熟并常有的算法主要有 ID3、C4.5、CHAID 等，决策树法在土地利用的信息、工程风险的评估、医学研究等众多领域都有广泛应用。

决策树法也有其缺点，当训练数据量较少以及随机噪音的存在都会影响其决策的正确性，虽然现阶段有通过修剪决策树的"枝节"来解决这一问题的方法，但该方法在解决精度和复杂度的问题方面仍然不够理想④。

（3）层次分析法

层次分析法作为一种定性与定量分析方法相结合的综合性评价方法，在各类安全问题和环境研究的多个领域得到广泛应用⑤。层次分析法的优点在于将复杂问题进行分解，抓住问题的主要影响因素进行分析，并且能够处理难以定量的影响因素⑥。

基于上述层次分析法的优点，层次分析法被广泛应用于交通安全、工程施工安全、公共安全等领域。当然，层次分析法也存在其自身的缺点，最主要的就是各个影响因素之间权重的难以确定，需要在定量和定性两个方面通过足够的经验判断对判断矩阵中的各因素进行重要度赋值，并需要通过不断的测试结果对比和拟合对层次分析法模型进行修正。

（4）多元逻辑回归（Logit）模型法

逻辑回归是一种多元统计方法，适用于响应变量是二分类（正常和不正常）变量的情况⑦。模型中的各个影响因素（自变量）即可以是分类变量也可以是连续性变量。其应变量不是直接预测其取值目标，而是取正常与不正常二值之一的概率。逻辑回归模型自 20 世纪 20 年代提出后，开始广泛应用于人口估计和预测、经济学和公共卫生学等研究领域。多元逻辑回归法也是一种使用较为普遍的数据挖掘工具。

（5）人工神经网络（ANN）模型法

人工神经网络是一种应用类似于大脑神经突触联接的结构进行信息处理的数学模型。人工神经网络有不同层的神经元及神经元之间的权值组成。人工神经网络是一种由许多简

①朱海宾. 蒙特卡洛模型在矿产资源量预测中的应用 [J]. 地质找矿论丛，2010，25（1）：50-54.
②苗案昌. 概率风险分析中蒙特卡洛方法的研究与应用 [D]；天津理工大学，2009.
③续书平，高瑞. 决策树法在投标中的应用 [J]. 山西建筑，2003，29（4）：203-204.
④李园园. 决策树算法实现及其在信用风险控制中的应用 [D]. 山东大学，2013.
⑤朴春花. 层次分析的研究与应用 [D]. 北京：华北电力大学，2008.
⑥王莲芬. 层次分析法引论 [M]. 中国人民大学，1990.
⑦雷金波. 基于逻辑回归和支持向量机的设备状态退化评估与趋势预测研究 [D]. 上海交通大学，2008.

单的并行处理单元组成的系统，其功能取决于网络的结构、连接强度以及各单元的处理方式。它是在对人脑神经网络的基本认识的基础上，从数理方法和信息处理的角度对人脑神经网络进行抽象，并建立某种模型[①]。

人工神经网络具有大规模并行处理、容错性、自组织和自适应能力等特点，被广泛应用于信号处理、系统辨识、数据挖掘等领域。现有的人工神经网络种类已达 40 余种，但由于人工神经网络需的学习过程依赖于训练样本，因此其分析结果的正确性受样本数量的影响很大。

6.3.2 预警模型的选择

（1）风险预警模型的确定

本章研究的是散装矿产品在船运过程中发生流态化的风险预警，海运史上因矿产品的流态化而发生海运事故甚至遇难的事故不少，但由于各个事故之间缺乏相关性，事故中的各项数据记录掌握很少，更无法直接利用真实的船运矿产品进行试验研究，因此对于本章中风险预警的研究将利用室内模型试验和流盘试验等试验手段。

充分利用室内模型试验和流盘试验的各自特点，两者优势互补，将两试验所得的数据作为风险预警模型中的样本数据，但由于可供试验的矿产品种类有限、室内模型试验的工作量十分巨大、流盘试验无法研究振动加速度对散装矿产品流态化的影响、室内模型试验和流盘试验之间数据的定量关系难以建立等众多原因，造成了本研究中样本数量较少，且数据的分析中存在很多的定量性，需要定量和定分析相结合。

前文中提到的蒙特卡洛方法、决策树法多元逻辑回归模型法和人工神经网络模型法，都是数据挖掘的方法，需要从大量的样本数据中进行统计分析、或者对大量的样本数据进行学习等，对问题的预测都是建立在广泛的样本分析、学习基础上。相比这几类方法，层次分析法具有系统、实用和简洁的特点，可以对问题进行定量和定性相结合地分析，非常适用于样本数量较少、既有定量分析又有定性分析的船运散装矿产品流态化风险预警。

（2）层次分析法的应用综述

上世纪 70 年代初，美国匹茨堡大学的运筹学家教授 Saaty T.L.[②] 在为美国国防部研究"根据各个工业部门对国家福利的贡献大小而进行电力分配"课题时，应用网络系统理论和多目标综合评价方法提出了一种层次权重决策分析方法，该方法即层次分析法（Analytic Hierarchy Process）。层次分析法从诞生那天起经历了巨大的发展，被广泛地应用于许许多多行业领域的风险评估、方案决策等方面的研究。

Saaty T.L.[③] 等结合苏丹社会和政治因素的相关数据、基于成本和收益价值的考虑，采用层次分析法构建苏丹交通规划框架进行分析判断，为苏丹交通基础设施做出最优化的投资规划计划。

赵保卿[④]等利用层次分析法定量分析与定性分析相结合的特点，将内部审计外包内容

---

①石艳丽. 基于人工神经网络的经济预测模型研究 [D]. 北京中国地质大学，2008.

②Saaty T L. The Analytic Hierarchy Process [J]. Proceedings of the Second International Seminar on Operational Research in the Basque Provinces，1980，4（29）：189-234.

③Saaty T L. Scenarios and priorities in transport planning：Application to the Sudan [J]. Transportation Research，1977，11（5）：343-350.

④赵保卿，李娜. 基于层次分析法的内部审计外包内容决策研究 [J]. 审计与经济研究，2013，（01）：37-45.

决策统一到一个模型中，从而解决多因素分析时所遇到的复杂问题，为企业进行内部审计外包内容的选择提供一些依据。

庞振凌，常红军等[1]通过对水源区季节 4 因素和 6 项理化指标的测定，并基于层次分析法对水质进行综合评价。结果表明：层次分析综合指数 PI 在采样点有差异并且变化灵敏，渠首水质属于污染；库心水质属于尚清洁；丹江入库上游水质属于中污染。根据结果分析认为：层次分析法分析结果与实际基本相符，层次分析法做为综合评价法对水质评价有重要性，值得推广应用。

Torki，L[2] 等在研究金融和电子债务对伊朗金融不稳定的影响时，利用 1999－2012 年期间伊朗的外国债务、政府债务、非政府债务和银行债务数据，结合层次分析法建立了债务偿还能力评估模型，并利用金融领域的文献研究结论和专家意见确定了层次分析法中各个因素的权重。

Deb，M[3] 通过层次分析法建立了零售业服务质量（RSQ）模型，通过该模型探究 RSQ 中各方面差距与消费者期望之间的差异，分析这些因素对印度零售商店、超市等竞争力的影响，研究中确定了零售商需要改进的服务方面，但无法提供一个适当的行动计划以解决服务中的缺陷。

6.4　相关试验研究

室内模型试验的具体步骤、结论等已在之前章节详述，在此不再赘述，只详细介绍流盘试验过程及结果分析，并于模型试验结论进行对比分析。

6.4.1　散装矿产品的流盘试验

流盘试验法是最早由日本提出并利用测定易流态化的散装矿产品适运水分限量（TML）的方法，即测定散装矿产品流动水分点的方法（适运水分限量＝流动水分点×90％（或 85％））。之后国际海事组织（IMO）将流盘试验法定为三大推荐的适运水分限量测定方法之一，而 ISO12742－2007 中指定流盘试验法为多个品种的散装矿产品适运水分限量的测定方法。从 2011 年 1 月 1 日起，国际海事组织（IMO）的《IMSBC Code》开始强制适用，其规定易流态化 A 类危险货物在装运前必须测定实际水分含量，并提供相应的适运水分限量（TML）检验证书，如果违反此项规定且发生了矿产品流态化海运事故，则该发货方将承担相应的法律责任[4]。因此，流盘试验法在国际海运界被广泛应用，已发展成为许多国家、社会组织测定易流态化矿产品适运水分限量的常用方法。

6.4.1.1　流盘试验的原理及仪器设备介绍

流盘试验的原理是用流盘仪模拟海上运输船体的振动，给予试样垂直的振动力。流盘的振动作用对试样颗粒进行重新排列，试验的堆积态发生变化，颗粒间孔隙体积减小，所

---

①庞振凌，常红军，李玉英，等. 层次分析法对南水北调中线水源区的水质评价 [J]. 生态学报，2008，28（4）：1810-1819.

②Torki L，Isfahani R D，Rezai A. Ranking of financial and electronic debts using analytic hierarchy process（AHP）[C]. Proceedings of the e-Commerce in Developing Countries：With Focus on e-Security（ECDC），2013 7th Intenational Conference on，2013：1-13.

③Deb M，Lomo-David E. Evaluation of retail service quality using analytic hierarchy process [J]. International Journal of Retail & Distribution Management，2014，42（6）：5-5.

④傅廷忠. 关于危险货物运输的法律问题 [J]. 世界海运，1997，(3)：53-55.

含水分的体积占总体积百分比增加，引起孔隙内水压力增大，减小了矿粉颗粒间的摩擦，造成抗剪切强度减小。当含水量达到一临界值时，堆积的矿粉粉失去抗剪强度，表现出流态化现象[1]。流盘一般适用于最大粒度为1mm的精矿或其他颗粒物质。

图6.2 标准流盘仪

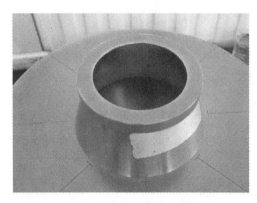

图6.3 流盘试验铜质模具

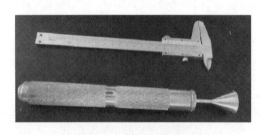

图6.4 夯具与游标卡尺

流盘试验法的仪器主要包括：

（1）标准流盘仪：分别有流盘、座架、凸轮、竖轴、支撑座架及电动机组成，见图6.2。另外，标准流盘仪还有配套的铜质模具，见图6.3。标准流盘仪的各个组成部分都有一定的尺寸要求，详见《关于SOLAS VI和VII章修正案及《国际海运固体散装货物规则》（IMSBC规则）强制实施的通告》；

（2）夯具：见图6.4。流盘试验中的夯具为采用经过校准的受压弹簧提供所需的夯实压力的夯具，或其他可以调节夯实压力的夯具；

（3）铝制样品盒：可用于烘干试样的扁平密闭容器即可；

（4）扁平不锈钢托盘：可用于烘干1kg左右试样的扁平容器即可；

（5）塑料刻度滴管：用于0～5mL定量加水；

（6）搅拌容器：能满足5kg左右散装矿粉搅拌所需大小的容器；

（7）天平：要求天平的精确度达到±0.1g，最大可称量不小于2kg；

（8）烘箱：可控制温度105±5 ℃；

（9）游标卡尺：如图6.4所示。

6.4.1.2 流盘试验的试验操作

（1）样品准备

试验样品为需要进行流盘试验的散装矿产品，试样的数量主要以体积为控制标准，应满足多次流盘试验所需。经验表明，使试样从低含水量逐渐增加水分至流动水分点所得结果比从高含水量逐渐减少时所得结果准确，因此本章中流盘试验采用前者的方法。

本次流盘试验研究中的散装矿产品包括萤石粉和铁精矿两大类。萤石粉共有不同厂家、不同批次的18组样品，铁精矿共有不同厂家、不同批次的共15组样品。

---

[1] GB/T. XXXXX——XXXX. 散装萤石粉适运水分限量的测定－流盘实验法 [M]. 2014.

试验样品准备好之后，先将试样放入容器中，加入计算好的水量后马上进行充分的搅拌。然后将容器中的试样分成三份，分别标以（A）、（B）和（C）。（A）为试样总量的五分之一，对其立即称重，并置于烘干炉中烘干，以确定试样加水配置完成后的含水量。另两份子样各约为试样的五分之二，其中一份（B）用于预备试验，另一份（C）用作主试验。在试验样品的拌制及后续试验过程应尽量减少样品直接暴露在空气中的时间，尽量减少试验样品与外界空气的水分交换，保证试验的精确性。

（2）试验过程

① 装填试验样品。首先将标准流盘仪的铜质圆型模具置于流盘中央，搅拌器中的试验样品的装填分为三步进行。第一次装填经夯实后试样宜占模具深度约三分之一，第二次装填后试样的高度应约达到圆模深度的三分之二左右，最后一层试样经装填夯实后应刚好达到圆型模具顶边的下部。夯具的夯实压强取实际船运矿粉堆积高度计算所得的压强值，如对萤石粉的夯具弹簧压力一般取 35N。

② 模具撤去。在撤去铜质模具前，应先轻拍模具的边缘和侧面，使矿粉与模具之间产生松动，然后再轻轻撤去模具，保持流盘上的截锥状矿粉试样完整性，并使用游标卡尺测量截锥状试样底部的直径，取两个互相垂直方向直径的平均值，记为 D1。

③ 试验振动。撤去模具后，启动流盘电动机（本流盘试验中采用的是电动流盘仪），将流盘以 2 grms±10％的加速度、50 次/分的频率自 12.5 毫米高度升落 50 次。

④ 如果流盘试验中试样并未发生流态化，则将试样重新放入搅拌容器中，并在试样中喷洒一定数量的水，水量不易过多，宜取试样质量的 0.4％～0.5％量的水，然后将容器中的试验再次搅拌均匀。

⑤ 重新进行上述步骤①至步骤③的试验步骤，如发现试验中的试样发生流态化，则取试样发生流态化时试样的含水率和前一次试验时试验的含水率的平均值，将其作为该矿产品的流动水分点（FMP）。如果试样依然没有发生流态化，则继续按照步骤④进行重新制样，并按照步骤①至步骤③重新进行流盘试验，直至试样发生流态化。

（3）散装矿产品流态化的识别

流盘试验中流盘的反复振动使得矿粉颗粒重新镶嵌，当矿粉试样含水率较低时，试样截锥状体通常会因流盘的振动而发生破碎、松散成小碎块状或未发生较为明显的变化，这都是试样未发生流态化的表现，应停止试验并将试样重新放入搅拌容器中按上述试验过程重新进行试验。

当矿粉试样的含水率达到某一值时，试样在进行流盘试验振动后截锥状体会发生较为明显的变形，试样的底面直径会增大，试验振动结束后用游标卡尺测量试样底部两个互相垂直的直径并取其平均值，记为 D2。将测得的 D2 值与流盘振动之前测得的 D1 值进行对比，如果 D2－D1≥3mm，且试样表面出现凹凸面时（某些矿种的试样还有可能出现裂缝），可认为流盘试验中试样的流态化已经发生。

如果试验之后经测量 D2－D1＜3mm，或 D2－D1≥3mm 但目测试样表面没有发现上述流态化的迹象出现，认为试样的含水率并未达到流动水分点（FMP），继续按照上述试验方法进行试验。

因此，流盘试验中散装矿产品试样发生流态化的依据为：D2－D1≥3mm；试样表面出现凹凸面或裂缝。

（4）流动水分点（FMP）和适运水分限量（TML）的计算

当矿粉试样在流盘试验中发生流态化后，测定当前出现流态化的试样的含水率，并取前一次试验的试样的含水率。根据试验的过程，我们可以知道这两份试样含水率中，一份稍高于流动水分点，一份稍低于流动水分点，此两个数据相差不大于0.5%，取其平均值作为流动水分点（FMP）。实际工程中，为保证一定安全系数，取流动水分点（TML）的90%为适运水分限量（TML）。

以质量百分数表示流动水分点（FMP）：

$$FMP(\%) = \left[\frac{W_{2A} - W_{1A}}{m_A} + \frac{W_{2B} - W_{1B}}{m_B}\right] \times 100 \div 2 \qquad (6.1)$$

以质量百分数表示适运水分限量（TML）：

$$TML(\%) = FMP \times 90\% \qquad (6.2)$$

式中：

W_{1A}——发生流态化前保留试样烘干后与容器合并质量，单位为克（g）；

W_{2A}——发生流态化前保留试样与容器合并质量，单位为克（g）；

m_A——发生流态化前保留试样质量，单位为克（g）；

W_{1B}——发生流态化后保留试样烘干后与容器合并质量，单位为克（g）；

W_{2B}——发生流态化后保留试样与容器合并质量，单位为克（g）；

m_B——发生流态化后保留试样质量，单位为克（g）。

6.4.2 流盘试验与室内模型试验的相关性分析

6.4.2.1 流盘试验与室内模型试验的对比

流盘试验法是国际海事组织推荐用于散装矿产品适运水分限量（TML）测定的方法之一，该方法的试验设备及操作简单，且在散装矿产品适运水分限量的测定中积累了较多的经验，因此流盘试验法得到了广泛的应用。

室内模型试验中采用了本课题组自主研发的室内小型振动台，可以通过施加水平方向的往复简谐荷载来模拟船体航行过程中受海浪作用而产生的水平摇摆，试验过程中可以改变加速度、振幅等物理参数，并能满足多项数据采集。

相比于室内模型试验，流盘试验的试验设备及试验操作方便简洁，可以更加高效的完成适运水分限量的测定，适合于平常使用，但流盘试验无法改变振动加速度等物理参数，因此无法研究加速度对散装矿产品流态化形成的影响，且流盘试验中流态化的判断受人为经验约束较大。室内模型试验相对于流盘试验，虽然设备繁重、操作复杂、所需人力物力巨大，但能够更好地模拟海运中矿产品受风浪产生的运动，使试验条件更加接近实际，试验过程中能够满足多项研究所需的数据采集，适用于散装矿产品流态化机理研究，且小型振动台能够控制试验中的多项物理参数，便于研究加速度等因素对散装矿产品流态化形成的影响。

流盘试验一般适用于最大粒度为1mm的精矿或其他颗粒物质，最大粒度为7mm。ISO12742－2007上推荐的矿种包括铜矿粉、铅粉和硫化锌矿粉等，现在也广泛应用于铁精矿和萤石粉等矿种。相比铁精矿和萤石粉，镍矿的颗粒更细，按土工分类划分为粉质黏土范畴，流盘试验难以测定镍矿的流动水分点，国内外也鲜有利用其测定镍矿流动水分点的相关研究。因此流盘试验适用矿产品的种类有一定的局限性。流盘试验与室内模型试验优缺点对比见表 6.1。

表 6.1　流盘试验与室内模型试验优缺点对比

	流盘试验	室内模型试验
试验设备	小巧简单	体积大、笨重
试验所需样品	样品用量很少	样品用量非常大
试验操作	操作较为简单	所需操作的设备较多
试验工作量	工作量少	工作量巨大
试验数据采集	无法采集	孔压、土压力、加速度等
试验参数控制	可控制参数少	可控制的试验参数较多
矿种适用范围	仅适用部分矿种	适用于大部分矿种
流态化判断	"测量＋经验"判断	直观地观察流态化是否发生

6.4.2.2　流盘试验的可行性分析

流盘试验法采用上下振动模拟散装矿产品在海浪作用下产生的振动，这一点相比室内小型振动台模型有所不同，因为后者的试验过程中能够模拟更加接近实际海运过程中矿产品的水平摇晃振动（实际海运中船体受风浪影响产生的摇晃以水平向为主），但是矿产品在流盘试验中所受的外荷载与实际海运中是类似的，都是以往复振动为主，能够使矿产品颗粒重新排列、振密；流盘试验中对于散装矿产品发生流态化的判断根据两项指标：样品截锥体底面的直径变形大于 3mm 和试样表面出现凹凸面（个别矿种有其它特殊现象）。利用变形作为散装矿产品流态化判断条件的原因是当散装矿产品发生流态化时会发生明显的形变，虽然利用试样表面流态化迹象的判断存在一定的人为经验性，不同经验程度的人可能会有不同的判断，但通过定量指标与定性指标相结合的判断标准，能够为流盘试验中矿产品的流态化做出较为准确的判断，给不同人员的流盘试验操作统一了判断尺度，减少试验误差。

通过对同一种产自加拿大的铁精矿分别进行流盘试验和室内模型试验对比，流盘试验测得该铁精矿的流动水分点约为 9.02%，而室内模型试验的结果表明该铁精矿发生流态化的临界含水率接近于 9%[①]。另一组由上海进出口检验检疫局提供的萤石粉经流盘试验测定流动水分点在 8.5% 左右，而室内模型试验表明，该萤石粉发生流态化的临界含水率大于 8%，且明显小于 10%，因此两者结果也较为接近[②]。通过同种类矿产品的流盘试验与室内模型试验对比，表明流盘试验与室内模型试验对散装矿产品流动水分点的测定比较接近。

综上述，流盘试验能够较为准确地测定散装矿产品的流动水分点，能够为散装矿产品的海运提供适运水分限量作为参考。流盘试验用于散装矿产品流态化形成的影响因素研究是可行的，其试验结论和测定的铁精矿、萤石粉流动水分点（FMP）数据能够为船运散装矿产品流态化风险预警模型的建立提供基础。

[①] 简琦薇. 散装铁精矿流态化形成的宏细观机理研究 [D]. 上海：同济大学，2014.
[②] 王伟，贾敏才，李宁. 海运散装氟石粉的动三轴试验研究 [J]. 佳木斯大学学报：自然科学版，2012，30（1）：57-60.

6.4.2.3 流盘试验和室内模型试验的互补

鉴于流盘试验和室内模型试验各自的优点，本章将结合流盘试验和之前章节的室内模型试验结果对散装矿产品的流态化风险因素进行研究分析。

流盘试验虽然无法改变试验中的振动加速度等物理参数，但设备小巧方便，试验操作简单，完成一组矿产品的流盘试验的工作量较少，因此采用流盘试验对多种不同种类、不同产地批次的散装矿产品进行试验，鉴于现有的流盘试验理论研究和较为成熟的流态化判断方法测定矿产品的流动水分点（FMP），分析矿产品自身的颗粒组成对其流态化的影响，现有的流盘试验都能提供可靠的结果。

室内模型试验设备庞大繁重，试验过程复杂、工作量大，且每次试验的矿产品样品数量损耗也非常大，但室内小型振动台相比流盘试验可以更好得模拟实际海运中散装矿产品所受的海浪作用，可以改变振动加速度等参数，前述章节利用室内模型试验对散装矿产品的流态化机理进行了探究，分析了振动加速度和含水率对散装矿产品流态化形成的影响。

流盘试验和室内模型试验对于散装矿产品流动水分点（FMP）的测定是一致的，结合流盘试验法和室内模型试验方法，利用两者各自的优点，分别对散装矿产品的各个流态化影响因素进行研究分析，所得的结论将用于船运散装矿产品流态化风险预警模型的建立。

6.4.3 试验结果分析

6.4.3.1 流盘试验的结果分析

本次流盘试验的试样包括不同种类的 18 组萤石粉和 15 组铁精矿。对每一组矿产品先采用标准筛测定矿粉目数，并测定其真密度和堆积密度，然后再利用前述的流盘试验操作方法对其进行流盘试验。由于流盘试验无法测定镍矿的流动水分点，因此本研究中将不对镍矿进行流盘试验研究。

图 6.5 是流盘试验中萤石粉流态化前后的对比图，图 6.5（a）是萤石粉在流盘上装填后形成的截锥体状，可以看出此时试样形状规则且表面较为平整，试样的整体形状保持了圆模的内边状。图 6.5（b）是试样在经历流盘试验后的状态，可以看出试样的上表面出现了许多明显的粗细裂缝和较为明显的凹凸状，且试样的形状发生了明显的变化，高度减小而相应的水平方向尺寸增大，用游标卡尺测量之后发现试验后的试样底面两个垂直方向的直径平均值比试验前的值大了 3 mm 以上，因此该萤石粉样品在经过流盘试验后出现的形状变化符合流盘试验流态化的标准，可以认为该试样在流盘试验中发生了流态化，取此时该样品的含水率和其前一次试验时的含水率，取两者的平均值即为该萤石粉的流动水分点（FMP）。

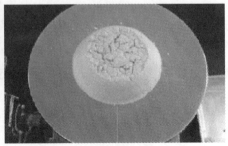

（a）萤石粉未发生流态化　　　　　　（b）萤石粉发生流态化

图 6.5　流盘试验中萤石粉流态化前后对比图

图 6.6 所示的是某组铁精矿样品在流盘试验中的流态化状，试样的截锥体状发生了明显的变化，试样并没有发生破碎块状脱落，但试样的表面出现了明显的大裂缝，且表面产生了很大的凹凸不平，截锥体的侧面发生了巨大的形变，截锥体地面直径的变化满足流盘试验的流态化标准，因此该组铁精矿在流盘试验中发生了流态化，该铁精矿的流动水分点（FMP）可以确定。

图 6.6　流盘试验中铁精矿发生流态化

本章中通过对每组萤石粉和铁精矿试样进行流盘试验，测定每组试样的流动水分点，并采用标准筛测定各组铁精矿和萤石粉的颗粒组分，试验结果分别见表 6.2～表 6.6 和表 6.7～表 6.10。表 6.2～表 6.6 和表 6.7～表 6.10 中所列的数据除了每一组矿产品对应的流动水分点（FMP），还包括矿产品的颗粒级配、真密度、堆积密度。

表 6.2　萤石粉流盘试验结果（1）

矿产品组名 各成分	长江路 41 号 1040MT	金昌汇源	华诚	天津港
0～1mm	0.010%	0.000%	0.000%	0.000%
1～0.5mm	0.974%	0.130%	0.045%	0.015%
0.5～0.25mm	15.382%	5.057%	2.431%	2.087%
0.25～0.075mm	43.006%	46.630%	40.651%	43.703%
0.075mm～	40.628%	48.183%	56.874%	54.196%
流动水分点	8.77%	9.78%	9.91%	9.67%
堆积密度	1.895 g/cm³	1.723 g/cm³	1.675 g/cm³	1.870 g/cm³
真密度	3.185 g/cm³	3.171 g/cm³	3.173 g/cm³	3.173 g/cm³

表 6.3　萤石粉流盘试验结果（2）

矿产品组名 各成分	浙江遂昌	江西同发	长江路 41 号 500MT	汇广源
0～1	0.005%	0.005%	0.569%	0.569%
1～0.5mm	1.462%	1.450%	3.870%	3.870%
0.5～0.25mm	12.095%	11.993%	19.803%	19.803%
0.25～0.075mm	47.099%	46.703%	49.788%	49.788%
0.075mm～	39.340%	39.009%	25.970%	25.970%
流动水分点	9.44%	10.21%	8.2%	8.81%
堆积密度	1.717 g/cm³	1.770 g/cm³	1.844 g/cm³	1.886 g/cm³
真密度	3.174 g/cm³	3.188 g/cm³	3.176 g/cm³	3.167 g/cm³

表 6.4　萤石粉流盘试验结果（3）

矿产品组名 各成分	上海五矿	浙江龙泉	江西永丰	汇丰
0~1mm	0.569%	0.569%	0.569%	0.000%
1~0.5mm	3.870%	3.870%	3.870%	0.235%
0.5~0.25mm	19.803%	19.803%	19.803%	2.789%
0.25~0.075mm	49.788%	49.788%	49.788%	47.366%
>0.075mm	25.970%	25.970%	25.970%	49.610%
流动水分点	9.5%	10.7%	11.66%	9.44%
堆积密度	1.656 g/cm³	1.755 g/cm³	1.590 g/cm³	1.793 g/cm³
真密度	3.172 g/cm³	3.171 g/cm³	3.167 g/cm³	3.175 g/cm³

表 6.5　萤石粉流盘试验结果（4）

矿产品组名 各成分	会昌石磊	石磊	福建将乐 2	会昌
0~1mm	0.000%	0.000%	0.000%	0.000%
1~0.5mm	0.055%	0.279%	0.635%	0.005%
0.5~0.25mm	4.175%	6.651%	15.395%	0.041%
0.25~0.075mm	40.096%	41.008%	45.275%	23.808%
>0.075mm	55.675%	52.062%	38.695%	76.146%
流动水分点	8.56%	9.36%	9.59%	11.62%
堆积密度	1.902 g/cm³	1.745 g/cm³	1.860 g/cm³	1.657 g/cm³
真密度	3.162 g/cm³	3.167 g/cm³	3.169 g/cm³	3.180 g/cm³

表 6.6　萤石粉流盘试验结果（5）

矿产品组名 各成分	金华华莹	福建将乐 1
0~1mm	0.000%	0.000%
1~0.5mm	0.885%	0.020%
0.5~0.25mm	12.304%	6.421%
0.25~0.075mm	44.113%	58.380%
>0.075mm	42.699%	35.179%
流动水分点	9.69%	10.44%
堆积密度	1.851 g/cm³	1.775 g/cm³
真密度	3.177 g/cm³	3.178 g/cm³

表 6.7　铁精矿流盘试验结果（1）

各成分 ＼ 矿产品组名	俄罗斯精粉（大宝商人）	伊朗粉	N 粉（1mm 以下自然态）	PB 粉（1mm 以下自然态）
0～1mm	0.035%	0.020%	0.000%	0.979%
1～0.5mm	0.160%	26.689%	26.078%	23.395%
0.5～0.25mm	1.984%	29.107%	47.504%	24.154%
0.25～0.075mm	52.156%	27.973%	22.770%	38.098%
>0.075mm	45.665%	16.211%	3.648%	13.374%
流动水分点	8.71%	10.34%	10.69%	12.68%
堆积密度	2.344 g/cm³	1.992 g/cm³	1.923 g/cm³	2.028 g/cm³
真密度	4.860 g/cm³	3.828 g/cm³	4.433 g/cm³	4.403 g/cm³

表 6.8　铁精矿流盘试验结果（2）

各成分 ＼ 矿产品组名	俄罗斯精粉（佩卡）	南非精粉（维多利亚）	澳粉	卡拉粉
0～1mm	0.125%	0.569%	0.000%	1.044%
1～0.5mm	0.385%	3.870%	4.564%	27.196%
0.5～0.25mm	4.268%	19.803%	8.817%	31.191%
0.25～0.075mm	53.258%	49.788%	60.047%	24.819%
>0.075mm	41.964%	25.970%	26.571%	15.750%
流动水分点	8.98%	7.82%	7.88%	8.45%
堆积密度	2.288 g/cm³	2.577 g/cm³	2.39 g/1m3	2.411 g/cm³
真密度	4.880 g/cm³	4.895 g/cm³	4.878 g/cm³	4.912 g/cm³

表 6.9　铁精矿流盘试验结果（3）

各成分 ＼ 矿产品组名	墨西哥精粉	南非精粉（波罗的亚）	MAC 粉（干态 1mm 以下）	乌精粉
0～1mm	0.110%	1.424%	0.000%	0.457%
1～0.5mm	0.105%	5.321%	14.017%	0.566%
0.5～0.25mm	0.345%	24.796%	24.359%	1.503%
0.25～0.075mm	4.955%	51.007%	45.816%	7.765%
>0.075mm	94.486%	17.452%	15.807%	89.710%
流动水分点	10.46%	8.07%	12.36%	10.6%
堆积密度	2.457 g/cm³	2.505 g/cm³	2.052 g/cm³	1.779 g/cm³
真密度	4.946 g/cm³	4.725 g/cm³	4.423 g/cm³	4.715 g/cm³

表 6.10 铁精矿流盘试验结果（4）

矿产品组名 各成分	MAC 粉（1mm 以下 自然态）	智利精粉	秘鲁精粉
0～1mm	0.070%	0.025%	0.949%
1～0.5mm	18.664%	0.020%	4.013%
0.5～0.25mm	22.334%	0.040%	16.621%
0.25～0.075mm	43.593%	20.055%	45.755%
＞0.075mm	15.339%	79.860%	32.662%
流动水分点	12.66%	9.87%	8.1%
堆积密度	2.034 g/cm³	2.386 g/cm³	2.443 g/cm³
真密度	4.346 g/cm³	4.972 g/cm³	4.916 g/cm³

散装的矿产品都是由各自的矿粉颗粒组成，借鉴土的分类标准［GBJ140－90］，萤石粉和铁精矿由属于砂粒范畴（0.075～2 mm）的矿粉颗粒、属于粉粒范畴（0.005～0.075 mm）的矿粉颗粒和属于黏粒范畴（≤0.005 mm）的颗粒组成。从表 2.6 和表 2.7 中可以看出，同一矿种但不同产地不同批次的矿产品的颗粒组成存在较大的差异，而流盘试验所测定的流动水分点（FMP）也同样存在不小的差异。

现阶段已有学者对土体液化的特性做了不少研究[1][2][3][4]其中对土体液化的影响因素的研究表明，土体颗粒的粒径大小、颗粒级配等是土体液化的重要影响因素[5][6][7]。当土体的颗粒越细、粒径越小，土体的透水性越小，黏性越大，因而越不易发生液化；土体的颗粒级配越良好，在外荷载的作用下越易趋于紧密状态，液化的可能性也就越小。

有学者利用一元回归方程研究了萤石粉各颗粒粒组与流动水分点的相关性，研究表明细粒粒组（≤0.075mm）对散装矿产品的流动水分点有较大影响，而其余颗粒粒组与流动水分点的相关性很小。而岩土工程研究中表明，细粒含量是砂土、粉土液化的影响因素之一，因此需分析散装矿产品中细粒含量对其流动水分点的影响。

图 6.7 是铁精矿的流动水分点与细粒含量关系图，从图中可以看出，流盘试验所测得的各组铁精矿的流动水分点与其对应的细粒含量的关系呈现离散状，但从各点的趋势中可以看出，铁精矿的流动水分点总体上随着其细粒含量的增加先减小后增大，当细粒含量处于约20%～30%的范围时，铁精矿的流动水分点最小，这说明当其他情况相同时，细粒含量处于该范围的铁精矿发生流态化所需的含水率最低，即细粒含量处于该范围内时铁精矿最易发生流态化。当细粒含量从20%～30%范围开始增大或减小，铁精矿的流动水分点开始趋于增大，这说明细粒含量对铁精矿抗流态化能力的影响呈开口向上的抛物线状，铁精矿抗流态化的能力随着细粒含量的增加先减弱后增强，这与土体液化研究中关于细粒含量

①Yoshimi Y. AN EXPERIMENTAL STUDY OF LIQUEFACTION OF SATURATED SANDS [J]. Soil & Foundation，1967，(7) (20-32.

②吴波，孙德安. 非饱和粉土的液化特性研究 [J]. 岩土力学，2013, 34 (2)：411-416.

③任红梅，吕西林，李培振. 饱和砂土液化研究进展 [J]. 地震工程与工程振动，2007, 27 (6)：166-175.

④牛琪瑛，裘以惠. 粉土抗液化特性的试验研究 [J]. 太原工业大学学报，1996,(3)：5-8.

⑤罗强. 基于细粒含量的粉土液化特性试验研究 [J]. 四川建筑科学研究，2012, 38 (1)：138-140.

⑥王艳丽，饶锡保，潘家军，等. 细粒含量对饱和砂土动孔压演化特性的影响 [J]. 土木建筑与环境工程，2011, 33 (3)：52-56.

⑦周健，杨永香，贾敏才，等. 细粒含量对饱和砂土液化特性的影响 [J]. 水利学报，2009,(10)

对砂土、粉土液化特性影响的研究结论相一致。

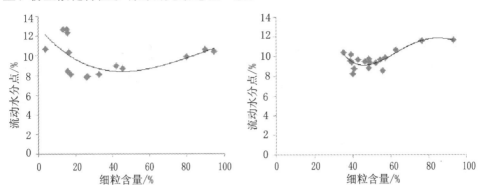

图 6.7　铁精矿流动水分点与细粒含量关系图　　图 6.8　萤石粉流动水分点与细粒含量关系图

图 6.8 是萤石粉的流动水分点与细粒含量关系图，可以看出萤石粉细粒含量与其对应的流动水分点的对应关系与铁精矿类似，且离散性相比稍大一些。但剔除个别离散性特别大的点后可以发现，萤石粉的流动水分点总体趋势上依然随着细粒含量的增加先减小后增大，当细粒含量处于 50% 附近的范围内时，萤石粉的流动水分点最小，即细粒含量处于此范围时的萤石粉最容易发生流态化。这一规律与上述铁精矿、以及粉土和砂土中细粒含量对其液化特性的影响规律相一致。

综上，散装矿产品中的细粒含量是其流态化形成的重要影响因素，细粒的含量会影响散装矿产品发生流态化的容易程度。当其他条件相同时，细粒含量处于某一范围内的某种散装矿产品流动水分点最小，发生流态化所需的含水率最小，即发生流态化的风险最大。因此，在实际海运中对散装矿产品的细粒含量测定也将作为判别该批次矿产品海运安全性的重要方法，细粒含量更是在船运散装矿产品的流态化风险预警方法的研究中不能缺少的重要影响因素。

6.4.3.2　室内模型试验的结论分析

利用室内小型振动台，通过控制含水率、加速度和密实度，研究了散装矿产品在动荷载作用下发生流态化的宏细观机理，探讨了各因素对散装矿产品流态化形成的影响，散装矿产品流态化形成的影响因素是建立本研究中风险预警模型的基础，分析各个影响因素对散装矿产品流态化形成的影响是室内模型试验结论分析中的重点。

从模型试验中采集的数字图像和传感器数据分析得到，散装矿粉流态化形成的过程为：矿粉颗粒在动荷载的作用下不断挤密，孔隙体积不断减小；孔隙间的水分不断被挤出，水分首先在重力作用下向下迁移，不断聚集在一起的水分在逐渐形成了连续水体；当聚集在一起的水体不断增多，而矿粉颗粒间的孔隙因振动挤密而不断减小，水分开始向上迁移，水液面慢慢向矿粉的上表面上升，最终在矿粉的表层形成矿水混合物，而呈流体状的矿水混合物在动荷载作用下形成往复运动，即散装矿产品的流态化现象。

图 6.9、图 6.10 和图 6.11 分别是铁精矿、镍矿和萤石粉在室内模型试验中的流态化形态。

对比实际海运中散装矿产品发生流态化的形态（见第 3 章）可以发现，图 6.9、图 6.10 和图 6.11 中展现的室内模型试验镍矿、铁精矿和萤石粉流态化形态与实际情况相同，流态化形成后矿产品的表面出现了矿水混合物，矿水混合物的流动性给海运船只带来巨大的危险。

图 6.9 模型试验中镍矿的流态化形态

图 6.10 模型试验中铁精矿的流态化形态

图 6.11 模型试验中萤石粉的流态化形态

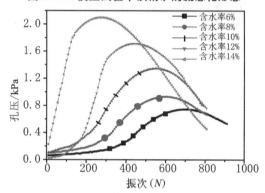

图 6.12 萤石粉模型试验中孔压时程变化曲线

在本室内小型振动台模型试验中，通过控制不同含水率、不同振动加速度以及不同密实度的试验条件，研究分析了各个因素对散装矿产品流态化的影响。萤石粉室内模型试验中孔压与含水率的关系见图 6.12，镍矿和铁精矿模型试验中的流态化发生情况见表 6.11、表 6.12。

表 6.11 镍矿模型试验流态化发生结果

试验编号	含水率	加速度	是否流态化
1	30%	0.4g	否
2	33%	0.3g	否
3	33%	0.4g	是
4	35%	0.2g	否
5	35%	0.3g	是
6	36%	0.2g	否
7	36%	0.3g	是
8	37%	0.1g	是

表 6.12 铁精矿模型试验流态化发生结果

试验编号	含水率	加速度	密实度	是否流态化
1	8%	0.3g	0.33	否
2	8%	0.4g	0.33	否
3	8%	0.5g	0.33	否
4	9%	0.3g	0.33	否
5	9%	0.4g	0.33	否
6	9%	0.5g	0.33	是

试验编号	含水率	加速度	密实度	是否流态化
7	10%	0.2g	0.33	否
8	10%	0.3g	0.33	是
9	10%	0.4g	0.33	是
10	10%	0.5g	0.33	是
11	11%	0.2g	0.33	否
12	11%	0.3g	0.33	是
13	11%	0.4g	0.33	是
14	11%	0.5g	0.33	是
15	12%	0.1g	0.33	否
16	12%	0.2g	0.33	是
17	11%	0.3g	0.82	是

（1）含水率

从图 6.12 中可以看出，随着外荷载振动的进行，萤石粉中的孔压逐渐增大，并达到峰值，随着振动的结束孔压慢慢消散。从图中含水率分别为 6%、8%、10%、12%、14% 的孔压变化曲线可以看出，萤石粉中孔压的峰值随着含水率的增加而变大，而且出现峰值所需的振动次数也随着含水率的增加而减少。这表明，散装矿产品在含水率较大的情况下，不仅发生流态化的风险比含水率较低的情况下要大，且发生流态化的速率也比后者要快，含水率对散装矿产品流态化的形成有着巨大的影响。

从铁精矿的模型试验结果中可以看出，当铁精矿的含水率在 8% 时，加速度从 0.3g 增加到 0.5g 都未发生流态化。当含水率为 9% 时，铁精矿在加速度为 0.5g 时才发生流态化，可以认为本试验中铁精矿存在发生流态化的临界含水率，当含水率没有该临界含水率时，铁精矿难以发生流态化。从试验结果的数据分析，此临界含水率在 8%～9% 之间，且在非常接近 9% 的范围内。类似的，本模型试验中的镍矿也存在流态化的临界含水率，且临界含水率在 30%～33% 之间。

因此，含水率对散装矿产品流态化的形成起着关键作用，只有当含水率达到流态化形成所需的临界含水率时，散装矿产品在外荷载的作用下才会发生流态化；当含水率不断增加，散装矿产品发生流态化所需的最小加速度相应地变小，即越容易发生流态化；含水率的高低还直接影响散装矿产品流态化形成的速率，含水率越高，流态化发生所需的时间越短。

（2）加速度

表 6.13　不同加速度时铁精矿流态化的最小含水率

加速度	0.1g	0.2g	0.3g	0.4g	0.5g
临界含水率	大于 12%	约 12%	约 10%	约 10%	约 9%

从表 6.13 中可以看出，当铁精矿的含水率超过临界含水率时，不同加速度情况下，铁精矿发生流态化所需的最小含水率也是不同的，总体上呈现随着加速度的增大而减小的规律。同样的，流态化所需的最小含水率随着加速度的增大而减小的规律在镍矿中同样出现，从表 6.10 中可以看到，当加速度为 0.4g 时，含水率 33% 的镍矿发生了流态化，而加速度为 0.3g 时，镍矿的含水率从 33% 上升至 35% 才发生流态化，可以肯定当加速度为 0.3g 时，镍矿发生流态化所需的含水率将大于 33%。

因此，加速度是影响散装矿产品流态化形成的重要因素之一，当含水率处于临界含水率以上，散装矿产品发生流态化所需的最小含水率随着加速度的增大而越小，即加速度越大，散装矿产品发生流态化的风险越大。

（3）密实度

模型试验中，进行了一组含水率、加速度相同而密实度不同的对比试验，试验中含水率都控制为 11%、加速度都控制为 0.3g，而密实度分别为 0.33 和 0.82。试验结果中，两组试验都发生了流态化，但发生流态化所经历的实际不同。密实度为 0.33 的试验组发生流态化经历了约 56 振次，而密实度为 0.82 的试验组发生流态化经历了约 105 次，其流态化历时增加了将近一倍。这是因为密实度为 0.33 的铁精矿属于松散状态，在动荷载作用下容易发生剪缩，压缩的孔隙体积量大，水分容易被挤出；而密实度为 0.82 的铁精矿属于密实状态，在动荷载作用下容易剪胀；同时，密实度较大的铁精矿颗粒间嵌合紧密，矿体抗剪强度较大，受动荷载作用矿体骨架不易破坏。

因此，密实度对散装矿产品流态化的影响仅限于流态化的演化时程，密实度越高，散装矿产品在振动情况下发生流态化所需的时间将增加，但密实度不能够影响流态化是否发生。

6.4.4　小结

本篇采用散装矿产品的流盘试验，并对比分析了其和室内模型试验两种试验方法，结合两者的试验特点，分别分析了散装矿产品中细粒含量、含水率和振动加速度对散装矿产品流态化形成的影响，为船运散装矿产品流态化风险预警方法的提出打下了基础。

（1）散装矿产品的流盘试验表明，不同颗粒级配的同种类矿产品的流动水分点（FMP）具有较为明显的不同，细粒含量是重要的影响因素。当其他条件相同时，随着细粒含量的增多，散装矿产品的流动水分点（FMP）先减小后增大，即散装矿产品的抗流态化能力呈现先减弱后增强的规律。因此，细粒含量是船运散装矿产品流态化风险预警方法研究中的重要影响因素。

（2）通过散装矿产品的室内模型试验发现，含水率和加速度是散装矿产品流态化形成的重要影响因素。不同的矿产品都有其各自的流态化临界含水率，当含水率低于临界含水率时矿产品不易发生流态化，而当含水率高于临界含水率时则相反，且随着含水率地增加，散装矿产品将越容易发生流态化；相同情况下，散装矿产品所受的振动加速度越大，越容易发生流态化。加速度越大，矿产品发生流态化所需的最小含水率越小。

（3）对比流盘试验和室内模型试验，认为流盘试验所测得的流动水分点与室内模型试验具有一致性，流盘试验中"定量和定性"的流态化判断标准较为合理，且流盘试验法测定散装矿产品流动水分点的经验丰富，利用流盘试验法对散装矿产品流态化的影响因素进行研究分析是可行的。结合流盘试验和室内模型试验，对散装矿产品各影响因素的定性分析结论和定量试验数据将作为船运散装矿产品流态化风险预警方法的基础。

6.5　流态化预警模型研究

6.5.1　散装矿产品流态化的关键影响因素研究

6.5.1.1　影响散装矿产品流态化的关键因素

前期对散装矿产品流态化的研究[1][2]以及相关的研究[3]表明，影响散装矿产品流态化

---

[1] 简琦薇. 散装铁精矿流态化形成的宏细观机理研究 [D]. 上海：同济大学，2014.
[2] 朱耀明. 船运镍矿动力特性及流态化试验研究 [D]. 上海：同济大学，2014.
[3] 江丽. 上海：上海出入境检验检疫局，2008.

的主要因素包括含水率、振动加速度、颗粒组成等，其他的影响因素还包括矿产品内的化学元素、矿粉的堆积密度和振动频率等，已有一些研究对这些散装矿产品流态化的次要影响因素进行了分析，研究表明矿产品内的化学元素、堆积密度和振动频率对散装矿产品流态化不存在影响或影响可以忽略不计。

萤石粉中的杂质化学元素包括 Fe_2O_3、SiO_2、Al_2O_3、$BaSO_4$ 等，通过对各个化学元素建立线性回归方程计算分析，结果表明各化学元素与散装矿产品的流动水分点之间没有明显的相关性，且散装矿产品中的杂质化学元素含量非常少，因此可以认为化学元素对散装矿产品流态化的形成不存在影响或影响微乎其微；铁精矿的室内小型振动台试验研究中表明，堆积密度只对散装矿产品发生流态化所需的时间具有一定的影响，即堆积密度越大发生流态化所需的时间相应会增加，但它并不能影响流态化是否发生；在流盘试验中对同种类的萤石粉样品分别进行手动控制的流盘试验和电动控制的流盘试验，其中手动控制的流盘试验振动频率为 25 次/分，电动控制的流盘试验振动频率为 50 次/分，两者测得的流动水分点差异均小于 0.25%，可忽略不计。因此认为振动频率对散装矿产品流态化的影响可以不考虑。

综上，本篇对于散装矿产品流态化风险预警研究的影响因素主要包括含水率、加速度和细粒含量三大因素。

6.5.1.2　含水率对散装矿产品流态化的影响

散装矿产品的室内模型试验中，水液面上升至矿粉表面后形成矿水混合物，在动荷载作用下矿水混合物往复摇晃，即形成流态化。矿粉内的初始含水量是直接影响矿粉流态化形成的关键因素，是矿粉形成流态化的必要条件，水分含量达不到一定范围，散装矿产品的流态化将无法形成。

由室内模型试验结果可知，当铁精矿的含水率为 8% 时，振动加速度在 0.3g、0.4g 甚至 0.5g 情况下，试验中的矿产品都未发生流态化。当含水率为 9% 时，铁精矿只有在加速度达到 0.5g 的情况下才发生流态化，而当含水率达到 11%、12% 时，即使振动加速度较小，只要振动次数足够多，矿粉中的水液面仍然会逐渐上升至矿产品上表面，最终形成流态化。含水率越高，矿产品形成流态化所需的最小加速度越小，也就是越易形成流态化。类似的规律也出现在萤石粉和镍矿的室内模型试验中。

因此，含水率是影响散装矿产品流态化形成的关键因素，它在散装矿产品发生流态化的过程中起着最大的影响作用，只有当含水率达到某一范围时散装矿产品才会在外荷载作用下形成流态化，且含水率越高越易形成流态化。

6.5.1.3　振动加速度对散装矿产品流态化的影响

铁精矿的室内模型试验中，当含水率相同时，不同的加速度对散装矿产品流态化形成的影响程度是不同的。从表 6.12 可以看出，在 9% 的含水率情况下，当加速度从 0.4g 增加到 0.5g 时，铁精矿从未形成流态化变成了形成流态化这一转变；在加速度分别为 0.5g、0.4g、0.3g、0.2g、的情况下，铁精矿发生流态化的临界含水率分别为 9%、10%、10%、12%。类似的规律也可以从镍矿室内模型试验结果中发现，因此散装矿产品发生流态化的临界含水率值随着振动加速度的增大而不断减小，加速度越大流态化越易形成，加速度是影响散装矿产品流态化的重要因素之一。

6.5.1.4 细粒含量对散装矿产品流态化的影响

国内外对于饱和砂土、粉土的液化问题研究很多，包括对液化的定义、液化的判别准则、液化引起的破坏及液化的影响因素等研究。其中有研究表明[1][2]，细粒含量对砂土、粉土的液化起着重要的影响作用，细粒含量的多少能明显改变土的土性，对土的动孔压发展影响较大，随着细粒含量的增加，孔压发展模式参数的变化不是呈单调的关系，而是呈现先减小后增大的变化关系。土体的抗液化能力并不是随着细粒含量的增加而减小，而是呈抛物线型变化，抗液化能力随着细粒含量的增加先减小后增大，当细粒含量在某一范围时，其抗液化能力最弱。

铁精矿和萤石粉分别属于岩土工程界的细砂和粉质砂土范畴，借鉴细粒含量对砂土、粉土液化影响的研究，可以看到，散装矿产品中细粒含量对其流动水分点（FMP）的影响作用与砂土、粉土中细粒含量影响作用相似，散装矿产品的流动水分点（FMP）的变化规律总体上呈抛物线型，随着细粒含量的增加先减小后增大，见表 6.14 和表 6.15，表中数据按照细粒含量从大到小排列。

表 6.14　萤石粉细粒含量与流动水分点关系

	矿产品厂家	细粒含量	流动水分点
1	江西永丰	92.635%	11.66%
2	会昌	76.146%	11.62%
3	浙江龙泉	62.717%	10.7%
4	华诚	56.874%	9.91%
5	会昌石磊	55.675%	8.56%
6	天津港	54.196%	9.67%
7	石磊	52.062%	9.36%
8	汇丰	49.610%	9.44%
9	汇广源	48.329%	8.81%
10	金昌汇源	48.183%	9.78%
11	上海五矿	46.481%	9.5%
12	金华华莹	42.699%	9.69%
13	长江路 41 号 1040MT	40.628%	8.77%
14	长江路 41 号 500M	40.137%	8.2%
15	浙江遂昌	39.340%	9.44%
16	江西同发	39.009%	10.21%
17	福建将乐 2	38.695%	9.59%
18	福建将乐 1	35.179%	10.44%

---

①罗强. 基于细粒含量的粉土液化特性试验研究 [J]. 四川建筑科学研究，2012，38（1）：138-140.

②王艳丽，饶锡保，潘家军，等. 细粒含量对饱和砂土动孔压演化特性的影响 [J]. 土木建筑与环境工程，2011，33（3）：52-56.

表 6.15　铁精矿细粒含量与流动水分点关系

	矿产品厂家	细粒含量	流动水分点
1	墨西哥精粉	94.486%	10.46%
2	乌精粉	89.710%	10.6%
3	智利精粉	79.860%	9.87%
4	俄罗斯精粉（大宝商人）	45.665%	8.71%
5	俄罗斯精粉（佩卡）	41.964%	8.98%
6	秘鲁精粉	32.662%	8.1%
7	澳粉	26.571%	7.88%
8	南非精粉（维多利亚）	25.970%	7.82%
9	南非精粉（波罗的亚）	17.452%	8.07%
10	伊朗粉	16.211%	10.34%
11	MAC 粉（1 mm 以下自然态）	15.339%	12.66%
12	卡拉粉	15.750%	8.45%
13	MAC 粉（干态 1 mm 以下）	15.807%	12.36%
14	PB 粉（1 mm 以下自然态）	13.374%	12.68%
15	N 粉（1 mm 以下自然态）	3.648%	10.69%

上述表 6.14 和表 6.15 中可以看出，细粒含量对矿粉的流动水分点具有明显的影响，当细粒含量在一定范围时，矿粉的流动水分点最小，即在此细粒含量时矿粉最容易发生流态化，而当细粒含量减少或增多，其流动水分点都将增大，抗流态化的能力增强。因此，在对散装矿产品流态化风险进行研究时必须考虑细粒含量这个重要影响因素的作用。

由于镍矿属于粉质黏土的范畴，细粒含量对土体液化的影响主要限于砂土和粉土，而且因为流盘试验对矿粉颗粒粒径的限制导致其无法测定镍矿的流动水分点，因此对镍矿的流态化影响因素分析时将不考虑细粒含量。

6.5.2　基于层次分析法的矿产品流态化风险预警模型的构建

6.5.2.1　层次分析法的简介

层次分析法又称为多层次权重解析方法，能够将问题的各影响因素分解成方案层、准则层和目标层，然后通过设置各因素的警限指标、构建各层各因素之间的相对重要度来进行定性和定量的决策分析。该方法最早是由美国匹兹堡大学的运筹学教授 T. L. Datty 提出的，随后国内外许多学者对其提出一些新的方法和改进，层次分析法得到了广泛的发展，并被广泛应用于风险评估、决策分析等领域研究[①]。

（1）基本原理

层次分析法的基本思想是将复杂问题层次化，构造一个简洁的递阶层次结构的体系，然后由决策者通过自己的判断和经验对体系内各个影响因素进行重要性的排序，即分配各影响因素的权重。多层次递阶结构体系有助于将复杂系统内各个因素的关联性清晰地展现出来，适用于复杂、难于定量分析的问题的决策和评估。

---

①张炳江. 层次分析法及其应用案例［M］. 北京：电子工业出版社，2014.

（2）基本步骤

① 建立递阶层次结构模型。首先确定评估中所需考虑的各个影响因素以及各因素之间的关系等问题，根据对整个问题的了解和分析，将各个影响因素按层次排列，分为目标层、准则层和方案层等。用图框和线条分别表示层次结构中的各个影响元素和元素之间的隶属关系。层次结构如图 6.13 所示。

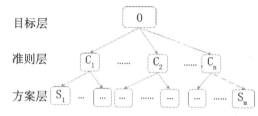

图 6.13　层次结构图

② 构造判断矩阵。构造判断矩阵可以将问题评估中非量化的因素或难以量化的因素转化为数字形式，是对问题进行评估时数学运算的基础。判断矩阵是针对上一层次的某个影响因素，本层次内各个与它有关的影响因素之间相对重要性的比较。判断矩阵如式 6.3 所示：

$$A = (a_{ij})_{n \times n} = \begin{pmatrix} a_{11} & a_{1n} \\ a_{n1} & a_{nn} \end{pmatrix} \tag{6.3}$$

在矩阵 A（式 6.3）中，其元素满足以下关系：

$$a_{ij} = \frac{1}{a_{ji}} (i, j = 1, 2, 3, \cdots, n) \tag{6.4}$$

可以看出，矩阵 A 是一个正反逆矩阵，其中 a_{ij} 的值表示了决策者对各个影响因素之间的相对重要性的认识，是通过影响因素之间两两对比，按重要性进行赋值的，是评估过程中定量分析的表现。表 6.16 是由 Saaty T. L. 建立的九级标度法[1]，具体含义见下表所示。

表 6.16　判断矩阵标度及含义

a_{ij}	两因素相比
1	一样重要
3	稍微重要
5	明显重要
7	强烈重要
9	极端重要
2，4，6，8	介于以上相邻两种情况之间
倒数	两个因素反过来比较

③ 层次单排序与一致性检验。当一个判断矩阵建立之后，就需要计算该判断矩阵的最大特征值以及其对应的特征向量，而特征向量就是该判断矩阵对应的各个影响因素对上一层因素的相对重要度权重。然而所建立的判断矩阵计算所得的各个因素相对重要度不一定合理，有可能存在矛盾之处，因此需要对判断矩阵进行随机一致性检验。随机一致性检验计算如下：

$$C. R. = \frac{C. I.}{R. I.} \tag{6.5}$$

---

[1] 安珺. 基于层次分析法的乳品质量安全预警系统研究 [D]；东北农业大学，2012.

$C.R.$ 为随机一致性比率，$C.I.$ 为判断矩阵的一致性指标，$R.I.$ 为平均随机一致性指标。其中，

$$C.I. = \frac{\lambda_{max} - n}{n - 1} \tag{6.6}$$

$R.I.$ 是通过判断矩阵 A 的随机正互反矩阵 A′ 而得到的，公式如式 6.7 所示：

$$R.I. = \frac{\lambda_{max}{}' - n}{n - 1} \tag{6.7}$$

表 6.17 是可以查询的平均随机一致性指标表，是通过充足的数量样本计算而得。

表 6.17　平均随机一致性指标

n	1	2	3	4	5	6	7	8	9	10	11
$R.I.$	0.00	0.00	0.58	0.90	1.12	1.24	1.32	1.41	1.45	1.49	1.52

当计算所得的随机一致性比率 $C.R. < 0.10$ 时，则判断矩阵满足一致性要求；否则需要重新设置判断矩阵，知道满足一致性要求为止。

④ 层次总排序。最后就是进行层次总排序，将单层中各个影响因素的重要度权重进行统一合成，根据层次单排序的结果，计算各层各因素对于目标层的合成重要度权重。

6.5.2.2　风险预警指标体系的构成

影响散装矿产品流态的因素主要包括两大方面，一是矿产品外部的影响因素，即振动加速度；二是矿产品内部的影响因素，包括矿产品的含水率和细粒含量。因此散装矿产品流态化的预警指标体系可以设置为三层：第一层为目标层，即散装矿产品发生流态化的总预警值；第二层为准则层，即矿产品外部影响因素和矿产品内部影响因素两个指数；第三层为方案层，包括 3 个指标，即外部荷载产生的振动加速度、矿产品的含水率和细粒含量。散装矿产品流态化预警指标体系如表 6.18 所示。

表 6.18　散装矿产品流态化预警指标体系

目标层（总指标）	准则层（一级指标）	方案层（二级指标）	说明
散装矿产品流态化发生预警值（D）	矿产品外部影响因素（D_1）	加速度（D_{11}）	定量描述
	矿产品内部影响因素（D_2）	含水率（D_{21}）	定量描述
		细粒含量（D_{22}）	定量描述

（1）矿产品外部影响因素

加速度 D_{11}：当散装矿产品所受的振动加速度不断增加，其发生流态化的临界含水率不断减小，因此加速度的大小对散装矿产品流态化的形成起着重要的作用，加速度较大时，散装矿产品发生流态化的风险也相应较大。

（2）矿产品内部影响因素

含水率 D_{21}：当矿产品含有的水分少于某一范围时，即使经受很大的振动加速度，矿产品依然很难发生流态化，而当含水率较大时，矿产品极易发生流态化，风险大大增加。

细粒含量 D_{22}：细粒含量的存在将对矿粉在动荷载作用下产的动孔压产生较大的影响，进而影响流态化的发生。对于同一种类矿产品，当细粒含量处于某一范围时其流动水分点最小，即发生流态化的风险最大。由于镍矿属于粉质黏土范畴，不考虑细粒含量对其流态化的影响，因此本章中对于镍矿流态化风险预警模型的影响因素将不考虑细粒含量。

6.5.2.3 风险预警指标的警限设置

本章的警限分为总警度和单警度。目标层的警度为总警度，即散装矿产品发生流态化的风险；方案层中各个影响因素的警度为单警度。

层次分析法中常用的警度为五点尺度量表法，即将警度划分为：差、较差、一般、较好和好，相应的对其进行赋值，分别为1、2、3、4、5。该方法由美国著名的教育学家Rensis Likert 提出，是一种简单的等距平量法，应用广泛。

本章用五点尺度量表法构建散装矿产品流态化风险预警的单精度和总警度，借鉴《铁路隧道风险评估与管理暂行规定》将散装矿产品发生流态化的警度划分为轻微的、较大的、严重的、很严重的和灾难性的，分别对应的等级为 A、B、C、D、E，相应的赋值为5、4、3、2、1。铁精矿、萤石粉和镍矿的加速度、含水率和细粒含量单警度五点度量表分别见表 6.19 至表 6.27（镍矿只有加速度和含水率两指标的单警度五点度量表）。

（1）加速度 D_{11} 指标

实际海运过程中，除了遇到极端恶劣的天气，一般情况下货舱内的散装矿产品受风浪影响而产生的最大加速度值将不会超过 $0.5g$，因此本章研究中将加速度由 $0\sim0.5g$ 进行单警度五点划分，加速度越小的情况越安全，而加速度越大的情况则越危险。见表 6.19～表 6.21。

表 6.19　铁精矿加速度单警度五点尺度量表

D_{11}	(0, 0.2g)	(0.2g, 0.3g)	(0.3g, 0.4g)	(0.4g, 0.5g)	(0.5g, +)
评语	轻微的	较大的	严重的	很严重的	灾难性的
等级	A	B	C	D	E
赋值	5	4	3	2	1

表 6.20　萤石粉加速度单警度五点尺度量表

D_{11}	(0, 0.2g)	(0.2g, 0.3g)	(0.3g, 0.4g)	(0.4g, 0.5g)	(0.5g, +)
评语	轻微的	较大的	严重的	很严重的	灾难性的
等级	A	B	C	D	E
赋值	5	4	3	2	1

表 6.21　镍矿加速度单警度五点尺度量表

D_{11}	(0, 0.2g)	(0.2 g, 0.3 g)	(0.3g, 0.4g)	(0.4g, 0.5g)	(0.5g, +)
评语	轻微的	较大的	严重的	很严重的	灾难性的
等级	A	B	C	D	E
赋值	5	4	3	2	1

（2）含水率 D_{21} 指标：

室内模型试验中对铁精矿、萤石粉和镍矿发生流态化的临界含水率都进行了探寻，将不同矿产品的含水率在各自临界含水率的上下范围内进行单警度五点划分，含水率越小越安全，含水率越大则越危险。见表 6.22～表 6.24。

表 6.22　铁精矿含水率单警度五点尺度量表

D_{21}	$(0，8\%)$	$(8\%，9\%)$	$(9\%，10\%)$	$(10\%，11\%)$	$(11\%，+)$
评语	轻微的	较大的	严重的	很严重的	灾难性的
等级	A	B	C	D	E
赋值	5	4	3	2	1

表 6.23　萤石粉含水率单警度五点尺度量表

D_{21}	$(0，8\%)$	$(8\%，9\%)$	$(9\%，10\%)$	$(10\%，11\%)$	$(11\%，+)$
评语	轻微的	较大的	严重的	很严重的	灾难性的
等级	A	B	C	D	E
赋值	5	4	3	2	1

表 6.24　镍矿含水率单警度五点尺度量表

D_{21}	$(0，30\%)$	$(30\%，33\%)$	$(33\%，35\%)$	$(35\%，37\%)$	$(37\%，+)$
评语	轻微的	较大的	严重的	很严重的	灾难性的
等级	A	B	C	D	E
赋值	5	4	3	2	1

（3）细粒含量度 D_{22} 指标：

流盘试验的试验结果中分析得到，当铁精矿的细粒含量处于某一范围时，其越容易发生流态化，萤石粉也呈现相似的规律。而当细粒含量从这一范围开始减少或增大，散装矿产品的流动水分点开始增大，即开始变得不容易发生流态化。鉴于表 6.14 和表 6.15 中的细粒含量与流动水分点的对应关系，分别对铁精矿和萤石粉的细粒含量进行单警度五点划分，分别见表 6.25 和表 6.26。

表 6.25　铁精矿细粒含量单警度五点尺度量表

D_{22}	$(0\%，5\%)$ $(85\%，100\%)$	$(5\%，10\%)$ $(70\%，85\%)$	$(10\%，15\%)$ $(50\%，70\%)$	$(15\%，20\%)$ $(30\%，50\%)$	$(20\%，30\%)$
评语	轻微的	较大的	严重的	很严重的	灾难性的
等级	A	B	C	D	E
赋值	5	4	3	2	1

表 6.26　萤石粉细粒含量单警度五点尺度量表

D_{22}	$(0\%，10\%)$ $(75\%，100\%)$	$(10\%，20\%)$ $(65\%，75\%)$	$(20\%，30\%)$ $(60\%，65\%)$	$(30\%，40\%)$ $(50\%，60\%)$	$(40\%，50\%)$
评语	轻微的	较大的	严重的	很严重的	灾难性的
等级	A	B	C	D	E
赋值	5	4	3	2	1

（4）总警度表：

表 6.27　散装矿产品流态风险预警总警度表

D	(5.0, 4.2)	(4.2, 3.4)	(3.4, 2.6)	(2.6, 1.8)	(1.8, 1)
评语	轻微的	较大的	严重的	很严重的	灾难性的
等级	A	B	C	D	E

总警度表中，"轻微的"表明散装矿产品的预警结果是非常安全的；"较大的"表明矿产品不及"轻微的"情况安全，但发生流态化的风险还是较小的，较为安全的；"严重的"表明矿产品有一定的风险发生流态化，但不一定发生，处于发生与不发生之间较难确定的范围；"很严重的"的预警结果表面有较大的风险；"灾难性的"表明此种情况是绝对不能允许的，非常危险。

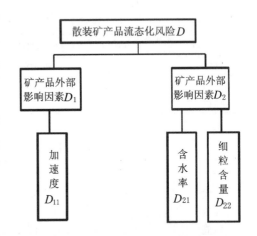

图 6.14　散装矿产品流态化风险预警模型

6.5.2.4　风险预警模型的判断矩阵

根据散装矿产品流态化风险预警指标体系，建立散装矿产品流态化风险预警模型如图 6.14 所示。其中，"散装矿产品流态化风险 D"即为预警指标体系的目标层，"矿产品外部影响因素 D_1"和"矿产品内部影响因素 D_2"为准则层，而"加速度 D_{11}"、"含水率 D_{21}"和"细粒含量 D_{22}"分别为准则层各自对应的方案层。

（1）目标层与准则层的判断矩阵计算

根据前文中各个影响因素对散装矿产品流态化影响的研究及试验数据，以决策者的经验判断对准则层中各个影响因素进行两两比较，确定各个影响因素之间的相对重要度，建立准则层-目标层的判断矩阵 $D-D_x(x=1,2)$。然后通过判断矩阵计算各个影响因素的重要度权重，并进行一致性检验。当判断矩阵是二阶时，计算所得的重要度权重肯定满足一致性要求，因此不需进行一致性检验计算。

通过分析流盘试验和室内模型试验中散装矿产品流态化形成的各个影响因素，对比模型试验获得的试验数据，联系模型试验中得到的各个矿产品发生流态化的临界含水率和流盘试验测得的细粒含量接近的同种矿产品的流动水分点（FMP），并配合决策者的经验判断，对判断矩阵中的各个影响因素进行两两比较，确定各个影响因素之间的相对重要度，建立各个散装矿产品流态化预警模型的 $D-D_x$ 判断矩阵。对判断矩阵进行特征值和特征向量的计算，将所得的最大特征值对应的特征向量值进行归一化处理，所得的值即为判断矩阵中各个影响因素的重要度权重。所得结果如下：

表 6.28 铁精矿 $D-D_x$ 判断矩阵

D	D_1	D_2	重要度权重
D_1	1	1/2	0.3333
D_2	2	1	0.6667

表 6.29 萤石粉 $D-D_x$ 判断矩阵

D	D_1	D_2	重要度权重
D_1	1	1/2	0.3333
D_2	2	1	0.6667

表 6.30 镍矿 $D-D_x$ 判断矩阵

D	D_1	D_2	重要度权重
D_1	1	1/2	0.3333
D_2	2	1	0.6667

（2）准则层与方案层的判断矩阵计算

同样的，采用与前文中建立目标层与准则层的判断矩阵相同的方法，建立散装矿产品流态化风险预警模型的判断矩阵，并计算各个影响因素的重要度权重。由于准则层中只需建立矿产品内部影响因素的判断矩阵，因此只需对含水率和细粒含量两项影响因素进行两两比较，建立判断矩阵 $D_2-D_{2x}(x=1,2)$。所得结果如下：

表 6.31 铁精矿 D_2-D_{2x} 判断矩阵

D_2	D_{21}	D_{22}	重要度权重
D_{21}	1	7	0.875
D_{22}	1/7	1	0.125

表 6.32 萤石粉 D_2-D_{2x} 判断矩阵

D_2	D_{21}	D_{22}	重要度权重
D_{21}	1	7	0.875
D_{22}	1/7	1	0.125

（3）综合重要度权重的计算

在计算出各个判断矩阵中的重要度权重之后，结合目标层与方案层、方案层与准则层之间的各个重要度权重，计算出散装矿产品流态化风险预警的综合重要度权重。由于镍矿的层次分析法模型中只有两层影响因素，因此表 6.30 即为其综合重要度权重，而铁精矿和萤石粉的综合重要度权重见表 6.33 和表 6.34 所示：

表 6.33　铁精矿重要度权重及综合重要度权重

	D_1	D_2	综合重要度权重
	0.3333	0.6667	
D_{11}	1		0.3333
D_{21}		0.875	0.5834
D_{22}		0.125	0.0833

表 6.34　萤石粉重要度权重及综合重要度权重

	D_1	D_2	综合重要度权重
	0.3333	0.6667	
D_{11}	1		0.3333
D_{21}		0.875	0.5834
D_{22}		0.125	0.0833

从各个综合重要度权重表中可以看出，含水率对总警度的综合重要度权重最大，即含水率对散装矿产品流态化形成的影响最大，加速度次之，而细粒含量对散装矿产品流态化形成的影响最小。这些与前文研究中含水率对散装矿产品流态化起决定性影响的结论相符合。散装矿产品内的水分是矿产品流态化形成的基本要素，也是最敏感的影响因素，而且在实际矿产品的海运过程中，矿产品种类是确定的，并且海运过程中遇到的风浪是难以改变的，只有矿产品中的含水率是相对可以人为掌控的，因此在实际海运中，把握矿产品中的含水率处于安全范围内是海运安全的关键。

6.5.2.5　散装矿产品流态化风险预警模型的验证

通过建立散装矿产品流态化的风险预警体系、预警指标的警限和影响因素的判断矩阵，建立了散装矿产品流态化预警模型。利用该预警模型对表 2.6 中的前 16 组试验数据进行预警计算，验证本研究所得的散装矿产品流态化预警模型的准确性。

（1）散装矿产品预警模型的计算过程

根据层次分析法的基本原理，散装矿产品流态化风险预警的风险总警度值计算公式为：

$$D = \sum_{i=1}^{m} W_i \sum_{j=1}^{n} (D_{ij}\omega_{ij}) \tag{6.8}$$

式中：

W_i 为第 i 个准则层所占总目标层的相对重要度权重；

D_{ij} 为第 i 个准则层所选的第 j 个方案的赋值；

为第 i 个方案层第 j 个指标在该准则层所占的相对重要度权重；

m 为准则层的个数；

n 为第 i 个准则层中的方案层个数（$i=1, 2, \cdots, m$）。

因此，本章中铁精矿的流态化风险预警模型的风险总警度计算公式为：

$$D = 0.3333 \times D_{11} + 0.6667 \times (0.875 \times D_{21} + 0.125 \times D_{22} \tag{6.9}$$

式中，D_{ij} 为第 i 个准则层所选的第 j 个方案的赋值，即根据实际计算中含水率、加速度和细粒含量三个影响因素值对照表 3.6、表 3.9 和表 3.12 所得的各个影响因素的赋值。

同样的，可以得到镍矿流态化风险预警模型的风险总警度计算公式为：

$$D = 0.3333 \times D_{11} + 0.6667 \times D_{21} \tag{6.10}$$

（2）预警模型的预警计算结果对比

提取表 6.6 中各组试验中铁精矿的加速度值和含水率，以及铁精矿的细粒含量值，根据铁精矿流态化风险总警度计算公式（式6.9），对每一组的铁精矿的流态化风险总警度进行计算。

例如，对表 6.6 中的第一组数据进行计算，其中加速度为 0.3 g、含水率为 8%，而本章中室内模型试验中的铁精矿的细粒含量皆为 4.8%，因此对照表 6.19、表 6.22 和表 6.25 后得到各自的赋值分别为 4、4、5，代入式 6.9 中得：

$$D = 0.333 \times 3 + 0.6667 \times (0.875 \times 4 + 0.125 \times 5) = 3.75$$

其余各组铁精矿进行总警度值计算，见表 6.35、表 6.36。

表 6.35　铁精矿流态化总警度值（1）

组号	2	3	4	5	6	7	8	9
总警度值	3.417	3.043	3.167	2.833	2.5	2.917	2.583	2.250
评语	较大的	严重的	严重的	严重的	很严重的	严重的	很严重的	很严重的

表 6.36　铁精矿流态化总警度值（2）

组号	10	11	12	13	14	15	16
总警度值	1.917	2.666	2.000	1.667	1.333	2.333	2.000
评语	很严重的	严重的	很严重的	灾难性的	灾难性的	很严重的	很严重的

将计算所得的各组铁精矿的流态化总警度值、风险评语与实际室内模型试验的结果进行对比，发现本预警模型的预警结果基本符合实际情况，预警准确性较好。

简琦薇博士借鉴 Seed 判别砂土液化的简化方法，基于铁精矿的空心圆柱试验结果，建立铁精矿在不同深度、不同含水率、振动次数时的动剪应力比值和动强度比值的计算公式，通过对比计算所得的铁精矿不同深度的动剪应力比与动强度比，对散装铁精矿的流态化情况进行判别[1]。

铁精矿在不同深度处的动剪应力比为：

$$\left(\frac{\tau_d}{\sigma_v}\right) = 0.65 \, C_D \left(\frac{a_{\max}}{g}\right) \tag{6.11}$$

其中，

τ_d——某深度处的铁精矿的等效的平均剪应力；

σ_v——某深度处的铁精矿的上覆应力；

C_D——与铁精矿埋深有关的应力折减系数，$C_D < 1$；

$a_{\max}$——铁精矿矿体表面最大加速度，假设等于基底输入加速度值。

铁精矿的现场动强度比：

---

①简琦薇. 散装铁精矿流态化形成的宏细观机理研究 [D]. 上海：同济大学，2014.

$$\left(\frac{\tau_h}{\sigma_v}\right) = 1.43 \, C_r \left(\frac{\tau_{d圆扭剪}}{\sigma_3}\right) \tag{6.12}$$

其中,

τ_h——某深度处的铁精矿的动强度;

σ_v——某深度处的铁精矿的上覆应力;

C_r——相对密实度修正系数,与铁精矿的密实度有关;

上述公式中 $\tau_{d圆扭剪}$ 和 σ_3 两个参数是根据空心圆柱试验中铁精矿单元体动强度关于含水率和振动次数的关系拟合而成的公式计算而得,见下式。

$$\tau_{d圆扭剪} = -\alpha \ln(N) + \beta \tag{6.13}$$

$$\sigma_3 = P - \tau_f \times (1 - \cos \omega t) \tag{6.14}$$

$$\alpha = -0.0867\omega^3 + 2.777\omega^2 - 29.81\omega + 112.38 \tag{6.15}$$

$$\beta = -0.9257\omega^3 + 29.693\omega^2 - 320.27\omega + 1219.7 \tag{6.16}$$

其中,

P——内外围压;

τ_f——动应力值;

t——循环加载时间;

ω——循环加载频率。

将计算所得的同一深度的动剪应力比与现场动强度比进行对比,当动剪应力比大于现场动强度比时表明该处铁精矿的抗剪强度大于动强度,即该处的铁精矿在动荷载作用下已发生流态化。

利用上述的计算方法,对含水率为 9%、加速度为 $0.5g$ 的铁精矿的离心模型试验进行流态化判断。计算所得的动剪应力比和现场动强度比见表 6.37。

表 6.37　铁精矿的动剪应力比和动强度比

埋深/m	动剪应力比	现场动强度比
0	0.325	0.115
0.25	0.32	0.137
0.5	0.315	0.154
1.5	0.295	0.175
2.5	0.275	0.177
3.5	0.255	0.230
4.5	0.235	0.245
5.5	0.215	0.248
6.5	0.195	0.226

计算结果表明在埋深 0~4.5m 范围内的铁精矿的现场动强度比明显小于动剪应力比。随着深度加大,动强度比逐渐接近动剪应力比,并在矿体底部范围动强度比大于动剪应力,表明铁精矿已经发生了较为严重的流态化,这与预警模型中对此铁精矿在含水率 9%、加速度 $0.5g$ 条件下的预警结果"很严重的"相符合。

综上所述,本章研究所得的散装矿产品流态化预警模型对室内模型试验中各个散装矿产品的流态化风险具有较为准确的预警,可以作为后续研究中提出的船运散装矿产品流态化风险预警方法的基础。

6.5.3　小结

以散装矿产品流态化形成的影响因素分析为基础，结合层次分析法的思想，建立了散装矿产品流态化风险预警模型。

（1）散装矿产品的含水率、细粒含量和加速度是散装矿产品流态化的三个主要影响因素，其中含水率对矿产品的流态化起着决定性作用，矿产品含水率的增大将严重影响船运的安全性。加速度对散装矿产品的流态化也有很大的影响，加速度越大，矿产品发生流态化的风险越大。细粒含量会影响散装矿产品的流动水分点大小，对散装矿产品流态化的形成具有较大影响。

（2）本章的风险预警模型采用层次分析法，将散装矿产品流态化的影响因素分为内部因素和外部因素两大类，内部因素包括矿产品的含水率和细粒含量，外部因素是振动加速度。

（3）通过散装矿产品的流盘试验和室内模型试验所得到流态化影响因素的定性分析和定量数据，结合层次分析法建立了各个影响因素的单警度尺度表、判断矩阵和风险预警总警度表，从而建立了散装矿产品流态化风险预警模型。通过验证表明，本章的散装矿产品流态化风险预警模型具有较为准确的预警效果。

6.6　风险预警方法及应用

6.6.1　船运散装矿产品流态化风险预警的方法

6.6.1.1　风险预警的影响因素

散装矿产品自身的含水率、细粒含量以及海运过程中的风浪等级是船运散装矿产品流态化形成的最主要的三个影响因素，在散装矿产品流态化风险的预警中，这三个影响因素自然也是必备要素。

（1）矿产品的含水率

实际海运过程中，为了防止矿产品的矿粉尘飞扬、矿产品货物质量减少，都会对堆积的矿产品进行洒水等人为加水行为，又由于矿产品在露天堆放过程受到雨淋等原因，所以在矿产品上船装货之时，其内部已聚集了一定数量的水分，这些水分将有可能是造成矿产品流态化的重要因素。

首先确保矿产品上船之前含水率不会发生变化再进行取样，其次所取的样品必须具有代表性，必须是最易发生流态化的矿产品，即尽量保证样品中的含水率是所需运输的矿产品中最高的，实际操作中应多取几处矿产品样品。

采用常用的含水率测定方法对样品进行含水率测定，比如烘干法等。所需注意的是本章中的含水率是按照国际海运组织发布的《国际海运固体散装货物规则》（IMSBC）中规定的公式计算所得的，与工程界的土体含水率计算公司有异。因此对样品进行含水率计算时应采用公式 6.17，如下：

$$H_0(\%) = \frac{W_{20} - W_{10}}{m_0} \tag{6.17}$$

式中：

H_0——矿产品含水率；

W_{20}——烘干前试样与容器合并质量，单位为克（g）；

W_{10}——烘干后试样质量与容器合并质量，单位为克（g）；

m_0——烘干前试样质量，单位为克（g）。

（2）矿产品的细粒含量

同一矿种的矿产品由于产地不同等原因，其矿粉颗粒组成一般都是不同的，即使是同一产地的矿产品的颗粒组成也有可能不同。然而散装矿产品中的细粒含量对矿产品的流态化具有重要的影响作用，同种矿的散装矿产品中细粒含量处于某一范围时，其发生流态化的流动水分点最低，即其在此颗粒组成时最易发生流态化，具有较高的风险。

采用标准筛对散装矿产品进行颗粒分析，取 200 目以下的矿粉粒（即粒径小于 0.075 mm 的细粒）的质量，计算其所占总矿粉的百分比，得到散装矿产品的细粒含量。

（3）振动加速度

振动加速度是影响散装矿产品流态化形成的重要因素。振动加速度是散装矿产品流态化发生所需的外部条件，矿产品在静止状态下是不可能发生流态化的。当其他影响因素相同时，振动加速度越大，矿产品流态化所需的临界含水率越低，即散装矿产品随着振动加速度的增大越容易发生流态化。

实际海运中，船舶在海中经受海浪拍打而引起左右摇晃，货舱中散装矿产品因此产生振动加速度，因此船运散装矿产品流态化风险预警中所需的振动加速度将采用本章 6.6.1.2 节中所述的方法计算所得。

6.6.1.2　振动加速度的计算

国内外的海浪预报，无论风浪还是涌浪均采用有效波高[①]。有效波高 $H_{1/3}$ 又称为有义波高，或者显著波高，因其与人们日常目测所见的波高接近而被广泛使用。将一定时间内记录的波高从大到小排列，取前 1/3 的波高计算其平均值，所得计算值就是有义波高 $H_{1/3}$。

对于海上风浪情况的描述，主要有浪级、风浪名称和涌浪名称等，各自之间都有对应关系。且浪级分为 0～9 级、风浪名称分为无浪、微浪、小浪、轻浪、中浪、大浪、巨浪、狂浪、狂涛和怒涛 10 种，涌浪名称分为无涌、小涌、中涌、大涌和巨涌 5 种。浪级、风浪和涌浪分别与相应风级、平均风速和浪高有一定的对应关系，见表 6.38 所示。

上海船舶运输科学所利用 57500t 散货船进行了散装矿产品海上运动的试验研究。试验中波浪谱型采用 ITTC 双参数普，分别取 3.0m、5.0m、6.0m 的有义波高，特征周期取 7s、8s、10s、12s。试验所得最大加速度出现在散装矿产品表面，见表 6.39。

---

①邵利民. 海浪的形成和海浪等级 [C]. Proceedings of the 2004 防止船舶行事故新经验新技术学术研讨会，中国大连，2004：6.

表 6.38　海浪等级表

浪级	风浪名称	涌浪名称	相应风级	平均风速/m/s	浪高/m
0	无浪	无涌	0	0.0～0.2	0
1	微浪	小涌	1～2	0.3～3.3	$H_{1/3}<0.1$
2	小浪		2～4	1.6～7.9	$0.1{\leqslant}H_{1/3}<0.5$
3	轻浪	中涌	4～5	5.5～10.7	$0.5{\leqslant}H_{1/3}<1.25$
4	中浪		5～7	8.0～17.1	$1.25{\leqslant}H_{1/3}<2.5$
5	大浪	大涌	7～8	13.9～20.7	$2.5{\leqslant}H_{1/3}<4.0$
6	巨浪		8～9	17.2～24.4	$4.0{\leqslant}H_{1/3}<6.0$
7	狂浪	巨涌	9～10	20.8～28.4	$6.0{\leqslant}H_{1/3}<9.0$
8	狂涛		10～11	24.5～32.6	$9.0{\leqslant}H_{1/3}<14.0$
9	怒涛		12	≥32.7	$14.0{\leqslant}H_{1/3}$

注：表上所列浪级与风级的对应关系只代表实际上可能同时存在的风和浪的状态，对应取值时应按偏安全的原则取。

表 6.39　57500 t 级散货船中矿产品各向加速度与有义波高对应表

有义波高/m	横向加速度/m/s²	纵向加速度/m/s²	垂向加速度/m/s²
3.0	0.227～0.163	0.021～0.035	0.086～0.081
4.0	0.302～0.217	0.028～0.046	0.115～0.108
5.0	0.349～0.206	0.049～0.052	0.152～0.109
6.0	0.418～0.247	0.059～0.062	0.182～0.131

注：上述横向及纵向加速度都计入了摇荡角度产生的重力加速度分量。

为了预警更偏向于安全，以最不利的加速度情况考虑，取在不同波浪谱型的特征周期情况下产生的最大加速度，并将表中每一组有义波高情况下产生的最大横向加速度、最大纵向加速度和最大垂向加速度进行矢量叠加，得到有义波高与散装矿产品最大加速度的对应关系，如下表 6.40 所示。

表 6.40　有义波与最大加速度对应表

有义波高	最大加速度/m/s²
3.0 m	0.245
4.0 m	0.326
5.0 m	0.384
6.0 m	0.460

通过表 6.40 中有义波高与最大加速度的对应数据，拟合出有义波高与最大加速度的关系，见图 6.15 所示，在一定范围内，有义波高与最大加速度有较强的线性关系，两者呈现：

$$y = 0.0703x + 0.0374 \tag{6.18}$$

其中 y 表示最大加速度（单位 m/s²），x 表示有义波高（单位 m）。

上述计算所得的散装矿产品最大加速度值有两个前提：一是长度约为 180 m 的

57500 t 散货船，航速为 12 kn；二是该货船的船宽与初稳性高①比为 5。因此对于不同尺寸的货船在不同航速情况下的散装矿产品最大加速度计算，需进行一定的修正。本章中借鉴了《货物系固手册》中的加速度修正方法。表 6.41 中所列的是《货物系固手册》中基本加速度与船长和航速有关的原始修正系数。

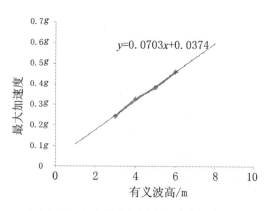

图 6.15　有义波高与最大加速度拟合图

表 6.41 中修正系数是以船长 100 m、航速 15 kn 为基准建立的，而本章中的加速度是通过船长 180 m、航速 12 kn 的散货船计算所得，因此对上表的参数进行转化，得表 6.42 为本章中所需的与船长、航速有关的船运散装矿产品加速度修正系数。

表 6.41　与船长和航速有关的原始修正系数

航速/kn ＼ 船长/m	50	60	70	80	90	100	120	140	160	180	200
9	1.20	1.09	1.00	0.92	0.85	0.79	0.70	0.63	0.57	0.53	0.49
12	1.34	1.22	1.12	1.03	0.96	0.90	0.79	0.72	0.65	0.60	0.56
15	1.49	1.36	1.24	1.15	1.07	1.00	0.89	0.80	0.73	0.68	0.63
18	1.64	1.49	1.37	1.27	1.18	1.10	0.98	0.89	0.82	0.76	0.71
21	1.78	1.62	1.49	1.38	1.29	1.21	1.08	0.98	0.90	0.83	0.78
24	1.93	1.76	1.62	1.50	1.40	1.31	1.17	1.07	0.98	0.91	0.85

表 6.42　与船长和航速有关的加速度修正系数

航速/kn ＼ 船长/m	50	60	70	80	90	100	120	140	160	180	200
9	2.00	1.82	1.67	1.53	1.42	1.32	1.17	1.05	0.95	0.88	0.82
12	2.23	2.03	1.87	1.72	1.60	1.50	1.32	1.20	1.08	1.00	0.93
15	2.48	2.27	2.07	1.92	1.78	1.67	1.48	1.33	1.22	1.13	1.05
18	2.73	2.48	2.28	2.12	1.97	1.83	1.63	1.48	1.37	1.27	1.18
21	2.97	2.70	2.48	2.30	2.15	2.02	1.80	1.63	1.50	1.38	1.30
24	3.22	2.93	2.70	2.50	2.33	2.18	1.95	1.78	1.63	1.52	1.42

注：对于表 4.5 中未标明的修正系数，可取中间插值。

通过同样的方法，对《货物系固手册》中的与 B/GM_0 有关的加速度修正系数表进行转化，得到了本问中所需的与船宽和初稳性高比（B/GM_0）有关的修正系数，见表 6.43。（其中，B：船宽，GM_0：初稳性高。）

①王建平. 干货船初稳性高度的计算 [J]. 世界海运，1996，(6)：52－53.

表 6.43　与 B/GM。有关的加速度修正系数

B/GM。	≤5	6	7	8	9	10	11	12	≥13
修正值	1.00	0.97	0.94	0.92	0.89	0.87	0.85	0.84	0.82

注：对于表 4.6 中未标明的修正系数，可取中间插值。

在计算散装矿产品在风浪作用下产生的最大加速度时，首先需通过海洋天气预报等途径获得海运过程中可能经受的最差海况的最大浪高值，如果无法获得该信息，也可通过掌握的浪级、风级或风速中的某一参数对照表 6.38 获得浪高值。为了风险预警偏向于安全，对照表 6.38 时取值时应该按照偏安全的原则。在获得最大浪高值后，按照公式 $y = 0.0703x + 0.0374$，计算散装矿产品受风浪作用产生的最大加速度基本值（其中 y 表示最大加速度，x 表示有义波高，即浪高。）然后根据海运实际情况中船体的船长、船宽、初稳性高度和航速，对照表 6.42 和表 6.43 进行加速度值的修正，最后得到散装矿产品在海运过程中产生的最大加速度值，用于最终船运散装矿产品流态化风险预警。

6.6.1.3　风险预警的过程

在按照前文中所述的方法得到散装矿产品的含水率、细粒含量和振动加速度的参数后，需要将其代入船运散装矿产品流态化风险预警模型中进行计算，最终得到风险预警的警度。

前文的研究中已经建立加速度、含水率和细粒含量这三个单警度五点尺度量表，将得到的三个影响因素的参数分别放入各自对应的单警度五点尺度量表中，找到参数所在的区间，即可获得其对应的评语、等级和赋值，而其中赋值是接下来船运散装矿产品流态化风险预警模型计算中所需的参数。散装矿产品流态化风险预警的总警度值计算过程前文中已有详细阐述。

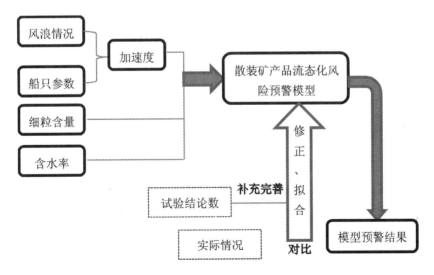

图 6.16　船运散装矿产品流态化风险预警方法

在进行船运散装矿产品流态化风险预警时，利用前文中所述的试验和计算方法得到的振动加速度、矿产品含水率和细粒含量三个参数，然后对照三个影响因素各自的单警度五点尺度量表得到各自的赋值，将赋值参数代入已经建立的船运散装矿产品流态化风险预警计算公式中，并将计算出的总警度值对照船运散装矿产品流态风险预警总警度表，最终得到总警度表中的风险评语，即船运散装矿产品流态化的风险评估。

在风险预警模型的实际应用中，应对模型不断地进行完善。通过实际情况与预警模型的预测结果进行对比，当实际情况与预测结果有不同时，应及时对预警模型中的影响因素之间的相对重要度、各个影响因素的单警度五点尺度量表等进行修正。只有通过不断地拟合和修正，船运散装矿产品流态化风险预警模型的预警效果才会越来越佳。船运散装矿产品流态化风险预警过程如图 6.16 所示。

6.6.1.4 预防流态化的措施建议

当按照船运散装矿产品流态化风险预警方法所得的风险评估为"灾难性的"或"很严重的"时，说明按照当前条件进行矿产品的海运将有较大可能发生流态化事故。因此，对于此类散装矿产品海运的情况需采取一定防范措施。

散装矿产品流态化的影响因素研究中表明，含水率是散装矿产品发生流态化的关键因素，因此如果将矿产品的含水率减小到较低的范围内，矿产品发生流态化的可能性将大大降低。但实际情况中，将动辄上万吨的散装矿产品采取烘干、晾晒等减少水分的手段是非常不现实的。而且通常情况下，矿产品的交易都是通过质量计算货物的价值，无论是运输方还是供货方都不愿意因为矿产品含水率的减少而导致货物质量的减少。因此，上述采取减少矿产品含水率的预防措施在实际情况下是很难实现的。

本课题组通过铁精矿的室内模型试验研究并提出了两种预防散装铁精矿流态化发生的措施：

（1）PVC 排水管

通过在 PVC 排水管的管壁四周钻孔，制成管壁亦能排水的排水管。然后在管壁上包裹网眼小于矿产品的最小颗粒直径的土工网纱，实际操作时可以包裹多层土工网纱，确保矿产品颗粒不会进入排水管内。

散装矿产品装载时，把多根包裹土工网纱的 PVC 管竖直埋入矿产品内。当散装矿产品由于振动作用而析出水分时，因 PVC 管较大的渗透性，水分进入 PVC 管内，而矿产品颗粒被土工网纱挡在管外。由于大量的水分储存在 PVC 管内，矿产品内大部分区域无法形成可流动的矿水混合物，即散装矿产品的流态化无法形成。

通过对表 6.12 铁精矿模型试验流态化发生结果的第 8 组试验和第 10 组试验进行对比，在其他条件均相同的情况下，在模型试验的模型箱内埋入 8 根包裹土工网纱的 PVC 管，试验结果表明埋入包裹土工网纱的 PVC 管的矿产品均未发生流态化，而表 6.12 中的第 8 组试验和第 10 组试验中的矿产品均发生了流态化。因此，在散装矿产品中竖直埋设包裹有土工网纱的 PVC 排水管的措施对预防散装矿产品在海运工程中发生流态化发生具有较好的效果。

（2）上层矿产品袋装处理

由于散装矿产品流态化形成后产生的矿水混合自由液面处于矿产品的上册范围内，因此考虑采用大型编织袋将上层的散装矿产品进行袋装，约束上层散装矿产品自由液面的形成，从而有效降低因矿水混合液面而造成的船体失稳。

通过对表 6.12 中的第 8 组试验和第 10 组试验进行上层矿产品袋装处理对比，从试验的宏观现象及位移场分析发现，虽然袋中与袋外的散装矿产品在振动作用下水分很快析出，并在重力作用下汇集于矿产品顶部表明，但袋装的矿产品有效阻止了矿粉颗粒与水形成矿水混合液面，且下部矿产品由于上部袋装矿产品的重力作用而趋于密实，矿体始终未出现滑移现象。

因此，上层矿产品袋装处理能有效防止水液面上升过程中矿产品因振动作用产生的滑动，降低船运过程中因散装矿产品流态化而造成的船体失稳，在实际散装矿产品的海运中，可以采用上层矿产袋装处理的方法来降低海运事故风险。

综上所述，当采用本章的船运散装矿产品流态化风险预警方法对某一次散装矿产品的海运进行流态化风险预警时，如果得出的预警结果是存在流态化风险时，则可以采用埋设 PVC 排水管法或上层矿产品袋装处理法来降低散装矿产品流态化的风险。

6.6.2　风险预警方法的程序实现

为了使本研究中的预警方法拥有较强的交互性、可维护性、可改进性和操作简便性，本研究将基于船运散装矿产品流态化风险预警方法，实现本预警方法的程序操作。本研究采用 Visual Studio 作为船用散装矿产品流态化风险预警程序的开发环境。

6.6.2.1　Visual Studio 简介

Visual Studio 是一套涵盖了微软公司绝大部分开发工具，并用来开发现代应用程序的软件组件。Visual Studio 是目前最流行的全平台应用程序的集成开发环境，它是一个基本完整的开发工具集，拥有整个软件生命周期中所需要的大部分工具，包括 UML 工具、代码管控工具、集成开发环境（IDE）等等，所写的目标代码适用于微软支持的所有平台。

Visual Studio 的主要开发工具有：Visual C++、Visual C♯、Visual Basic、Visual InterDev、Visual J++、Visual FoxPro。

6.6.2.2　程序的设计

1. 程序设计的目标

明确程序设计的目标是程序设计的首要工作。本程序是通过对船运散装矿产品流态化形成的重要影响因素研究，并基于层次分析师的思想建立的船运散装矿产品流态化风险预警方法进行的程序开发，其出发点是为了矿产品的供货方、运输方和购货方可以通过可了解到的数据预测散装矿产品在海运途中发生流态化的风险情况，可为散装矿产品海运的风险评估提供参考，尽量避免散装矿产品海运流态化事故的发生。

2. 程序的设计原则

本程序的开发设计主要遵循实用原则、可靠性原则、可改进原则和易操作原则。通过海运前可掌握的三大影响因素参数，可利用本程序直接得到船运散装矿产品流态化风险的评估结果，简单易操作。本程序的开发是基于本研究中提出的船运散装矿产品风险预警方法，通过前文中的研究分析具有较强的可靠性和准确性。为了能使本程序在后续的使用和研究中不断提升其科学准确性，本程序还将具备改进功能。

3. 程序的结构设计

（1）输入 1

由于本章研究中提出了铁精矿、镍矿和萤石粉三大种类的散装矿产品的流态化预警，因此在程序的结构设计的开始将进行矿种的选择，不同的矿种选择将出现不同后续计算参数，矿种的选择列为"输入1"。

（2）输入2

在船运散装矿产品流态化预警模型的计算中需要采用"加速度"这一重要因素，加速度的计算过程较为复杂，需要将通过有义波高度值计算所得的"基本加速度值"经过"与船长和航速有关的加速度修正系数"和"与船宽和初稳性高度有关的加速度修正系数"两个系数的修正，得到最终预警模型计算所需的"加速度"值。

其中，"基本加速度"的计算可根据掌握的实际海上情况选择"浪级""风浪名称""涌浪名称""风级"和"平均风速"这五大参数中的其中一个进行输入，然后对照表4海浪等级表找到对应的"浪高"，如果已有"浪高"参数，则可直接输入"浪高"。定义其为"输入2"。

（3）输入3

"与船长和航速有关的加速度修正系数"是需要通过"船身长度"和"船只航运速度"两大参数对照表4.5得到的；"与船宽和初稳性高度有关的加速度修正系数"需要通过"船体宽度"和"初稳性高度"两个参数对照表4.6得到。"船身长度"、"船身宽度"、"船只航运速度"和"初稳性高度"四个参数集中定为"输入3"——"船体参数"。

（4）输入4

"含水率"是在预警前由含水率测定试验所测得，在船运散装矿产品流态化风险预警程序使用时直接输入该参数，"含水率"定为"输入4"。

（5）输入5

"细粒含量"是在预警前测得，采用标准筛对散装矿产品进行颗粒组分测定，得到"细粒含量"值在船运散装矿产品流态化风险预警程序使用时直接输入该参数，"细粒含量"定为"输入5"。

（6）程序的改进

为了使本程序的风险预警具有完善的改进能力去实现更准确的风险预警效果，程序中提供了"预警模型警度表"和"预警模型判断矩阵"的修改功能。通过程序的风险预警结果与实际情况的对比分析，或通过试验手段对各个散装矿产品流态化的影响因素进行更深入的研究，得到更多更准确的散装矿产品流态化影响因素的研究结论，则可通过此功能对"预警模型警度表"和"预警模型判断矩阵"中的初始值进行修改来获得更接近真实情况的预警模型，从而获得更好的预警效果。

（7）程序逻辑设计

① "输入1"选择矿产品种类，即"铁精矿"、"镍矿"和"萤石粉"中选其一，"输入1"将直接决定"预警模型警度表"和"预警模型判断矩阵"，其中"预警模型判断矩阵"将计算得到预警模型中各个因素的"相对重要度权重"。程序中三种矿产品的"预警模型警度表"和"预警模型判断矩阵"都可以进行修改。

② "输入2"中输入的"风浪情况"通过程序中基本加速度的计算公式的计算得出"基本加速度"值。

③ "输入3"输入的"船体参数"中包括的"船身长度""船身宽度""船只航运速度"和"初稳性高度"四个参数，通过这四个参数对照程序中"与船长和航速有关的加速度修正系数表"和"与船宽和初稳性高度有关的加速度修正系数表"分别得到"与船长和航速

有关的加速度修正系数"和"与船宽和初稳性高度有关的加速度修正系数"。

④第②步中得到的"基本加速度"经过第③步中得到的"与船长和航速有关的加速度修正系数"和"与船宽和初稳性高度有关的加速度修正系数"的修正后得到最终的"加速度"值。

⑤"输入 4"和"输入 5"分别输入的"含水率"和"细粒含量",再加上第④步中得到的"加速度"共三个参数对照第①步中得到的"预警模型警度表"得到各个参数的"赋值",然后"赋值"代入第①步中得到的"相对重要度权重"公式中计算得到"总警度值","总警度值"对照"预警模型总警度表"最终得到风险预警的"预警评语"。

由于镍矿的船运散装矿产品流态化风险预警方法中不考虑细粒含量的影响,因此在本研究中的风险预警程序中镍矿的海运流态化风险预警将略去"输入 5"——"细粒含量"的操作过程。

总体的程序结构设计如所示:

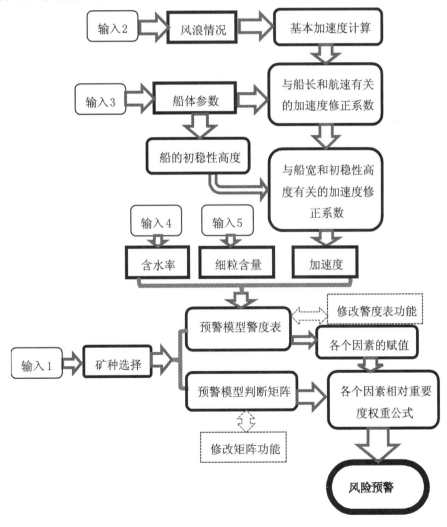

图 6.17　程序框架设计图

6.6.2.3　程序的操作简介

本章的船运散装矿产品流态化风险预警程序操作简单。操作截面中包含 10 个输入选项，分别为矿粉性质中的"种类""含水率"和"细粒含量"，货船参数的"航速""船长""船宽"和"初稳性高度"，风浪参数中的"参数类型"。另外，本程序中增加了"使用流盘法分析"，可用现有流盘试验数据作为预警参考。本程序还具备"预警模型修改"功能，便于预警方法准确性的提升。操作界面如图 6.18 所示。

图 6.18　程序截面图

图 6.19　矿产品种类选项

首先，矿粉的种类包括"铁精矿""萤石粉"和"镍矿"三个选项，如图 6.19 所示。通过此选项可以首先确定流态化预警的矿产品种类。在确定需要风险预警的矿产品种类之后，就可以输入由试验所测得的矿粉含水率和细粒含量，输入的数字都为百分数。

接下来，在界面上输入"航速""船长""船宽"和"初稳性高度"四个货船参数，单位分别为 kn、m、m 和 m。输入的参数以实际海运的情况为依据。然后，根据实际情况选择需要输入的风浪参数，风浪参数的种类包括"浪级""风浪名称""涌浪名称""风级""平均风速"和"浪高"六个种类。当选择某一参数类型时，会出现对应的参数输入，如图 6.20 所示。其中，"浪级"的输入为 0～9 级，根据实际情况输入自然数 0～9 即可，如图 6.21 所示；

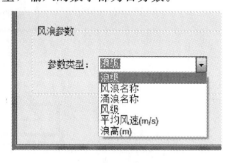

图 6.20　风浪参数类型

"风浪名称"包括"无浪""微浪""小浪""轻浪""中浪""大浪""巨浪""狂浪""狂涛"和"怒涛"十个选项，根据实际情况选择，如图 6.22 所示；"涌浪名称"包括"无涌""小涌""中涌""大涌"和"巨涌"五个选项，根据实际情况选择，如图 6.23 所示；"风级"的输入为 0～12 级，根据是极其输入自然数 0～12 即可，如图 6.24 所示；"平均风速"和"浪高"按实际情况输入即可，分别如图 6.25 和图 6.26 所示。

图 6.21　浪级输入

图 6.22　风浪名称输入

图 6.23　浪涌名称输入

图 6.24　风级输入

图 6.25　平均风速输入

图 6.26　浪高输入

程序中外加了散装矿产品的流盘试验数据用以作为流态化风险判断的方法之一，其中数据都是流盘试验中得到的各组矿产品的流动水分点数据。在实际使用时可点击"使用流盘法分析"按钮，在对应的对话框中进行操作即可。如图6.27所示。

图 6.27　流盘试验法

为了使程序的预警准确性能够拥有改进提升的能力，本程序中设置了"预警模型修改"功能，当点击此按钮时就会出现相应的对话框，可在此对话框中对预警模型中的各个指标警度表和判断矩阵进行修改，如图6.28所示。

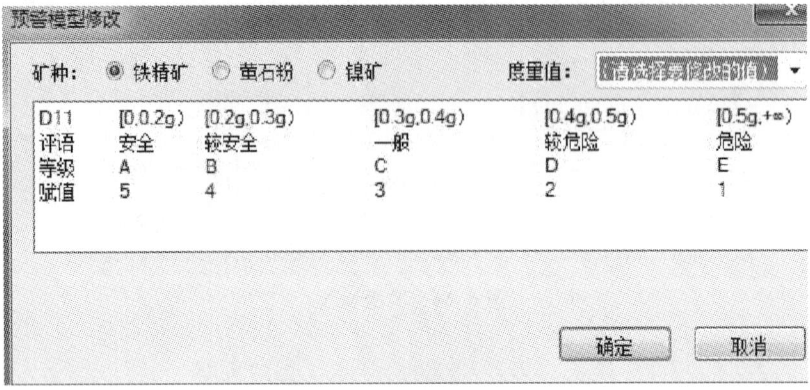

图 6.28　预警模型修改

当所有的参数输入完毕之后，点击"风险分析"按钮之后程序就会进行风险预警计算，计算结果包括风险警度值、风险等级和风险评价，如图6.29所示。

图 6.29　评估结果

6.6.3　风险预警方法的应用

6.6.3.1　际海运事故的计算参数

采用本章的船运散装矿产品流态化风险预警方法（程序）对实际海运中发生的散装矿产品流态化事故进行预警分析。2010 年 10 月 28 日到 12 月 3 日的短短 36 天里，在同一沿海区域内发生了五起镍矿流态化的海运事故[①]，本章将采用本船运矿产品流态化风险预警方法对上述几次海运散装矿产品流态化的事故进行风险分析。

（1）实际数据

据资料显示，当时运载的镍矿含水率都在 35.3%～37.5% 之间，本次风险预警计算中定为 36%，海上风浪情况为大浪。

（2）假定数据

由于实际数据不全，因此本节将对剩余所需的数据进行假定。据资料[②]显示，我国对于散装货物运输的船只多为长度在 80～110 m 范围内的货船，因此对船身尺寸数据作以下假定：船长为 100 m，船宽约为 20 m，初稳性高度为 4 m 左右。一般散装货船的航速在 12～14 Kn 范围内，假定航速为 13 Kn。

6.6.3.2　预警方法的计算过程及结果对比

镍矿海运流态化风险的预警计算过程：

首先，海上风浪情况为大浪，对照表 6.38 海浪等级表，从偏安全角度考虑，取有义波值为 4 m，并按照式 6.18 计算得到基本加速度值为 $0.3186g$。

然后，根据船长 100 m、船宽 20 m、初稳性高度 4 m、航速 13 Kn 四个船只参数，对照表 6.42 和表 6.43，分别得到"与船长和航速有关的加速度修正系数"为 1.5567、"与 B/GM_0 有关的加速度修正系数"为 1.00，因此得到散装矿产品预警模型中计算所需的加速度值约为 $0.496g$。

最后，以加速度值 0.496 g、含水率 36% 为计算参数，对照表 6.21 和表 6.24，分别得到加速度赋值为 2、含水率赋值为 2，取表 6.30 中镍矿流态化风险预警模型的各影响因素重要度权重，得到计算式为：

$D = 0.3333 \times 2 + 0.6667 \times 2 = 2$，即本次海运镍矿流态化风险预警的总警度值为 2，对应的风险评价为"很严重的"。

同样的，将上述各个参数输入本章的船运散装矿产品流态化风险预警程序中，分析得到风险警度值为 2，对应的风险评价为"很严重的"，而实际情况中确实发生了矿产品流态化的海运事故，因此表明本章研究所得的船运散装矿产品流态化风险预警方法具有较好的可靠性和较为准确的预警效果，可为实际散装矿产品的海运提供流态化风险预警。

6.6.4　小结

通过散装矿产品流态化风险预警模型，结合海上风浪情况与预警模型中加速在之间的转化关系，建立了船运散装矿产品流态化风险预警方法，并利用 Visual Studio 软件开发平

---

①於健，张钢. 易流态化货物的安全运输 [J]. 青岛远洋船员学院学报，2011，32（1）：23-25.

②马晓雪，李文华，张俊，等. 船舶载运易流态化精矿粉事故规律分析及对策 [J]. 中国航海，2014，37（2）：43-47.

台对该预警方法进行程序实现。

（1）船运散装矿产品流态化风险预警方法中，分别用含水率测定试验和标准筛测定散装矿产品的含水率和细粒含量，并通过气象预报等手段了解海上风情况，进行计算得到振动加速度。将含水率、细粒含量和加速度三个参数代入散装矿产品流态化风险预警模型中计算出总警度值，最后对照总警度表得到风险预警评语。

（2）通过海上风浪的浪高值计算出基本加速度，然后根据货船的船长、航速、船宽和初稳性高度得到的"与船长和航速有关的加速度修正系数"和"与船宽和初稳性高度有关的加速度修正系数"对基本加速度进行修正，最终得到散装矿产品流态化风险预警模型所需的加速度值。

（3）基于 Visual Studio 软件开发平台，将船运散装矿产品流态化风险预警方法进行程序实现，程序的操作简单，且本程序具备散装矿产品流态化风险预警模型的"判断矩阵"和"单警度表"的修改功能，为本程序不断提升预警准确度创造了条件。

（4）采用本章研究所得的船运散装矿产品流态化风险预警方法对实际发生的散装矿产品海运遇险情况进行预警评估，结果表明本预警方法能够较为准确地评估船运散装矿产品的流态化风险，可为实际海运散装矿产品进行流态化风险评估预测。

6.7 精粉矿流态化预防措施

在实际航运中，散装精粉矿货物的交易通常通过重量计算，很多载运方在载运过程中明知货物含水率超标的情况下仍会运载，甚至在货物表面已经形成矿水混合物的情况下，仍不愿意将多余水分抽掉。

目前，国内外船舶运输公司大多采取以控制装货作为流态化预防措施，包括审查货物含水量，设置污水井，埋设油桶积水，隔舱装载等，而这些措施都未能很好的取得预防效果，基本还是经验控制。审查装货时，铁精矿货含水率需要进出口检疫检验局的严格审核，且大多数船舶运输公司出于货物交易重量的利益考虑会存侥幸心理。埋设油桶积水，油桶内必须设置支架支撑，造价颇高极易损坏只能在局部范围内使用；设置污水井，隔舱装载等方式导致船员只有等铁精矿表层已出现自由水液面时才能有所察觉，对海运散装铁精矿流态化的发生基本未预留任何预警时间，而一旦铁精矿形成矿水混合物，船舶倾覆迫在眉睫。

本节根据上文研究成果，考虑铁精矿水分迁移规律和可能的流态化深度范围，提出了两种预防散装铁精矿流态化形成的措施。

6.7.1 预设 PVC 排水管

6.7.1.1 制备 PVC 排水管

基于模型试验结果可知，水分迁移是铁精矿形成流态化的关键。动荷载作用下，水分汇集成连续水体，并趋于向铁精矿表层析出，其宏观表现是水液面上升。当水液面上升至矿体顶部时，表层矿水混合物由于水分增多，粒间作用力减小，抗剪强度降低，在动荷载作用下呈流体状来回震荡，对船体稳定性造成威胁。

为了控制铁精矿的水液面上升，本节提出并验证了一种有效预防船载散装铁精矿流态化形成的预防措施——土工网纱包裹均匀钻孔管壁的 PVC 排水管（已申请专利）。该流态化预防措施力求操作简单、成本低廉、安全有效，并能同时满足交易双方对在载运货物的安全需求和重量要求。

土工网纱包裹均匀钻孔管壁的 PVC 排水管制备如下：

（1）将直径 2 cm、长度 50 cm 的 PVC 排水管管壁四周均匀钻孔，孔径直径 4 mm，纵向间隔 25 mm。横向每圆周均匀布置 4 个孔洞。孔洞大小及设置间隔既要满足铁精矿货物析出水排水通畅，又要满足动力离心模型试验条件下排水管结构的强度要求（见图 6.30（a））；

（2）包裹 PVC 排水管的土工网纱网眼直径为 0.1 mm，土工网纱包裹 PVC 排水管三层，并用绑扎带固定防止其脱落。土工网纱既要满足铁精矿货物析出水的排水畅通，又要达到将铁精矿颗粒隔离在排水管外的作用（见图 6.30（b）、（d））；（3）试验过程中，铁精矿孔隙体积被压缩，水分被挤出后发生迁移，并储存在 PVC 排水管的管道内，PVC 排水管起到隔离多余析出水与铁精矿颗粒的作用（见图 6.30（c））。

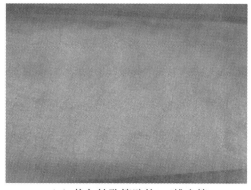

（a）均匀钻孔管壁的PVC排水管

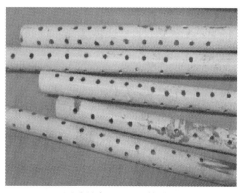

（b）网眼为0.1 mm 的土工网纱

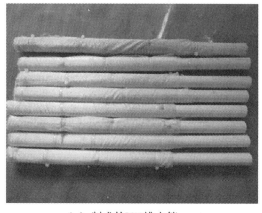

（c）制成的PVC排水管

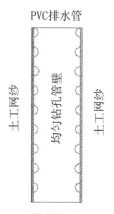

（d）PVC排水管局部放大

图 6.30　土工网纱包裹均匀钻孔管壁的 PVC 排水管

试验结束后，可将土工网纱包裹均匀钻孔管壁的 PVC 排水管装置抽出，管内储存的析出水分将回流至铁精矿矿体中，将不产生任何重量损失。

6.7.1.2 室内模型试验探索

1. 布置 PVC 排水管

室内模型试验时，在模型箱内部侧壁的长度方向上每隔 22 cm，各垂直布置一根 PVC 排水管，共布置 8 根 PVC 排水管。PVC 排水管管径为 2 cm，长度为 50 cm，高出铁精矿模型上表面 10 cm，排水管布置见图 6.31 所示。

在振动过程中，可通过模型箱侧壁的透明有机玻璃观测铁精矿的水液面上升情况，测量排水管内的析出水水位深度。若发生流态化，则记录流态化形成的时间；若未发生流态化，记录铁精矿水液面的最终高度。试验结束后，测量排水管内的水位最终高度，再将 PVC 排水管抽出，管内多余析出水重新回到铁精矿模型内部，保证铁精矿质量没有发生改变。

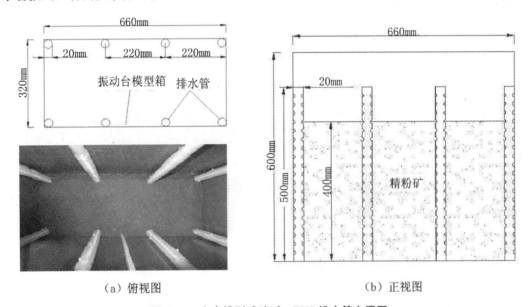

（a）俯视图　　　　　　　　　　　（b）正视图

图 6.31　室内模型试验时，PVC 排水管布置图

2. 室内小型振动台模型试验预防效果

本文设置两组布置排水管的室内振动台模型试验以研究其流态化预防效果，分别为 18♯试验（密实度为 0.33、含水率为 10%，加速度为 0.3g）和 19♯试验（密实度为 0.33、含水率为 10%，加速度为 0.5g），分别对比 8♯试验和 10♯试验。

（1）宏观试验现象

图 6.32 和图 6.33 分别为含水率为 10%、加速度为 0.3g 时和含水率为 10%、加速度为 0.5g 时是否加入 PVC 排水管的对比试验。图中可看出，对于含水率为 10% 的铁精矿室内模型试验，布置 PVC 排水管可有效预防铁精矿流态化的发生。

当加速度为 0.3g 时，未布置排水管的模型试验（见图 6.32（a）），约至 83 振次时，铁精矿出现流态化现象，表层矿水混合物往复流动。而布置排水管的模型试验（见图 6.32（b）），至 600 振次时，铁精矿仍未形成流态化现象，水液面高度保持在 24 cm 的位置，测得八根排水管内平均水位深度为 8 cm，这说明部分水分渗到 PVC 排水管中并储存在排水管内。

当加速度为 0.5g 时，未布置排水管的试验模型（见图 6.33（a）），约至 51 振次时，铁精矿出现了流态化现象。而布置排水管的试验模型（见图 6.33（b））约至 118 振次时，水液面上升至铁精矿矿体顶部的局部表面，试验结束后测得八根排水管内平均水位深度为 32 cm，由标志砂位移可看出铁精矿基本未出现矿体滑移现象，排水管起到储存多余析出水的作用。

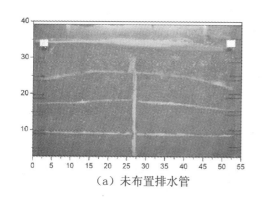

（a）未布置排水管

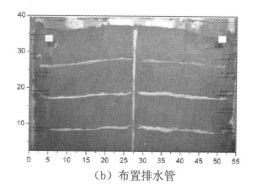

（b）布置排水管

图 6.32　含水率为 10%，加速度为 0.3g 时，PVC 排水管效果对比（坐标单位：cm）

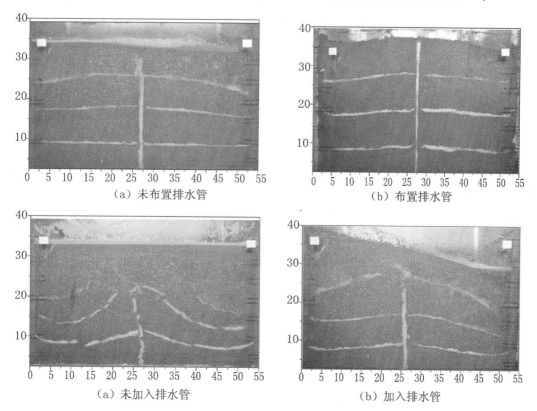

（a）未布置排水管　　　　　　　　　　　（b）布置排水管

（a）未加入排水管　　　　　　　　　　　（b）加入排水管

图 6.33　含水率为 10%，加速度为 0.5g 时，PVC 排水管效果对比（坐标单位：cm）

（2）水液面上升曲线

图 6.34 对比了两组平行试验的水液面上升曲线，可以看出，加入排水管对铁精矿的水液面上升有所抑制。

当含水率为10%、加速度为0.3g时，试验装样前预设的八根PVC排水管对防止水液面的继续上升十分有效。铁精矿由于振动产生的多余析出水汇集于排水管内，随着振动时间的推移，铁精矿内的水液面高度始终保持在11 cm左右，水液面未上升至铁精矿表面，流态化未形成。然而，当含水率为10%、加速度为0.5g时，加入排水管的铁精矿试验水液面上升高度达32 cm左右，且仍有上升趋势，但相较于未加排水管的铁精矿试验，水液面的上升时间有效地延缓。

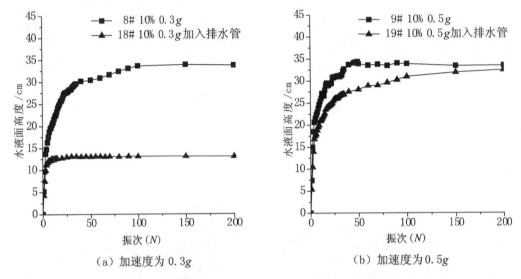

（a）加速度为0.3g （b）加速度为0.5g

图6.34 平行试验的水液面迁移曲线对比（铁精矿含水率为10%）

（3）分层含水率

试验通过测定振动停止后铁精矿模型内的分层含水率，研究预设PVC排水管对铁精矿在振动过程中水分迁移的影响。图6.35和图6.36为试验完成后两组对比试验的铁精矿分层含水率平均值沿模型高度方向的变化情况。横坐标为含水率值，纵坐标表示模型的高度。

当含水率为10%、加速度为0.3g时，试验装样前预设8根PVC排水管完全改变了试验完成后铁精矿内部含水率分布。加入排水管后，铁精矿内部的含水率沿高度方向向上递减，底部含水率保持在10%左右，而顶部的含水率减少至6%左右，这说明由振动产生的多余析出水向下迁移，并汇聚于排水管管内。

当含水率为10%、加速度为0.5g时，试验装样前预设8根PVC排水管未能完全改变试验完成后铁精矿矿体内的含水率分布，底部含水率保持在10%左右，而顶部含水率略小于未加入排水管的平行试验。这说明试验前预设的8根排水管内储水空间已经饱和，与试验后测得排水管内的平均水位高度达32 cm的结果一致。综上所述，铁精矿装样前，在模型箱四壁加入PVC排水管的措施是有效可行的，但需考虑含水率、加速度等因素可适当地增减预设PVC排水管的数目。

室内模型试验条件下，埋设土工网纱包裹均匀钻孔管壁的PVC排水管装置能够有效地降低散装铁精矿流态化形成的可能性。

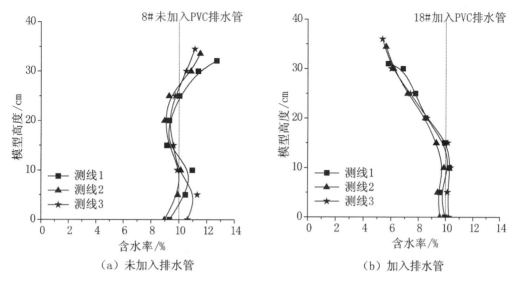

（a）未加入排水管　　　　　　　（b）加入排水管

图 6.35　含水率为 10%、加速度为 0.3g 时，平行试验的分层含水率对比

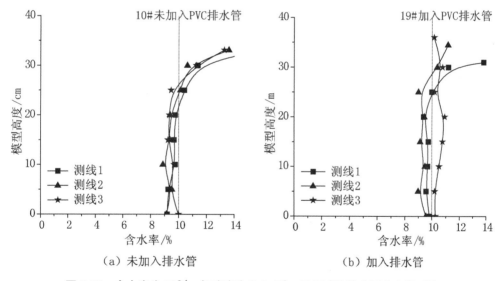

（a）未加入排水管　　　　　　　（b）加入排水管

图 6.36　含水率为 10%、加速度为 0.5g 时，平行试验的分层含水率对比

6.7.1.3　离心模型试验验证

为了进一步验证 PVC 排水管对铁精矿流态化形成的预防效果，本节在接近实际重力场下进行了 PVC 排水管预防铁精矿流态化形成的动力离心模型试验。

基于第四章动力离心模型试验研究结果，本动力离心模型试验采用原粒径铁精矿和羧甲基纤维素钠水溶液作为孔隙流体，分析试验过程中铁精矿矿体的宏观试验现象、水液面上升曲线和试验后分层含水率变化，验证接近实际重力场下预设 PVC 排水管的流态化预防效果。

1. 布置 PVC 排水管

动力离心模型试验时，在刚性箱内侧壁平行于水平振动方向上，每隔 17 cm 各垂直布置一根 PVC 排水管，共布置 8 根 PVC 排水管。PVC 排水管管径为 2 cm，长度为 50 cm，高出铁精矿模型上表面 18 cm，排水管布置见图 6.37 所示。

在振动过程中，可通过模型箱侧壁的玻璃观测铁精矿水液面上升情况，试验后测量排水管内的析出水水位深度。若发生流态化，记录流态化形成的时间；若未发生流态化，记录水液面上升的最终高度。试验结束后，测量排水管内的水位最终高度，再将 PVC 排水管抽出。

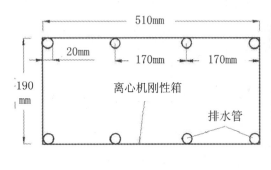
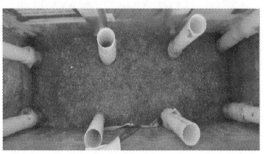

（a）尺寸图　　　　　　　　　　　　　　　（b）实物图

图 6.37　动力离心模型试验时，PVC 排水管布置图

2. 离心机试验预防效果

试验设置一组布置排水管的平行模型试验，研究 PVC 排水管在接近实际重力条件下的流态化预防效果，分别为 M-6（未加入 PVC 排水管）和 M-8（加入 PVC 排水管），试样密实度为 0.33、含水率为 9%，试验加速度为 0.5g。

（1）宏观试验现象

图 6.38 为 M-6 组和 M-8 组试验在振动结束时的铁精矿侧壁宏观现象。

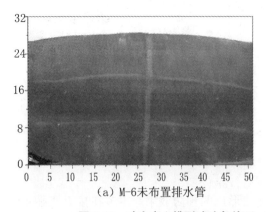
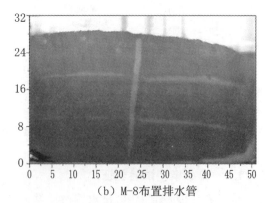

（a）M-6 未布置排水管　　　　　　　　　　（b）M-8 布置排水管

图 6.38　动力离心模型试验条件下，PVC 排水管效果对比（坐标单位：cm）

图中可看出，动力离心试验条件下，对于含水率为 9% 的铁精矿在加速度为 0.5g 时，布置 PVC 排水管可有效预防铁精矿流态化的发生。M-6 组试验中，未加入 PVC 排水管，铁精矿在约至 2900 振次时水液面上升至矿体顶部表面，形成流态化现象（见图 6.38（a））；M-8 组试验，至 6000 振次时仍未发生流态化现象，水液面最终高度约为

20 cm，试验结束后测得八根排水管内平均水位深度约 14 cm（见图 6.38（b）），这说明部分水分渗到 PVC 排水管中并储存在管内。

（2）水液面上升曲线

图 6.39 是 M-6 组和 M-8 组试验的水液面上升曲线对比。在动力离心模型试验中，当含水率为 9%、加速度为 0.3g 时，试验装样前预设 8 根 PVC 排水管能够有效地降低水液面上升速率，并能阻止水液面的继续上升。振动初始，两组试验的水液面均迅速上升，这是因为振动初期，铁精矿矿体骨架压缩量大，颗粒间孔隙体积压缩迅速，孔隙水分被挤出后未能立即渗入 PVC 排水管内，水分汇集成连续水体，形成水液面迅速上升。随着振动时间的推移，M-8 组铁精矿内部分析出水分逐渐渗入 PVC 排水管内储存，水液面上升速率逐渐减缓。约至 4300 振次时，铁精矿水液面高度不再变化，稳定在 20 cm 高度。

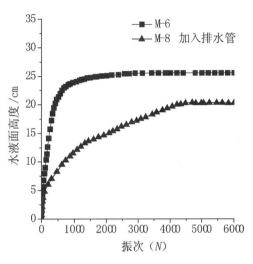

图 6.39 动力离心模型试验条件下，铁精矿水液面迁移曲线对比

（3）分层含水率

图 6.40 是 M-6 组和 M-8 组在试验完成后测得铁精矿分层含水率的变化情况。

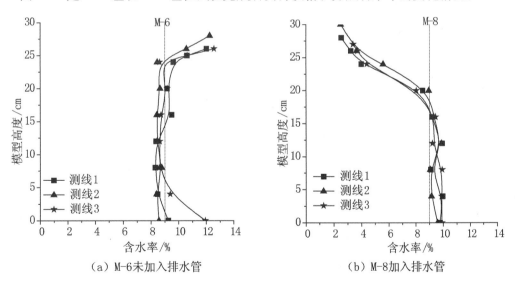

（a）M-6 未加入排水管　　　　（b）M-8 加入排水管

图 6.40 动力离心试验条件下，铁精矿试验后分层含水率的对比

试验装样前预设 8 根 PVC 排水管完全改变了试验后铁精矿内的含水率分布。M-6 组试验中，表层铁精矿的含水率非常高，约在 12% 左右，这说明铁精矿内水分迁移到了表层，造成表层铁精矿水分含量过多，形成流态化现象。M-7 组试验中，模型高度在 0 ～ 15 cm 的铁精矿含水率值分布在 9%～10% 之间，模型高度在 15 cm 以上的铁精矿，含水率值随模型高度的递增而锐减，这说明铁精矿体内大部分多余析出水渗入并储存在到试验

前预设的 8 根排水管内，与试验后测得排水管内平均水位深度达 15 cm 的结果一致。动力离心机模型试验中，由于未涉及过高含水率的情况，因此，当含水率高于 9% 时或加速度大于 0.5g 时，可适当增设 PVC 排水管的数目，已达到预防铁精矿流态化形成的效果。

动力离心机模型试验中，在接近实际重力场条件下，埋设土工网纱包裹均匀钻孔管壁的 PVC 排水管装置对预防铁精矿流态化形成的效果显著，能够较好地降低铁精矿流态化形成的可能性。该装置具有适用安全有效、装卸简单快捷、重复利用方便的优点，且可同时满足载运方、交易方对在载运货物的安全需求和货物交易的重量要求。建议下一步在实际船运过程中该 PVC 排水管装置进行验证，以进一步推广运用于散装铁精矿的实际载运中。

6.7.2 上层铁精矿袋装处理

6.7.2.1 上层铁精矿袋装方法

在实际海运过程中，铁精矿发生流态化现象时，矿体像流体一样在动荷载作用下往复流动，造成船体倾向一侧，船体稳定性降低，最终导致翻船事故。

考虑散装铁精矿可能的流态化深度范围，本节提出一种将上层铁精矿进行袋装处理的流态化预防措施。该方法可以降低船舶受风浪作用晃动时表层铁精矿流态化形成的可能性，有利于船体保持稳定。

室内小型振动台模型试验中，制备散装铁精矿干矿质量为 230 kg，总矿质量为 255.6 kg，含水率为 10%。用于袋装的铁精矿质量为 51.2 kg，占总矿质量的 1/5，将该部分铁精矿装入可透水土工编织袋中，制备好的袋装铁精矿见图 6.41（b）所示。剩余 204.4 kg 的铁精矿利用自然沉积法制备，保证相对密实度为 0.33，剩余矿体高度为 32 cm，设置横向及竖向标志砂以便于观测散装铁精矿在水平往复荷载作用下振动过程中的矿体位移情况。室内小型振动台模型试验中，制备完成的铁精矿模型见图 6.41（a）所示。

振动过程中，可通过模型箱侧壁的透明玻璃观测铁精矿水液面上升情况和矿体位移情况。试验后，通过分析铁精矿宏观试验现象、矿体位移场和分层含水率变化，验证将上层铁精矿进行袋装处理的流态化预防效果。

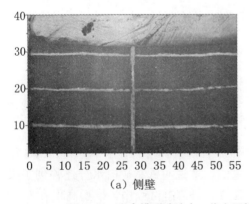

（a）侧壁

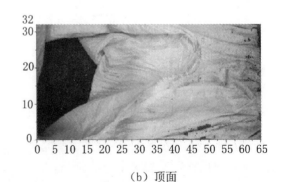

（b）顶面

图 6.41　室内模型试验中，将上层铁精矿进行袋装处理的措施（坐标单位：cm）

6.7.2.2　室内模型试验验证

试验设置两组将上层铁精矿袋装进行袋装处理的平行试验以研究其流态化预防效果，分别为试验 20♯（密实度为 0.33、含水率为 10％，加速度为 0.3g）和 21♯试（密实度为 0.33、含水率为 10％，加速度为 0.5g），分别对比试验 8♯和 10♯。

1. 宏观试验现象

图 6.42 和图 6.43 分别为含水率为 10％、加速度为 0.3g 时和含水率为 10％、加速度为 0.5g 时是否将上层铁精矿进行袋装处理的宏观现象对比。图中可看出，对于含水率为 10％的铁精矿室内模型试验，将上层铁精矿进行袋装处理可有效地防止水液面上升过程中矿体在动荷载作用下产生的滑动。

当加速度为 0.3g 时，未进行袋装处理的试验（见图 6.42（a）），约至 83 振次时，铁精矿出现了流态化现象，水液面上升过程中，矿体埋深 0～10 cm 内的铁精矿有往复滑移现象。而进行袋装处理的试验（见图 6.42（b）），编织袋内铁精矿水分很快析出，并在重力作用下汇集于铁精矿顶部表面，但剩余铁精矿水液面上升过程中，铁精矿体积压缩，矿体始终未出现滑移现象。

当加速度为 0.5g 时，未进行袋装处理的试验（见图 6.43（a）），铁精矿在约至 51 振次时出现流态化现象，矿体底层即出现滑动面，随着水分的持续析出，滑动面位置向上移动，且矿体滑动越加剧烈。而进行袋装处理的试验（见图 6.43（b）），编织袋内铁精矿水分很快析出，并汇集于铁精矿顶部表面，但剩余铁精矿水液面上升过程中，铁精矿体积压缩，矿体始终未出现滑移现象。

值得注意的是，当加速度为 0.5g 时，初始含水率为 10％的铁精矿在振动过程中，编织袋内铁精矿稍微有些晃动。建议在进一步研究中，考虑含水率、加速度等因素，可适当地增加土工编织袋的数目和进行袋装处理的铁精矿深度范围。该方法对散装铁精矿将不产生任何重量损失。

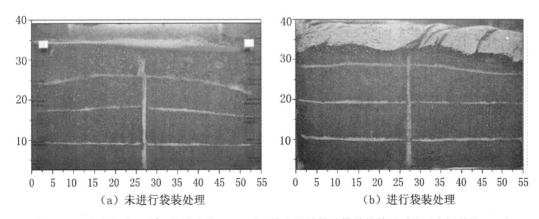

（a）未进行袋装处理　　　　　　　　　　（b）进行袋装处理

图 6.42　含水率为 10％，加速度为 0.3g 时，将上层铁精矿袋装的效果对比（坐标单位：cm）

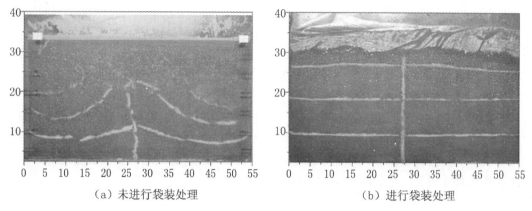

（a）未进行袋装处理　　　　　　　　（b）进行袋装处理

图 6.43　含水率为 10%，加速度为 0.5g 时，将上层铁精矿袋装的效果对比（坐标单位：cm）

2. 矿体位移场

室内模型试验中，铁精矿在往复动荷载作用下发生流态化，因此相对于研究铁精矿流态化演化过程中的累计位移，研究其在不同振次数的相对位移更有意义。

图 6.44 和图 6.45 为在加速度分别为 0.3g、0.5g 情况下，上层铁精矿是否进行袋装处理时，模型高度 0～30 cm 内的矿体位移场的对比情况。图中矿体相对位移场定量地展现了铁精矿流态化演化过程中矿体变形情况。

当加速度为 0.3g 时，未进行袋装处理的试验（见图 6.44（a）），约至 30 振次时，矿体上部出现完整的滑动面，铁精矿相对位移最大值达 0.40 cm，出现在滑动面位置；而进行袋装处理的试验（见图 6.44（b）），矿体始终未出现滑动面，约至 30 振次时，矿体相对位移最大值约为 0.22 cm，相对位移最大值减小近一倍。

当加速度为 0.5g 时，未进行袋装处理的试验（见图 6.45（a）），铁精矿矿体滑动剧烈，约至 10 振次时，铁精矿体底部形成了明显的完整滑动面，矿体相对位移最大值高达 0.62 cm；而进行袋装处理的试验（见图 6.45（b）），矿体始终未出现滑动面，约至 30 振次时，矿体相对位移最大值约为 0.50 cm。

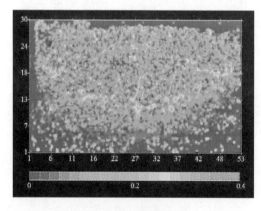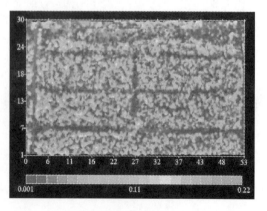

（a）未进行袋装处理　　　　　　　　（b）进行袋装处理

图 6.44　含水率为 10%，加速度为 0.3g 时，矿体位移场对比（坐标单位：cm）

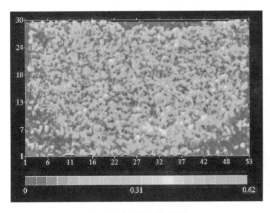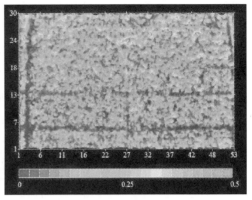

（a）未进行袋装处理　　　　　　　　（b）进行袋装处理

图 6.45　含水率为 10%，加速度为 0.5g 时，矿体位移场对比（坐标单位：cm）

3. 分层含水率

试验通过测定振动结束后铁精矿内分层含水率，研究将上层铁精矿进行袋装处理的方法对铁精矿在振动过程中水分迁移的影响。图 5.26 和图 5.27 为两组平行试验的铁精矿分层含水率对比。横坐标为含水率值，纵坐标表示模型的高度。

从图中可以看出，对初始含水率为 10% 的将上层铁精矿进行袋装处理的方法没能改变试验后矿体内部的含水率分布。试验后，矿体表层含水率较高，底层含水率较低，水分均由矿体底部迁移至顶部。当加速度为 0.3g 时，矿体表层平均含水率约为 12% 左右，而底层含水率约为 9%；当加速度为 0.5g 时，矿体表层平均含水率高达 14%，而底层含水率约为 9% 左右。

综上所述，将上层铁精矿进行袋装处理的方法虽然不能阻止水液面上升至铁精矿顶部表面，但是能够减少水液面上升过程中的矿体滑动现象，降低铁精矿流态化形成的可能性，有利于保持船体稳定性。

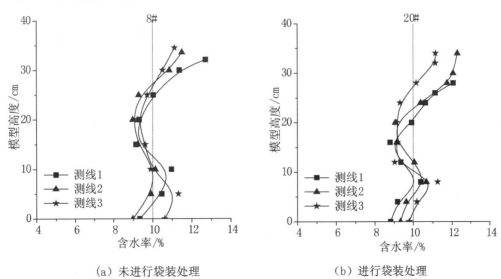

（a）未进行袋装处理　　　　　　　　（b）进行袋装处理

图 6.46　含水率为 10%，加速度为 0.3g 时，分层含水率对比

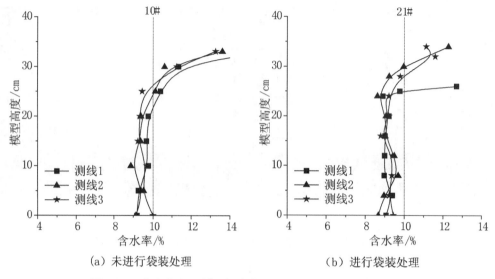

(a）未进行袋装处理　　　　　　　（b）进行袋装处理

图 6.47　含水率为 10%，加速度为 0.5g 时，分层含水率对比

6.8　本章小结

本章采用流盘试验对散装矿产品的流动水分点进行测定，并对比流盘试验和室内模型试验，结合两试验方法的优点，分别对散装矿产品流态化形成的影响因素进行了研究分析。基于流盘试验和室内模型试验所得出的加速度、含水率和细粒含量对散装矿产品流态化影响的定性分析和定量数据，结合层次分析法建立了散装矿产品流态化风险预警模型，提出了船运散装矿产品流态化风险预警方法。主要结论如下：

（1）流盘试验法在实际应用中具有丰富的经验，试样的流态化判断标准较为合理，能够有效减少人为判断的偏差。通过流盘试验对散装矿产品的流动水分点进行测定，结合流盘试验与室内模型试验的对比分析，认为流盘试验测定的流动水分点较为准确，采用流盘试验法对散装矿产品流态化的影响因素进行分析研究是可行的。铁精矿和萤石粉的流盘试验表明，细粒含量对其流态化的形成有着重要的影响，当其他条件相同时，随着细粒含量的增多，散装矿产品（铁精矿和萤石粉）抗流态化的能力呈现先减弱后增强的规律变化。

（2）通过已有的散装矿产品室内模型试验对散装矿产品流态化形成的影响因素的研究分析发现：含水率是散装矿产品流态化形成的关键因素，不同种类的散装矿产品在都有其发生流态化所需的临界含水率，当含水率低于其临界含水率时，散装矿产品难以发生流态化。当含水率高于其临界含水率时，随着含水率的增加，散装矿产品发生流态化的风险增大；振动加速度亦是散装矿产品流态化形成的重要影响因素。当其它条件一定时，散装矿产品所受的振动加速度越大，越容易发生流态化，且加速度越大，散装矿产品发生流态化所需的最小含水率将越小。

（3）结合散装矿产品的流盘试验和室内模型试验的两种试验方法，分析得到了细粒含量、含水率和加速度对散装矿产品流态化形成影响的定性分析结论和定量结论数据，结合层次分析法分别建立了铁精矿、镍矿和萤石粉的风险影响因素单警度尺度表、各影响因素之间的判断矩阵和风险预警总警度表，从而建立了铁精矿、镍矿和萤石粉这三大散装矿产品的流态化风险预警模型，并以此为基础，结合实际海浪情况与加速度之间的转化关系，提出了船运散装矿产品流态化风险预警方法。

（4）基于 Visual Studio 软件开发平台，实现了船运散装矿产品流态化风险预警方法的程序应用，该程序应用操作方便简单，且具备了程序参数修改功能，为本程序预警准确度的改进创造了条件。通过对实际发生的船运散装矿产品流态化事故进行预警评估对比，结果表明本章提出的船运散装矿产品流态化风险预警方法具有较好的准确性和实用性，可为海运中散装矿产品的流态化风险提供预警评估。

（5）从铁精矿流态化机理出发，提出两种流态化预防措施，分别为埋设土工网纱包裹均匀钻孔管壁的 PVC 排水管装置和上层铁精矿进行袋装处理。两种预防措施均具有使用安全有效、装卸简单快捷、重复利用方便的优点，且能同时满足交易双方对在载运铁精矿散货时的航运安全需求和货物重量要求。建议下一步在实际船运中对两种预防措施进行验证，以进一步推广运用于散装铁精矿的实际载运中。

附录：部分专有名词释义

1. **流态化**

固体悬浮在流体中随流体一起流动

2. **流动水分点（FMP）**

指精粉矿发生流态化和不发生流态化之间的界限含水率值

3. **适运水分极限（TML）**

一般取流动水分点的 85% 或 80% 作为实际海上运输时的含水率限制

4. **含水率**

本书中含水率均指的是水的质量和总矿质量的比值

5. **堆积密度**

堆积密度是把散粒体材料自由填充于某一容器中，在刚填充完成后所测得的单位体积质量，又称为表观密度。

6. **真密度**

真密度指材料在绝对密实的状态下单位体积的固体物质的实际质量，即去除内部孔隙或者颗粒间的空隙后的密度（叫真密度）。

7. **粒度**

颗粒的大小，通常球体颗粒的粒度用直径表示，立方体颗粒的粒度用边长表示，对不规则的矿物颗粒，可将与矿物颗粒有相同行为的某一球体直径作为该颗粒的等效直径。

8. **孔隙比**

散粒体材料中孔隙体积与土粒体积的比值

9. **相对密实度**

散粒体材料处于最疏松状态的孔隙比与天然状态孔隙比之差和最疏松状态的孔隙比与最紧密状态的孔隙比之差的比值

10. **级配**

集料各级粒径颗粒的分配情况，可通过筛析试验确定。

11. **细粒含量**

指散粒体材料中颗粒粒径小于 0.075mm 的颗粒质量占总质量的百分数

12. **比重**

比重是指散粒体重颗粒质量和同体积 4 摄氏度时纯水的质量之比

13. 重度

单位体积散粒体材料所承受的重力，即散粒体材料的密度和重力加速度的乘积

14. 液限

黏性土从流动状态转化到可塑状态的界限含水率

15. 塑限

黏性土从可塑状态转化到半固体状态的界限含水率

16. 液性指数

黏性土天然含水率和塑限的差值与液限和塑限差值的比值

17. 动应力

在动荷载作用下，物体内产生的应力

18. 动应变

在动荷载作用下，物体内产生的应变

19. 动强度

指在某种静应力状态下，周期荷载使试样在一定的振次下达到某种特定的破坏标准时所需的周期剪应力

20. 广义剪应变（γ_g）

广义剪应变定义如下：

$$\gamma_g = \frac{\sqrt{2}}{3}\sqrt{(\varepsilon_1 - \varepsilon_2)^2 + (\varepsilon_2 - \varepsilon_3)^2 + (\varepsilon_3 - \varepsilon_1)^2}$$

式中：ε_1、ε_2、ε_3 分别大主应变、中主应变、小主应变。

21. 动应力比（η）

动应力幅值和围压的两倍的比值

22. 应力状态

物体受力作用时，其内部应力的大小和方向不仅随截面的方位而变化，而且在同一截面上的各点处也不一定相同。

23. 应力路径

指在外力作用下土中某一点的应力变化过程在应力坐标图中的轨迹。

24. 组构

散粒体材料在细观层面，颗粒的分布特征

25. 颗粒长轴定向

散粒体材料颗粒的长轴方向

26. 孔隙率

散粒体材料中孔隙体积与散粒体材料总体积之比

27. 平均接触数

指散粒体材料中的颗粒与周围颗粒接触的平均数目

28. 层次分析法

是将与决策总是有关的元素分解成目标、准则、方案等层次，在此基础之上进行定性和定量分析的决策方法。

29. 警限

指在对分析测试实施质量控制程序时所规定的对分析测试人员或方法提出警告的界限

30. **离散元方法**

一种专门用来解决不连续介质问题的数值模拟方法，其模型为不连续的离散介质，内部可存在大位移、旋转、滑动乃至分离

31. **基质吸力**

在非饱和土中，孔隙气压力与孔隙水压力差值称为基质吸力

32. **粘聚力**

由结构联结所产生的岩体、土体的抗剪强度

33. **尺寸效应**

指材料的力学性能等不是一个常数，而是随着材料几何尺寸的变化而变化